国家社会科学基金重大项目阶段性成果

农产品流通研究丛书

总主编：王先庆　叶祥松

乡村振兴战略文库

农业契约链

AGRICULTURAL CONTRACT CHAIN

徐忠爱　刘敬◎著

经济管理出版社
ECONOMY & MANAGEMENT PUBLISHING HOUSE

图书在版编目（CIP）数据

农业契约链/徐忠爱，刘敬著．—北京：经济管理出版社，2018.3
ISBN 978-7-5096-5721-8

Ⅰ．①农…　Ⅱ．①徐…　②刘…　Ⅲ．①农业生产合作社—研究—中国
Ⅳ．①F321.42

中国版本图书馆 CIP 数据核字（2018）第 058943 号

组稿编辑：杨　雪
责任编辑：杨　雪
责任印制：黄章平
责任校对：陈　颖

出版发行：经济管理出版社
（北京市海淀区北蜂窝 8 号中雅大厦 A 座 11 层　100038）
网　　址：www. E-mp. com. cn
电　　话：（010）51915602
印　　刷：北京玺诚印务有限公司
经　　销：新华书店
开　　本：720mm×1000mm/16
印　　张：18.25
字　　数：281 千字
版　　次：2018 年 5 月第 1 版　　2018 年 5 月第 1 次印刷
书　　号：ISBN 978-7-5096-5721-8
定　　价：69.00 元

《农产品流通研究丛书》编委会

《农产品流通研究丛书》总序

近年来，随着稻谷、玉米等主要农产品的市场供给进入相对过剩阶段，这也就意味着，制约中国经济社会发展几千年来的粮食极度短缺、严重供不应求的大难题将永远成为历史，买方市场的形成从此彻底改变了中国农产品市场的供求格局，中国农村的根本问题开始由生产问题转为流通问题。因此，在此背景下，中国农村的农产品流通渠道建设、农村物流体系、农产品品牌打造、农产品市场体系、生鲜食品安全等一系列流通和市场问题，从来没有像今天这样突出和重要。

那么，在新的形势下，中国农产品流通的现状如何，出现了哪些新特点、新现象和新问题，经过了哪些演变阶段，有哪些发展趋势，消费升级与农产品流通有什么样的关系，农产品生产与流通有着什么样的互动关系？在“乡村振兴”战略下，农产品流通处于什么样的地位、有哪些功能和作用，农产品流通与农村供给侧结构性改革有什么关系？在“互联网+农产品流通”的大背景下，农村物流与电商如何发展，农村物流园区如何建设，农村电商体系如何构建？在当前的市场环境下，生鲜食品流通体系又如何构建？等等。这些都是当前“三农”问题中的重点难点问题，必须进行深入研究，进而为实践和决策提供理论支撑。

广东财经大学商贸流通研究院一向以“构建有中国特色的现代流通理论体系”为使命，围绕农产品流通组建了专门的研究团队，成立了农产品流通研究中心，还成立了多个课题组。研究团队联合广东省商业经济学会、广州大学、广东温氏集团等单位，共同组成了若干个课题组，紧密联系实际，对上述一系列问题展开深入的跟踪调查研究和理论探讨。课题组成员不仅深入到全国各地近20个省份的田间地头、种养植基地、各类农产品市场、仓储物流中心、农产品展销会或博览会等，近距离观察和了解了农产品流通的现状以及出现的各种新变化和新问题，还通过举办包括“华南农村流通论坛”等多种方式，与各级供销社、相关科研机构、行业协会和龙头企业进行广泛的沟通交流和学术探讨，凝集各地专家的智慧，深化研究成果。正是在此基础上，研究团队和课题组成员取得了一系列研究成果，并获得了包括国家社会科学基金重大项目在内的各级课题立项。

《农产品流通研究丛书》正是以上部分研究成果的结晶，同时也是2014年广州大学和广东财经大学联合申报并立项的国家社科基金重大项目“建设统一开放、竞争有序的农产品市场体系研究”（首席专家叶祥松教授，课题编号：14ZDA031）的阶段性成果。本套丛书由中国农业大学安玉发教授、广东财经大学黄晓波教授、广东温氏集团营销公司陈志强总经理担任顾问，由广东财经大学商贸流通研究院院长王先庆教授和广州大学博士生导师叶祥松教授共同担任总主编，由广东财经大学农产品流通研究中心主任王朝辉教授和广东省社会科学界联合会决策咨询研究中心郑红军主任共同担任执行总主编。本套丛书由《农产品流通论》《农村物流园》《农村电商论》《生鲜流通论》《农业契约链》五本著作组成，分别由王先庆、潘苏、李曼、徐忠爱、除金山等专家作为主要执笔人。五本著作除了各主要执笔人外，还有30多位专家以及研究生（见“编委会名单”）不同程度地参与了课题调研、提纲讨论、资料整理、成果交流和编稿审稿等工作，可以说，尽管在每本书的前言或后记中，没有完整地记录研究团队各位专家的贡献，但必须强调和说明的是，这套丛书是编委会全体成员的共同成果。

本套丛书得以立项和出版，特别要感谢广东财经大学科研处、经济学院、国际商学院以及广东省重点智库华南商业智库、广东省重点决策咨询研究基地商贸物流与电子商务研究中心、广州市现代物流与电子商务发展研究基地等机构单位；非常感谢广东温氏食品营销有限公司对研究团队的大力支持，实际上，本套丛书也是“新形势下生鲜食品流通体系产学研协同创新”的阶段性成果之一。此外，还要感谢中国农业大学农产品流通与营销研究中心、华南农业大学经济管理学院、中国供销农产品批发市场控股有限公司、广东省供销合作联社、广州市供销合作总社等单位和机构的领导及专家们的指导与支持。当然，由于我们的研究脱离不了所处时代的影响，也脱离不了我们自身能力不足的限制，这套系列丛书难免存在这样那样的不足或局限性，但我们真心希望相关的研究能对农产品流通的决策研究和企业实践有较大的参考价值，因此，我们也真心期待读者们批评指正，以期进一步修改完善。

王先庆 叶祥松 于广州

2018 年 1 月 18 日

前　言

本书试图通过构建适应我国现代农业生产经营的新型契约链来解决我国现代农业各生产经营主体之间契约关系不稳定和履约率低下的问题。首先，通过对世界范围内两种主要农业经营组织模式，即农业纵向一体化和农业纵向合作化具体应用情况的理论分析后，我们认为，农业纵向合作化可以有效地实现从传统农业向现代农业的过渡，而能否构建稳定的农业纵向合作组织，关键在于组织成员之间的契约关系的稳定与否。对我国现有农业经济组织模式及其契约关系进行分析后，本书发现，我国农业契约不稳定的情况广泛存在于各类农业组织当中，这严重制约着我国现代农业的发展。

其次，为了深入分析现有农业组织模式背后契约关系不稳定的根本原因，我们对现有农业契约的主要模式——单维契约模式，即订单农业的稳定性以及效率进行了数理分析，得出该模式存在内生性不稳定的结论。为了解决这一问题，在前文分析的基础上，本书构建了三维度契约理论，即用交易、生产以及资源三种维度的契约而不是单一交易维度契约来链接契约各主体，深入探讨其契约关系的内在机理，并对三种维度契约提出了相应的专用治理机制。

再次，以三维契约理论为基础，我们设计了模块化的农业契约链，将农业生产全产业链按其生产环节的主要功能，分割为种源模块、种养模块、加工模块以及营销模块，然后以三维度契约链接以上各个模块并配套专用的治理机制，以此形成覆盖全产业链、具有内生稳定性的新型现代农业契约链。通过模型推导，我们证明了该新型现代农业契约链较原有单维度契约而言，不仅具有更好的稳定性，而且可以在不需要第三方机构监督的情况下，随着各主体博弈次数增加，同时实现农产品最终销售价格的下降、总产量的上升以及全产业链总收入的上升。

又次，我们设计了以新型现代农业契约链为核心的新型农业组织模式——农业专业商社。该组织模式以农业专业商社的中心签约人为组织核心，通过种源模块、种养模块、加工模块以及营销模块的构建，形成共生型多功能纵向合作化组织，该组织模式运用二次嵌入治理机制稳定交易维度契约、运用渐进投入治理机制稳定生产维度契约、运用交叉持股治理机制加强原有资源维度契约关系，从而带来组织租金提升和契约链的稳定。该组织模式较我国农业生产现有的农企对接模式、三方模式、农超对接模式而言，有着组织稳定性强，风险分配合理以及生产效率高等优势。

最后，本书的相关研究表明，为了尽快培育该新型现代农业组织模式，重点在于设立农业专业商社，并用其代替地方政府作为农业改革的主体。本书的对策建议是，加快土地等各领域市场化改革步伐，发挥市场在土地、技术等各种资源配置的决定性作用；各级地方政府一方面需要通过提供农业合同样本，实行大宗农产品交易价格上报制度等方法来稳定现有契约关系，另一方面应该根据各地资源优势，建立农业专业商社，并以其为核心，加大农业技术开发的力度，通过建设现代农业产业园区，吸引资本、技术、人才进入农业产业链各环节，最终实现现代农业契约链的稳定运行以及我国农业的现代化。

目　录

第一章　农业契约链概述

一、研究背景

建立在家庭联产承包责任制基础上的我国农业生产经营活动基本上以独立生产、分散经营的农户为生产单位进行。这种生产方式解决了中国十几亿人口的温饱问题，然而，以农户家庭为生产单位进行农业生产的过程中，农业产出的快速提高使得农业经济组织的重建和创新问题被忽视。

随着市场进程的加快及农业的迅速发展，农业剩余产品越来越多，农产品市场从买方市场向卖方市场转变，随之而来的问题是，农户生产规模小、收入低以及"买难、卖难"问题出现，小规模经营的农户和大市场之间的矛盾日益激化，这为农业经济组织在实践中的不断创新奠定了现实基础。

（一）农业组织效率低下

在20世纪90年代中期，我国农业组织形式开始大范围地形成，并以合作社和"公司+农户"模式的生产方式为主。合作社和"公司+农户"模式的出现，调动了农民生产积极性，拉近了农户与市场之间的距离，农户承担的生产风险降低，交易成本也明显下降。

任何一种组织都存在一定的局限性，如果仅依靠单一的农业组织模式来解决生产中存在的问题和矛盾是远远不够的。这就需要不同的组织形式相互交叉、相互补充，充分利用各不同组织的优势，充分发挥它们的综合优势。现有的农业组织形式复杂多样，但其并没有有效解决我国农业面临的两个最大问题——农业产出率低下和农民收入偏低。

农业产出的快速提高，同时也暴露出了小农户与大市场之间的矛盾，农民增产不增收、农产品“卖难”等问题层出不穷，农民进行农业生产所获得的收益甚微。

与国外的农业产出相比，我国农业组织的效率还比较低，农业组织的发展还不够成熟、制度还不够完善，对于现代农业生产的作用还没有完全发挥。追溯我国农业经济组织发展的历程，家庭联产承包责任制把我国原本互助合作的农业生产方式改变为以农户家庭为生产单位的小规模、分散经营的生产方式，而现代农业经济组织的存在是要把分散经营的小农生产主体组织集合起来，以提高劳动生产率。

（二）农业契约履约率偏低

此外在我国农业经济生产过程中，无论是何种农业组织，都面临着组织结构不稳定，时刻存在组织解体的风险，具体表现为农业经济活动中签订的各类契约履约率都较低，以最常见的农业契约——订单合同来看，其履约率低于20%。

“公司+农户”模式是我国现代农业产业化发展的重要组织模式，其以订单农业的主要经营方式，通过签订契约把公司和农户的市场交易内部化，缓解了小农户与大市场之间的矛盾，改变了传统农业分散经营的小农生产方式，提高了农业产业化程度。但是，订单农业本身存在内在性的不稳定。

公司和农户以订购关系联结而成的组织作为现有农业组织中的主要组织模式，有效缓解农户与市场之间的矛盾，降低农民市场风险，节约交易成本以及引导地区产业结构调整，扩大专业化生产规模，增加农民的收入。但是，由于外部环境的不确定性、公司和农户的有限理性和机会主义行为，公司和农户都从利己的角度违反了契约所规定的权利和义务。

已有研究学者认为，农户和公司之所以出现高违约率，主要是受契约不完全性和市场风险等因素的影响。格罗斯曼和哈特认为，契约存在不完全性是由于个人的有限理性、外部环境的不确定性等因素，契约中不可能包含在生产经营过程中发生的全部意外情况。这主要表现在：契约双方在面临新的获利机会时会重新就契约条款进行讨价还价，一些重要的投资无法通过计算而进行评估。公司和农户签订的是不完全契约，农户按照契约所规定的要求生产公司所需要的产品，公司通过契约设定收购价格对农产品进行收购，并完成加工、运输、销售等其他产业链上的生产经营环节，价格机制对缔约双方是否违约有重要影响：如果市场上农产品的价格上涨幅度大于农户通过与公司签订契约所得到的经济剩余时，农户将会违约；而如果市场上农产品的价格下跌的幅度大于履行契约所节约的交易成本和对应的经济效益时，公司将会违约。

另外，市场风险也对契约的稳定性有重要的影响。“公司+农户”模式相关的运行机制、分配机制、约束机制和信誉机制等都还不够成熟，无法避免契约双方的有限理性和机会主义行为。公司一般都具有雄厚的资金实力，技术水平高，对于信息的管理能力强，在农业生产中占有较大的优势；而作为弱势群体的农户处于农业全产业链的低端，市场信息不充分，生产经营分散，资金实力不足，这使得农户对于公司来说只是一个初级产品的生产车间，难以分享全产业链的经济剩余。如果“公司+农户”模式不能较好地处理其利益分配方式，农户将选择违约而获得更多的收益。

农产品具有特殊性，其生长周期较长，季节性强，受自然环境的影响大，忽视这些特征，套用原有的不完全契约理论来对农业契约进行分析，并不能从根本上解决农业契约不稳定的问题，但是现有的不完全契约理论鲜有对此进行专门分析的文献。

二、研究意义

随着农业生产社会化程度的不断提高，传统农业的生产方式已经不能满足其发展要求，而现代农业是在传统农业之后对农业生产方式的一次革命性变革。现代农业通过借助新型农业经济组织的构建，利用先进科技技术、大规模生产和投资，以市场为导向，把从“田间”到“餐桌”的所有生产和流通环节连接起来。

新型现代农业组织能把我国分散经营的农户更有效地组织起来，参与全产业链的生产管理，进而分享全产业链经济租金。这一定程度上解决了小农户与大市场之间的矛盾，也有利于资源的配置、城乡发展以及农民收入的增加。然而，由于信息的不完全、生产者的有限理性以及机会主义行为的存在，农户、企业乃至其他农业组织的违约率高，从而各个契约链之间存在着极大的不稳定性，本书将对契约链的不稳定性进行治理。新型现代农业契约链的构建与治理将对原有契约关系的稳定性进行巩固和强化，同时还将指导我国现代农业参与全球价值链的生产经营，促进我国现代农业的纵深发展。

（一）从根本上解决农业契约关系稳定性和履约率低下问题

20 世纪 90 年代中期，我国农业产业化发展进程加快，“公司+农户”成为一种具有代表性的农业产业化经营模式。“公司+农户”模式是指在进行农产品生产之前，公司和农户之间通过订立契约来规定农户和公司的权利和义务，农户按照契约中规定的权利和义务来生产公司所需要、所规定的产品，生产之前以及产后的加工、运输、销售等流程都由公司来完成，最终公司和农户共同分享获得的收益。公司和农户之间通过契约关系来相互联系，这可以有效缓解小农户与大市场之间的矛盾。农民不直接在市场上进行交易，企业也可以从农户手中购买符合其生产要求的产品，这就降低了市场交易的风险、节约了交易成本；同时，也有利于各地农业产业结构的调整，扩大农业专业化规模，增加农民的收入。

但是，从“公司+农户”模式的具体运行来看，该模式还存在一定的弊端和不足，主要表现在农户在生产环节与市场联系不够紧密，农户难以融入现代农业全生产链条中，因而难以分享产业链所带来的经营成果。“公司+农户”模式还缺乏一定相应的制度环境，公司和农户之间的利益机制和风险机制还不够完善，难以形成严格意义上“风险共担、利益共享”的制度保证，导致在实践中公司和农户之间的契约关系不稳定，违约率普遍偏高。研究现代农业契约链的稳定性治理机制，以共同利益为纽带，通过构建全产业链的契约关系，把农户纳入全产业链中并成为整个契约链的重要节点，使农户与产业链上的其他所有主体在生产、交易和资源各方面形成对等的激励关系和约束关系，就能从根本上解决契约关系稳定性低下的问题。

（二）构建现代农业参与全球市场竞争的基本组织形式和经营方式

现代农业是相对于传统农业而言的，我国对于现代农业的研究起源于从经济组织和制度视角研究农业产业化经营。学者们对于农业产业化经营进行研究，得到的观点主要有两种：一种是通过互惠合同形式即所谓的商品契约实现公司和农户利益的连接，这一形式早在 20 世纪 90 年代就是农业产业化经营的主要组织形式；另一种就是占绝对优势地位的“公司+农户”这一组织形式。组织创新的趋势是在组织链中引入新的元素，如当前我国农业产业化的发展中存在的“龙头企业+合作社+农户”和“公司+大户+农户”等一些有第三方参与到组织链中的新型组织形式。这些新型模式的构建对于我国现代农业的发展有明显的促进作用。但是，我国农业是在家庭联产承包责任制的基础上发展起来的，在家庭联产承包责任制的运行框架下，我国农业产出呈现了高速的增长，然而高速增长的农业产出掩盖了农业组织体系重建的问题。农业经济组织发育的滞后严重制约了农产品的销售、农业产业结构的调整、农村市场的建设等，成为建设社会主义新农村的巨大障碍。

随着我国加入世界贸易组织，市场竞争不单只是局限于国内市场，还延伸到国外市场，激烈的竞争和巨大的市场使得我国农业产业化发展面临着更大的挑战：从国内市场来看，由于家庭联产承包责任制的实施，我国独立生产、分散经营的小农生产方式在国内占有主要地位，农业生产的各个生产环节难以较好地衔接，缺乏整体的协同能力。这种缺乏组织化的农村经济实体无法有效地利用市场，面对国际上激烈的竞争，分散弱势、处于产业链低端的农户更无法通过有效的途径参与全球价值链上利润的分享；从世界范围来看，国际上著名的四大粮商 ADM（Archer Daniels Midland）、邦吉（Bunge）、嘉吉（Cargill）、路易达孚（Lluis Dreyfus）正在进行全球范围内的产业链整合，力图通过全产业链的上、下游控制，中间通过大幅降低物流成本，以期将世界粮食市场掌控在手中。为了适应全球经济的发展，提高我国农产品在竞争中的比较优势，如何重构农业经济组织，把分散经营的农户更加有效地组织起来，发展现代农业，并融入全球农产品的价值链的竞争中是当前非常迫切需要解决的问题。然而我国当前对于农业产业化经济组织的研究还局限于如何在组织链中加入中介组织以提高分散经营的农业经营效率，这在一定程度上还缺乏理论指导。本书通过构建新型现代农业的契约关系和治理机制，对于培育整合全产业链、抗衡国际粮商巨头的新型现代农业经济组织，将我国分散经营农户更有效地组织起来参与全产业链的生产和管理、进而公平分享全产业链经济租金具有重要指导意义；新型现代农业契约链通过贸易、服务和投资等职能的发挥，不仅能推动资源向农村配置、统筹城乡发展、增加农民收入，而且在市场开拓、加工增值、资本积累、技术进步诸多方面，起着第一、第二、第三次产业联动的重大作用。

（三）推动理论研究向纵深方向发展

本书研究的理论意义在于，现代农业契约链范畴的提出和三维度契约链理论模型的构建是整合新制度经济学、新经济社会学和组织理论的有益尝试，并以此为基础设计新型现代农业经济组织——“农业专业商社”的治理结构和运行机制。

国务院颁布的《全国现代农业发展规划（2011～2015年）》明确指出，要大力推进农业产业化经营跨越式发展，制定扶持农业产业化龙头企业发展的综合性政策，启动实施农业产业化经营跨越式发展行动；要按照扶优、扶大、扶强的原则，选择一批经营水平高、经济效益高、辐射带动能力强的龙头企业予以重点扶持；依托农产品加工、物流等各类农业园区，选建一批农业产业化示范基地，推进龙头企业集群发展。引导龙头企业采取兼并、重组、参股、收购等方式，组建大型企业集团，支持龙头企业跨区域经营，提升产品研发、精深加工技术水平和装备能力。鼓励龙头企业采取参股、合作等方式，与农户建立紧密型利益联结关系。本书的研究内容和结论契合国家发展现代农业的规划思路，对于加快推进现代农业发展具有重要的指导意义。

三、研究方法

本书研究的基本内容将主要分为三个方面：新型现代农业契约链的构建、现代农业契约链的治理机制以及我国现代农业运行的基本组织模式。为了深入展开对上述基本问题的研究，所用到的主要研究方法包括：

（一）逻辑推演和比较制度分析方法

为了探寻现代农业契约链治理的内在机理，本书收集和整理了企业理论特别是比较前沿的现代契约理论、产权理论和管理学方面的企业能力理论、资源基础理论，以及社会学方面的社会资本理论、制度嵌入理论等方面的大量文献资料，并尝试运用这些理论指导现代农业的缔约实践。对相关理论进行整合，运用比较制度分析方法构建三维度契约链理论模型。

（二）合作博弈和数理分析方法

渐进投入是基于生产维度的契约链治理机制，基本内容是契约主体之间通过分阶段逐步投入以维系契约关系，本书通过构建基于“触发战略”的重复博弈模型分析如何分阶段投入以确保契约关系的稳定；二次嵌入是基于交易维度的治理机制，本书借鉴网络治理理论，运用数理分析方法构建契约主体基于社会资本嵌入的相互依赖关系和因果关系反馈环模型解释该机制如何维护契约链的维度；交叉持股是基于资源（技术、能力）维度的治理机制，通过借鉴交易成本分析范式和构建数理模型，解读如何通过剩余控制权和剩余索取权配置结构来维系契约关系的稳定。

（三）案例分析方法

收集目前具有典型代表意义的现代农业经济组织的相关案例材料，剖析其契约链特征、契约关系维系的制度安排、契约关系不稳定的影响因素等，对农业产业化组织契约链特征和治理结构进行深入分析，进而对现代农业契约链的构建和治理机制的设计提供实证材料和对策建议，并将本书提出的理论模型通过案例分析应用到现代农业组织构建的实践之中。

四、应用前景

已有理论模型不能有效解释我国现代农业的组织和治理结构，而本理论从契约链的视角研究组织问题，对契约链构建的理论基础进行全面分析和整合，进而从全球化交易、生产、资源（能力、技术）三维度构建契约链理论模型。该模型不仅可以有效地在现有农业合同框架下解决履约率低下的问题，还为新型农业契约链乃至现代农业组织模式的构建提供了指导。

现在广泛应用的合作社主导和龙头企业带动型契约链不能整合现代农业全产业链，难以有效带动农户分享全产业链的价值创造。本书构建农业专业商社模式，对其贸易代理、事业投资、金融服务、仓储运输、信息咨询和科技开发等职能如何在三维度价值链的治理中发挥作用展开深入分析。

此外，本书着重分析现代农业契约链的治理机制，提出基于关系型契约链的利益相关者共同治理结构，建立数理模型，从交易、生产、资源（技术、能力）三维度价值链视角深入探讨农业专业商社作为“中心签约人”的环形相互持股、专用性资产的渐进投入、二次嵌入（经济性嵌入和社会资本嵌入）等治理机制。以上各类治理机制不再局限修正现有的订单农业合同，而是针对新型农业契约链中可能出现的问题提出了配套的治理机制，对构建新型现代农业组织模式具有重要的指导意义。

第二章　农业契约治理机制和农业组织运行机制的构建

对于农业契约治理机制和农业组织运行机制的构建，从已有的文献来看，主要深入研究三个方面的问题：稳定的契约链构建，以形成合理的利益共享和风险分担组织结构；为了提高契约的履约率，需要及时采取相应的激励机制和约束机制；根据产品的专用性等生产、交易和技术特征尽可能地减少交易成本问题。以此，可以从农业组织的纵向协调、农业产业化经营模式、农业产业链整合、农业契约的治理等方面对已有文献进行讨论。

一、农业经济组织纵向协调问题研究

纵向协调是国外学者们研究的基本视角。Barkema（1993）认为，经济社会的不断发展使得消费者对于商品的需求不断发生变化，而为了适应消费者不断变化的需求，公司制农业刚性较大，缺乏灵活性，无法及时地做出应对措施，再加上市场作用的加强，进一步促进了契约制准一体化农业的形成与发展；美国农业科学技术委员会（2001）的研究表明，在 1970～1990 年的 20 年间，契约制准一体化农业在美国农业产业链的协调关系中取代了公司制的经营模式。对于契约制准一体化农业的研究主要是从农业组织创新的机制及其影响的角度分析的。在理论方面，国外学者的主要观点有：

纵向协调可以减少风险、不确定性和交易成本，增强市场地位，提高议价能力，开发新技术，或者获得融资等（Mighell & Jones，1963；Frank & Henderson，1992）；解决农产品自身的特点如季节性、产品的易腐蚀性、非连续性与需求的即时性、连续性、普遍性等的矛盾（Den Ouden 等，1996）；有利于发挥专业化的采购、配送，持续的优先供应，供应者的质量与安全标准，单一的专业化产品等方面的优势（Reardon 等，2006；Aruoma，2006；Minten，2006）。实证研究方面，Davis 和 A. Basarir（2001）认为，技术变动、对风险的调整以及交易费用是美国家畜和禽畜产业组织结构变化的主要影响因素；Boehlje & Schrader（1998）从风险控制的角度证明了契约制、准一体化农业的重要性和制度优势；David A. Hennesy（1999）的研究证明了在解决产品质量信息不对称性方面，公司制农业比契约制、准一体化农业更有优势。

二、农业产业化经营模式研究

关于我国当前农业产业化经营模式的研究，周立群、曹利群（1998，2001，2002）认为，订单农业是我国农业产业化经营中应用最广的一种新型组织形态，主要体现在“公司+农户”模式中，公司和农户之间通过订立要素契约或是商品契约进行相互联结；孙天琦、魏建（2000）依照农业企业对市场的替代程度不同把目前我国农业产业组织演进中资源配置的契约关系分为三大类，即纯粹的市场、农业中介组织、准市场或准企业；生秀东（2002，2007）认为，农业产业化的发展是准市场对劣市场的替代，而经济组织之所以存在主要是因为交易成本的不同，当前要推动我国农业产业化的发展需要大力培育大型的龙头企业和农业大户；尹云松等（2003）认为，为了确保农产品原料的稳定、高质量供应，应该鼓励农产品的加工企业采取定向投入、定向服务、定向收购等方式促进原料基地的建设；向国成（2002）运用分工理论对农业产业化中的“承租返包”进行了解析；吴德胜（2008）运用关系型契约理论分析了农业产业化进程中的农产品交易，认为从交易的角度来看“反租倒包”可以取代分包制；杨明洪（2002）解释了在农业产业化的进程中，商品契约形式存在的经营模式处于主导地位的原因；周立群、邓宏图（2004）分析了基地参与到“公司+农户”的模式中实现“准一体化”经营的约束条件；张琼（2007）通过对我国现存的“公司+农户”模式、专业合作经济组织和农业企业三种模式的优缺点进行对比分析，认为任何一种组织的存在都有一定的局限性，对于如何选择最佳组织进行经营生产活动，需要根据当地的实际情况来充分发挥组织的优势，以达到最大的经济效益；叶祥松、罗海平（2008）认为，对于农村经济组织的研究不能单独就组织而进行研究，要结合新农村建设的背景并借鉴城市企业的改革思路去设计和构建一种新型的、适应市场变化的农业经济组织，据此提出了“农联模式”，包括对制度环境的完善以及运行机制的构建等；卢良恕（2006）认为，现代农业主要是要使农业的内涵扩展和延伸，把农业产业的链条不断地向产前的投入和技术指导到最终产品销售等产后环节进行大范围的延伸，加强农户与企业、市场之间的联系，拓宽农业领域最终实现种养加、产供销、贸工农一体化。

王秀忠（2010）从世界范围内分析了农业现代化发展中存在的三大模式，并根据我国农村经济发展实际情况，认为农业专业合作社等组织的长时间缺失导致我国一直采用美国模式即“龙头企业+农户”的产业化模式。郭晓鸣、廖祖君（2010）从契约性质、资产专用性和成员异质性三个维度来研究“公司领办型合作社”模式背后的制度设计，认为在我国现代农业产业化发展的道路上，这种由公司领办型的专业合作社将会成为主要发展趋势。裴斐斐、刘良才（2013）对组织的内部运行因素、外部环境和农业产业化的目标解析后，认为合作社制为我国目前农业产业化组织模式的首选。

郭晓鸣、廖祖君、付娆（2007）对农业产业化发展进程中出现的三种模式从制度设计、制度运行和制度演化三个角度分别进行分析，认为三种模式从不同角度分析都有一定的优势，但据我国当前农村经济发展的现状而言，还需要加强对产业化组织演进的引导作用，为新型组织模式的产生和发展创造条件。钟怀宇、周华明（2011）认为，农业产业化发展模式要适应农村产权制度安排的特点，产权制度的改革对农业产业化经营模式的选择和发展具有决定性的作用。蒋永穆、郭晓鸣、纪志耿（2006）根据成都的实际情况，对农业产业化经营模式进行创新改革，推出了五种与众不同的发展模式，即因地制宜、圈层分工型，土地集中、规模经营型，园区带动、农户参与型，村企合一、集体经济型，专业合作、利润返还型。这些模式的运作促进了成都现代农业的发展。黄祖辉、米松华、陈立辉（2011）通过对“肥西老母鸡”即肥西模式的研究与分析，认为现代农业产业化经营应该以满足社会需求为目标，借助品牌效应延长产业链，并提出“稳一产、强二产、旺三产、兴四产”的方针，促进企业自身与农户以及地区经济的全面发展。

三、农业产业链整合问题研究

国外学者对农业产业链的整合问题的研究主要集中在产业链的信息管理、价值链分析以及农产品质量控制等方面。产业链的信息管理对于交易成本的大小有很大关系，信息的完全才能确保交易的顺利进行，关联企业在生产过程中要站在国内和国际两个市场的高度实施战略。霍夫曼（Wout J. Hofman，2001）认为，信息和技术在产业链中都占有很大的分量，不仅可以提高相关企业的市场竞争力，还能够扩大市场。而在这方面，国内对于信息的管理还存在很大的不足，需要作出重大的改革。斯迟拜（W. Schiebel，2001）以在欧洲进行的一项价值链研究为例，说明价值链分析从消费者需求和市场份额两个方面为农业产业链上的合作企业提供了估计 ECR（Efficient Consumer Response）作用的普遍适用的方法。罗斯（Ross，J. E.，1995）的全面质量管理包含过程质量控制和一系列具体的行为方法，目的是满足消费者对产品质量的要求。

在国内，“双柠檬市场”低水平均衡、市场主体力量不对等现象严重制约了现代农业的发展，导致农业产业链无法充分发挥其作用。这对于如何构建现代农业新型产业链以及把农业产业链进行延伸和治理具有重要意义。王祥瑞等学者在产业链的构建和延伸机制方面做了大量的研究。王祥瑞（2002）认为，农业组织效率低下、农民增产不增收等问题的出现主要是由于传统产业链太过于狭窄从而限制了农业自身的获利空间，要想提高农业效率、增加农户的收入，就必须打破原有的产业链，重新构建现代农业产业链并促进产业链的延伸和优化。而对于产业链的内涵、延伸和优化的途径以及产业链选择的原则，赵绪福（2004）对此进行了研究；李杰义（2008）通过农业产业链城乡间延伸的系统动力机制的分析，认为农业产业链的延伸应该包括农产品加工价值链的延长（不包括农产品销售价值链的延伸）和可拓展价值链的拓展两个维度。农业产业链整合的理论研究方面，主要观点认为产业链的延伸和整合过程集中表现在农业产业结构的高度化以及农业现代化的程度上：芮明杰、刘明宇（2006）提出了演化视角、知识基础观、顾客价值导向是新产业链整合理论的基本逻辑起点；张琦、孙理军（2005）构建并优化了价值链、供应链和产业链的三维度产业价值链结构模式，试图通过优化资源的配置来实现效益最大化；赵绪福（2006）认为，农业产业链整合是产业链环之间的连接、合作与协调，它根据社会资源状况和市场需求状况的变化，在产业链环之间合理配置生产要素，协调各产业链环之间的比例关系，产生出协同效应和聚集效应。在实证方面，主要是通过案例分析对农业产业链的整合优化进行详细的分析：杨启智（2004）以新希望集团、雨润集团为例进行分析，认为农业产业链的整合是要通过加强农业产供销或农产品上下游之间的组织、信息、价值和物流的沟通和协调，拉长或加强产业链，增加农产品的附加值和竞争力，农业产业链的整合是农业产业链管理的核心；宋建晓（2007）对闽台农业主要经济指标进行分析，从交易成本的角度分析了闽台农业产业链的整合因素并提出了海峡两岸农业产业链的整合构想；陈剑（2010）在对农业产业化经营模式的选择进行研究后认为，通过扩大农产品生产的外延来延长农业产业链，实行一体化经营，扩大生产、加工和销售的规模，并通过产业化服务的组织系统，让农户真正意义上参与到全产业链的运作中，最终形成聚合规模效应。

农业产业链的延长对现代农业产业化发展具有基础性作用。针对辽宁省农业发展现状，辽宁农业产业化研究小组（2010）对辽宁农业产业链发展和完善提出了相应的建议，如增强龙头企业对产业链的带动作用、加强对行业调控和整合、拉长加宽产业链以及促进产业链条的完整发育等，这些政策建议对于全国农业产业链的发展和完善都具有借鉴意义。李杰义（2010）认为，农业产业链上存在着价值联结点，农业产业链通过这些联结点在先内后外的价值发现和再创造路径的原则下形成城乡协同发展的动态农业产业链群。许严夫（2013）在对“龙头企业+合作社+农户”产业模式的研究进行了分析，认为农业合作社在企业与农户之间起桥梁作用，促进了农户与龙头企业的合作，维护了农户的利益，充分发挥农业合作社的桥梁作用，对农业产业链的整合具有重要作用。农业产业链整合过程中，资金链发挥了重要作用，方行明、李象涵（2011）对农业产业链的整合治理进程中农业企业面临融资难的困境进行了分析，同时，也对农业企业的扩张规模进行了深入研究，得出了农业企业在成长周期的公共阶段与其金融成长周期各个阶段衔接、通过融资方式来稳固其资金链的结论。

谷永芬、吴倩（2011）认为，农业产业链的升级路径需要从产业链的延伸、扩展和整合三个维度进行，农业组织化程度的提高和农产品增值环节的延伸是农业产业链升级的关键。张利痒、张喜才（2011）对农业产业链上中下游产品价格的传导作用进行分析，认为农产品受到上下游价格波动挤压，其价格可以传导到上下游，对此提出了双层市场流通格局、价格应急机制等政策建议。张伟、刘开昌等（2012）认为，订单农业经营模式的创新过程中要把生产、流通、销售等各个环节都紧密地联系起来，形成农业产业化经营链条。

四、农业契约治理问题研究

国外对于农业契约治理问题的研究主要在契约的设计和选择两个方面。Dorward（2000）、Sykuta & Cook（2001）应用新制度经济学的契约理论、产权理论和代理理论对合作社和成员的关系、投资者所有的公司和农村主的契约关系进行了比较分析，认为契约设计的关键在于契约双方的产权分配、激励机制的选择和考核机制的运行；Bogetoft 等（2002）、Bardos 等（2003）认为，契约模式的选择应该综合考虑到缔约的期限、资产专用性的投入、加工企业的规模以及对产品质量的要求。国内的研究表明，契约治理的关键在于合理的利益分配机制（傅晨，2000）和解决契约资本的非对称性问题（罗必良，2009），同时还要综合考虑到农产品的制度特征和产品属性（万俊毅，2008）。蔡荣（2011）认为，农业契约的选择受交易特征和双方关系信任程度的影响，他认为，农业契约的治理首先应先解决好这两个因素对契约的影响作用。李超玲等（2016）认为，让更多的农户融入契约组织，通过统一的价格交易机制可以对农业契约关系起到更好的稳定作用。

实证研究方面，Frank & Henderson（1992）从节约交易成本的角度分析美国食品加工业对农业产业链的协调机制；Dorward（2000）通过构建一个实证模型对产品的交易成本、风险配置和权力安排在契约关系下的机制选择进行分析；Boger 等（2001）运用交易成本理论对波兰生猪产业的缔约关系进行实证研究，认为生猪养殖业的产业链受资产专用性投入、加工企业的规模以及猪肉的质量的影响。Bardos 等（2003）对匈牙利的牛肉生产的契约期限进行了交易成本理论方面的解析。在国内，罗必良（2009）提出了契约资本的非对称性、交易形式反串与价值链的收益分配的关系，认为温氏集团通过构建新型的经营模式，股份合作界定产权、公司与农户之间通过契约进行交易管理，降低了市场风险和道德风险，节约了生产成本和监督成本，而农户也实现了产业链上的经济剩余。徐健、汪旭辉（2009）在对订单农业及其组织模式对农户收入影响进行实证分析后认为，订单农业可以给农户带来较大的收益，尤其是“龙头企业+农户”模式对农户收入的增加具有显著的影响，农户收入的提高有利于提高契约的稳定性。浦徐进、吴林海（2010）在对农户合作经济组织的增收效应分析中引入一个新的委托—代理视角，试图在分成制契约的条件下，通过农户合作经济组织增强抵御各种风险，增加企业尤其是龙头企业的违约成本，从而农户可以分享到产业链上更多的经济租金。

李彬（2009）认为，我国订单农业发展中之所以出现普遍较高的违约率，主要是由契约的不完全性引起的，规范契约是违约风险防范的重要途径。程志强（2012）认为，契约的设计和安排要结合当地的农地制度安排，如何降低契约风险对于我国现代农业产业化发展具有重要意义；胡新艳、沈中旭（2009）以温氏集团为例进行分析后认为，“公司+农户”的契约治理模式在合理安排下不仅可以有效降低农业合作契约风险，还可以实现企业和农户的双赢，维持双方的长期稳定合作。浦徐进、吴林海、曹文彬（2010）认为，在我国的法律体系还不健全的条件下，要解决契约的高违约率、提高农业契约的运作效率等问题需要有合理的风险分担机制，因而他们提出，让公司和农户通过签订长期的契约并将风险贴水作为一种自我履约的治理机制，以提高履约率、保障契约链的稳定运作。浦徐进、刘焕明、戴丰（2010），叶祥松、刘敬（2015）对目前农业产业化的主要实现形式即“公司+农户合作经济组织”存在的管理困境进行研究，认为合理高效的横向合作与纵向合作机制有利于较少机会主义行为的发生，促进公司与农户间建立起稳定的合作关系。

何亮、李小军（2009）在不完全契约背景下对农业产业化经营中公司和农户的契约出现不稳定的原因进行分析并提出相应的建议。他指出，农业契约之所以不稳定是由于契约主体的不对称性、契约自身的不完全性和在执行过程中的逆向选择和道德风险、资产专用性导致“敲竹杠”行为以及违约收益高于违约成本等，对此，他们提出扶持农民专业合作社发展、鼓励和支持专用性资产投资、建立风险保障机制、加强监督等政策建议。高阔、甘筱青（2013）运用静态博弈模型揭示订单农业存在较高违约率的原因是由于市场价格的波动，而违约金额、市场交易成本和时间偏好成本对契约稳定的价格区间幅度有正向影响。张利痒、张喜才（2011）基于农业产业链视角对我国农产品的价格波动影响进行研究，认为外部冲击短期内可能使初级农产品价格波动幅度扩大3~5倍，但是对产业链中不同环节的影响存在差异。于开红（2010）从新制度经济学的角度对“公司+农户”模式存在的交易成本、谈判成本和机会主义行为等缺陷进行分析，并提出进一步完善农业产业化经营模式的建议，如利益分配制度、公司与农户关系的处理以及与政府的战略合作等。

五、研究评述

综上所述，目前对现代农业经济组织及其运行机制研究的文献主要是在制度经济学的分析框架下对各种农村经济组织产生的原因、模式的选择和履约等进行分析。这些影响广泛的研究结论表明，农产品的生产特征、参与主体的特性和交易的环境是农业集体经济组织演进和契约选择的重要依据。可以看出，到目前为止，这方面研究的理论基础过于狭窄，视野不够宽泛，前瞻性不够，尤其是对我国基于装备现代化、技术联盟化、生产标准化和定制化、信息共享和品牌建设的现代农业产业体系的组织模式、契约治理机制的研究非常薄弱；而且，国内已有的研究，无论是产业化经营模式、纵向协调、契约治理还是产业链的整合，背景基本上立足于国内市场，研究视角主要集中在单维度、单个组织和单一契约。在经济全球化背景下，我国要发展现代农业，增强农产品的国际竞争力，需要创新农业基本经营制度，扩展农业产业链条，发育多元化的组织形式和契约联结方式。正是基于这一背景，本书尝试从确保现代农业契约链稳定的视角重构我国农业经济组织，并精心设计其治理机制和运行机制。

第三章　现有农业经济组织弊端

为了发展现代农业和促进农业现代化，农业生产的各个经营主体或自发或被动地通过各种形式，包括契约、产权配置等方式形成各式各样的农业经济组织，以达到减少交易成本、增加组织租金、获得规模经济效益的目的。而我国农业生产也正处于从传统农业向现代农业的过渡阶段，存在着各式各样的农业经济组织，而这些经济组织确实对农业生产有着积极的作用，部分地区的农业生产已经较传统农业有本质的改进，但其依然存在许多问题，大部分问题来自组织内部契约关系的不稳定而导致组织效率低下、面临解体风险等，故在进一步分析之前，本章详细研究了现有农业经济组织存在的弊端。

一、农业经济组织的重要性

在传统农业向现代农业过渡的过程当中，为了摆脱传统农业分散生产的窘境，农业生产经营主体必须以各种方式，包括所有权并购以及使用复杂契约关系等手段构建各式各样的农业组织。

在我国农业生产的历史进程中实行了多种农业组织模式，如农民互助社、人民公社等，但是出于种种原因，多数以失败告终。在十三届三中全会之后，我国农业生产又回到了以农户为生产经营主体的分散生产模式，虽然其调动了农户生产的积极性，同时又受到了包括袁隆平先生“稻种改革”在内的农业技术进步的好处，使我国农业产出在过去的三十年内得到了极大的提升，但这种分散的生产模式毕竟不适合未来现代农业集中化、规模化生产的要求，因此我国发展现代农业还需要对不同农业组织模式进行摸索，以寻求适应当地现有经济、文化、资源背景的农业组织模式，以实现传统农业向现代农业的过渡。

（一）传统农业向现代农业过渡

1. 传统农业

传统农业是以自给自足为主要目的、在农业生产中投入大量的人力、畜力，利用铁制农具并根据长期生产中积累的耕作经验而进行劳作的农业生产形态。中国农业自阶级社会形成以来就形成了传统农业，是精耕细作、集约型农业，从生产要素的投入到产品的最终出售，都是由农民独立完成的，从而导致了我国农业生产规模小。小农经营的传统农业，农民投入大量的人力、物力，但是其农业产出较低，基本上只能满足其生活要求，农民并没有大量的剩余农产品运到市场上来进行交易来获得收益；目前，随着农业技术水平的提高和农业产业化经营模式的创新，尽管还是在家庭联产承包责任制的制度框架下，但农产品的产出水平得到了提高，与之前相比，农民有大量的剩余农产品用来进行市场交易，即农民收入增加，刺激了农业生产的积极性。

但是，分散经营的小农生产方式并不能满足市场上变化多端的需求，面对消费者需求的变化，农民由于难以及时地做出应对措施而陷入生产困境。传统农业精耕细作的生产方式以及长期生产积累的经验主要还局限于自然环境的影响，尤其是受农产品特殊性的影响，传统农业的生产效率偏低、生产规模较小，农民不管是在生产过程中还是在农产品的市场交易中承受的风险都较大，从而导致农业生产水平偏低。目前，我国正处于市场经济发展的阶段，传统农业正在向现代农业转变，现代农业的产业化发展对于市场上瞬息万变的变化能够及时地做出反应并采取相应的措施，这有利于我国农业生产水平的提高。

2. 现代农业

相对传统农业而言，现代农业更符合市场经济的发展，尤其是当前“三农”问题一直在困扰着我国农村经济的发展。现代农业在工业革命之后以高度专业化、高度机械化、高劳动生产率为特征快速发展。在市场经济条件下，自给自足的小农经济不能满足人们的要求，农民进行农业生产越来越倾向于高产出、高回报的生产。

随着先进技术的提高，传统农业中投入大量人力、畜力精耕细作的生产方式逐步转向借助于农药、化肥以及机械化作业的生产方式；原有农业依靠长期的生产经验也逐步向依赖科学进行生产；现代农业广泛地采用现代生产组织形式，把分散经营的小农生产组织起来形成具有一定规模的农业产业化经营，并利用先进的经营管理方法，提高农业劳动生产率、农产品商品率以及农民的收入水平，使农业产业和农村经济发生重大的变化。建立在家庭联产承包责任制基础上的现代农业，不管是在优良种子、农药化肥的投入方面，还是在现代科技和现代管理方法的引进方面，对农民来说都提高了农业产出水平，农产品产量的大幅提高，农民有更多的剩余产品出售，增加了农民的收入，提高了农民农业生产的积极性。

专业化、机械化的现代农业生产，不仅节省了农民的劳动时间，减轻了农民的劳动负担，农民从利用铁制农具早出晚归的劳作向机械化生产方向转变，机械化农业生产方式提高了其劳动生产效率，农民原本几天甚至是一个星期完成的任务在机械化作业下一天就可以完成，农民可以充分利用闲暇的时间发展其他农作物的生产以增加其收入。

3. 过渡阶段

目前我国现代农业与传统农业有相似之处，但也存在较大的差异，不管是现代农业还是传统农业，我国农民农业生产的规模都局限于小农生产方式，规模较小，技术投入水平较低，农业生产发展给农民带来的收益不高。这是我国农业发展道路上一直都存在并且亟须得到解决的问题，尤其是小规模分散经营的小农经济严重制约了我国农业产业化的发展。然而，现代农业在促进农业生产、农村经济发展、农民收入增加方面起到了重要的作用，这点与传统农业发展相比有很大的进步。

首先，现代农业生产的经营目标与传统农业生产不同。传统农业由于受自然环境的影响较大，农民主要是利用铁制工具、人力和畜力投入到农业生产中，产出水平、生产效率低下，再加上生产分散和规模较小的因素，导致农业生产以产量的最大化为目标，大量的农村劳动力都投入到种植业的生产中，只要最终产量大就可以刺激农民生产积极性，而且在小农经济的传统农业发展时期，大部分的农民只是把生产要素和生产资料都集中投入到粮食作物的生产中，以此提高粮食的产量来满足自给性的消费。而现代农业发展并不是以满足自给性的消费为目标，而是追求产业的利润最大化，即农作物商品化程度大大提高。为了达到利润最大化目标，农民在生产过程中会对农业生产进行相应的评估，如果该生产有利可图，则会加大投入；但是如果农民因种植该农作物而遭受到较大的损失则会终止生产经营。

其次，技术的进步为现代农业产业化发展提供了强有力的支持。传统农业更多是“靠天吃饭”，农民在长期的生产过程中把积累下来的生产经验一代一代传承下去，技术含量低，政府对农业的投入较少，以农户为单位进行农业生产经营，没有足够的资本实力加大对农业的技术投入，导致我国农业发展停滞不前。虽然国家采取了农村互助合作、家庭联产承包责任制等措施促进农村经济发展，但互助合作的集体经济以及家庭联产承包责任制的生产方式并没有从根本上解决土地单位产量低下、劳动生产水平不高的问题。因此，现代农业利用现代科学技术来武装农业，其生产资料由现代工业提供并将工业发展模式引入现代农业组织以提高管理水平，增加农业生产的技术含量、提高农业生产效率、增加农业产出量。

最后，规模经济效益是现代农业发展的重要特征。现代农业追求的是利润最大化，这一目标的实现不可能依靠传统农业的小规模、分散经营的生产方式，而是应该建立在大规模的专业化生产基础之上，而且从国外成功实践经验可以看到，小规模的生产方式难以给农民带来较大的产量和收益。再加上，现代农业的技术含量高、投入大，机械化的生产在小规模的农田中无法进行耕作，只有在较大规模的农场上才能更好地实现其高效率。

（二）农业组织对农业产出影响的实证分析

构建农业经济组织模式的目的主要在于试图运用组织这一生产要素来增加农业产出。那么农业生产中，组织模式的作用有多少，我们通过1999~2012年我国农业生产的数据来实证这一点，并把农业生产与轻工业生产进行一个横向对比。

数据选择使用来自统计年鉴的制造业作为横向比较对象，通过建立修正后的柯布—道格拉斯方程来拟合制造业和农业的产出方程，求得劳动力投入和资本投入对产出的贡献率。其中衡量劳动力投入的指标是行业总工资（农业使用人均农业工资性收入乘以农业就业人口），衡量资本投入的指标是行业固定资产完成额，折旧率统一估计为10%。由于柯布—道格拉斯方程在修正过后是带有截距项的，该截距项表示的是产出中不能被现有生产要素所解释的部分，因此该截距项通常被称为索罗余量或索罗残值。

一般认为索罗余量来自两个方面，即技术进步和组织模式。我们假设，农业产出受到组织模式的较大影响，但农业生产中各要素，包括资本与劳动力的要素回报都相对其他行业偏低，因此我们认为回归模型会出现农业各要素报酬率偏低而索罗余量偏高的情况。

回归方程：

$$Output = AL^{\alpha}K^{\beta}$$

通过统一统计口径，以及对资本投入进行折旧以及累计的数据处理之后，对上述函数取对数进行回归分析，结果比较如下：

表 3-1　结果比较

	劳动力贡献率	资本贡献率	合计	索罗残值
农业	1.13，0.00	-0.24，0.01	0.89	3.13，0.01
制造业	0.64，0.02	0.38，0.00	1.02	2.36，0.46

资料来源：《中国统计年鉴》（2006）、（2012）。

即便是与同样处于劳动力密集产业的制造业相比，农业对劳动力的依赖也是较大的，且其对总产出的影响之大，甚至出现了模型回归整体显著（R=0.97；F=249；N=14）但资本参数为负的情况。回归模型虽然没有经济意义，但是就比较而言，具有一定的价值。

农业中的各要素回报率加总明显小于制造业，且索罗残值明显大于制造业，假设得到了验证。虽然索罗残值并不能准确反映出组织这一生产要素对农业产出的影响，但两者之间存在一定的正相关关系，所以我们可以认为，农业组织模式对农业生产有着十分重要的作用。后文将详细介绍现有的几种农业组织模式。

二、农业经济组织主体

农业经济组织主体包括从事农业生产经营活动的农民、同产业链上的工商企业以及相关第三方机构。从这个角度来看，一切与农业生产相关的主体都是农业组织的一部分，其中又以农户最为重要。我国无论是粮食类作物还是蔬菜、水果的生产，绝大部分地区是以农户为单位进行的，农业企业主要在加工、运输、包装以及销售等产业链环节组织生产经营活动，较少有农业企业直接进行初级产品的耕种。

农业生产以农户和农业企业为主体，但长期存在第三方力量作为两者的中介和协调。一般情况下，农业生产第三方可以按它们职能类型的不同进行分类，包括信息提供者、中介监督者两个大类，前者包括政府部门、农业合作社、信息中介等，其职能是提供相应的信息，帮助农户与企业寻求可能签订的契约；后者包括保险机构、评估公司等，其作用是监督契约的执行情况，确保契约可以履约。

（一）农户

农户作为农业组织中最为重要的一部分，其主要从事农产品的耕种。典型的中国农户会根据其土地的所在地点选择其种植作物的类型乃至是否进行种植。长城以北的土地适合放牧，而长城以南的土地适合种植。长江则作为粮食作物种类的天然分割线，长江以北的土地适合种植小麦，而长江以南的土地适合种植水稻，这些农业生产规律被所有中国农户所认同。

随着稻种改良、农村土地承包制调整以及农业税免除，我国农户完成了从低产的小农经济向高产的小农经济的变革，但与现代农业的要求相比依然有较大差距。

调研资料

当代农户的一个缩影

刘姓农户育有一儿一女，他和妻子居住在距离长沙市60公里的一个村庄内，名下有六亩水稻耕地和半座山头的使用权，两者之间步行需要15分钟左右。每年的年初，他都会在自家的水田中种植水稻，然后以每斤1.25元的价格向收购商出售余粮。这部分的收入主要用于日常开销和下半年烟草种植的前期投入。在下半年，他租借邻居的四亩水田合计十亩水田用于种植烟草，这是由村干部带头和长沙卷烟厂的合作计划。在烟草收割并晒干后，长沙卷烟厂每亩地向他支付3400元，由此给他带来了34000元的收入，使他有足够的余钱准备装修老房子。

除此之外，他也在自家的山头和田埂上种植一些常见的蔬菜，以白菜和辣椒居多，此外还有一些青菜和大葱等。在播种和收割的季节，他会雇用同村拥有专业机械的人来协助工作，因为他并没有用于农业生产的专用机械。

资料来源：笔者调研整理。

1. 分散的生产方式

我国农户的生产方式是分散经营，除了东北平原以及华北平原之外，很难在其他地区找到成片的大平原，我国大部分的农户拥有不到十亩的土地，甚至在某些地区连人均一亩土地都无法达到，这就导致了农户难以展开大规模的机械化生产及农业劳动力的大量隐性失业。

无法大规模使用机械化耕种使我国农户的人均产量无法得到大幅提高，大部分农户每年的收入仅够维持当年的开支，并没有足够的储蓄，没有足够的抵抗风险能力。而种植一种新类型的农产品必然伴随一定的风险，这类风险一方面来自技术，某些农产品的种植需要特殊的技术以及特殊的物质投入，这并不是一般农户可以掌握的，他们在种植的过程当中往往会出现一些失误或者使用没有达到标准的种植方法，使得最终的产品难以满足客户的需求。另一方面来自市场，相对于有稳定收购价格的粮食类作物而言，由市场定价的新型农业作物会带来很大的不确定性，一旦某些农产品的价格出现大跌，那么对于种植这类作物的农户来说，后果十分严重。即使是专业种植的农户，也会保留一部分的自留地来种植粮食类作物作为抵御风险的一种方法，这导致了农户生产经营的分散程度进一步提高。

2. 不稳定的产出

农户产出不稳定的主要原因来自气候。农作物的产量在很大程度上依赖于气候。若是风调雨顺的年节，一个农户的产出不仅可以维持其生活的必需，还有可观的余粮供其在农贸市场上出售。

随着近年来气候条件变化日益加剧，极端的气候情况时常出现，我国的农业生产地区又分布广泛，总是会有数个地区出现极端的自然条件，其结局好的时候是减产，差的时候是颗粒无收，这时农户唯一的出路就是食用其往年的余粮并期待来年的气候可以得到好转，或者是干脆放弃耕种土地到城市务工以补贴家用。

3. 销售渠道单一

农户产品的销售渠道是单一的。对于农户来说，原因在于获取信息的能力偏弱，在交通状况令人担忧的农业地区，农户往往无法了解到市场信息的变动。长期而言，一个特定范围内对各类农产品的需求都是较为稳定的，但单个地区在某个特定时期可能由于各种原因出现某类产品的产量过剩。

农户分散的生产方式决定了农产品销售渠道的单一性来自农产品的市场结构。较少的交易对象和较多的竞争对手让农户在交易时处于非常不利的谈判地位，很多时候农户收入仅够弥补生产中所支出的化肥等成本。

一个经销商收购一个村域几乎所有农户的产品的交易模式直接决定了农户作为价格接受者而存在；若是农户自行将产品运输到邻近的城市当中去贩卖，他除了支付农作物的种植成本之外，还要支付运输以及销售的成本，但这依然是多数农户的选择，因为即使在支付了这些成本之后，市民从农民手中直接购买的农副产品的价格还是要低于经过经销商转手后的农副产品的价格，有时价格差可以达到 1 倍以上，而农户的收入也要增加 1 倍以上。

4. 国家收购制度

若是这两种情况都不能令农户感到满意，如一个地区由于种种原因没有经销商存在，或者是农户出于某些原因不愿意或者不能够将他的产品运输到城市当中去贩卖，他就只能将粮食出售给国家收购机构，这些收购机构往往是有一定的收购额指标的，而且价格并非高于市场价格。但是即便如此，为了追求这些稳定的收购指标，农户有可能不惜通过贿赂的方法来确保自己可以获得这些稳定的销售额。

(二) 农业企业

农户的分散经营和抵御风险能力低下使得他们难以适应现代农业发展的基本要求，因此农业龙头企业成为现代农业生产中最为重要的组成部分。

1. 农业企业的定义

美国学者戴维斯将农业企业定义为农用品的制造与分配、农场生产营运，以及农产品的加工、储藏与运销各项作业的总和。从生产产品的角度来看，农业企业不仅包括生产农产品或者农副产品的总和①，还应该包括生产农业生产所需要的原料，包括化肥、种子乃至农业种植技术等。

我国学者对于农业企业的定义除了限定其为从事农业类生产经营活动之外，还对其组织结构进行了限定，认为只有拥有独立法人身份的企业才能归属于农业企业的概念当中，如中国农业科学院的刘现武博士认为，农业企业是指使用一定劳动资料，进行现代化专业分工协作、独立经营、自负盈亏，从事商品性生产以及与农产品直接相关的经济组织，它包括种植(含林业、中草药)、养殖、加工、流通、间接与农业相关的企业（如农资)、农业中介、农业信息和农业科技等企业②。也可以说，农业企业是集合利用生产要素（土地、劳动力、资本和技术）从事经营活动，并在利润动机和承担风险的条件下为社会提供动植物产品（包括食物与天然纤维）和相关服务的经济单位。

此外，根据《中国企业管理百科全书》，农业企业是从事农林牧渔业等生产经营活动的企业；而根据《中国农业百科全书》，农业企业是以经营农业为主或为农业生产服务、实行独立核算的生产经营单位。前者强调的是农业生产经营性企业，后者增加了“为农业生产服务”的内容。

2. 农业企业的特征

农业企业的特征有两点：第一，农业企业是按照现代企业制度构建的

---

① John M. Davis，Ray A. Goldberg. A Concept of Agribusiness，Graduate School of Business Administration [M]. Boston：Harvard University，1957.

② 刘现武．我国农业企业并购重组研究 [D]. 中国农业科学院博士学位论文，2003.

组织。从主体上来看，它是独立法人，拥有民法意义上的一切法人权利；从经营方式上来看，其自主经营、自负盈亏、独立生存，没有诸如政府等其他力量的干预。第二，农业企业生存与经营的项目是与农业有关的，其生产的产品要么是农产品或者农副产品，要么是为农业生产服务的，如种子、化肥等。

西南财经大学的刘良灿博士总结农业企业的特征如下：

第一，农业企业经济活动的自然性和有机生命性比较明显。农业企业主要利用动植物（包括微生物）的生理机能和外界的自然力，通过劳动去强化或控制动植物，从而取得产品。

第二，农业企业经济效益具有不确定性。因为农业生产过程周期长，受客观因素和自然条件的影响很大，不可控因素较多，致使农业企业的经营风险较大，投入产出规律及其结果难以预测，经济效益起伏较大。

第三，农业企业大多数处于广大农村地区，经营分散，很难形成产业群聚集效应。

第四，农业企业的大多数产品雷同或接近。

第五，一般而言，农业企业与工业企业相比，数量较少、规模较小、劳动生产率较低。农业企业使用的劳动力很多，但其人均产出一般都比工业企业低。

第六，涉农企业和农业密切相关，因而受到农业特征的一些影响。以上说到的农业企业特征主要是以狭义农业企业为主进行说明的①。

本书认为，排除其他生产经营行业的共有特征，可将农业企业的特征归纳为：

第一，农业企业的生产与农业密切相关，因此农业企业的生产特征与农业生产特征一致，受气候影响大，生产不确定性也较大。

第二，农业企业生产分散，一般企业规模较小。

第三，农业企业生产的产品具有雷同性，产品之间没有明显的不可替

① 刘良灿．农业企业的结构，行为和绩效［D］．西南财经大学博士学位论文，2006.

代性，这决定了市场结构较为分散，企业为价格接受者。

3. 农业企业的重要性

我国的农业企业虽然有着分散、小型化的特征，这意味着它们在一般情况下难以形成规模经济，但是相对于我国广大的农户而言，农业企业的生产加工无疑是集中、规模化的。农业企业直接面临着消费者的各类需求，与市场的联系密切，能够有效地捕捉到消费者偏好的变动。若是一个地区对某类农产品的需求量发生了变化，那么这个变化一开始一定是被该地区的农业企业所捕捉到的。

农业企业具有现代企业的特征，其生产经营的目的就是获得最大利润，控制市场份额。上文我们在论述农户的生产经营时提到，由于农户也是在市场上出售他们的产品而非出售或者出租他们的生产要素，因此农户也具有一定企业的特征，但是农户的生产和经营仅仅是为了满足自身的生活所需，他们就算有获得最大利润的期望，也难以将其获得的利润转入下一轮的生产，其一般情况更倾向于将获得的利润用于消费，这对现代农业生产经营发展形成了一定的障碍。

农业企业获得了利润之后会进行新一轮的扩张，进一步扩大自己的利润空间，其必然需要更多的原材料，即会向农户发出更多的订单，购买更多的原材料。农业企业扩大生产对于农业生产而言具有带头作用，一个地区若是有一个农业企业可以成熟化、品牌化，该地区内所有农户的产出都会受到拉动，同时农户的收入也可以提高。

4. 农业企业的技术创新

对于农业企业而言，技术创新一般情况下可以带来成本的减少和利润的增加。农业企业研发出新的生产技术后，一方面，产量上升会向农户发出更多的订单；另一方面，推进了新的种植、养殖技术，由于农业企业不直接进行初级产品的制造，其就会通过契约等方式将这些技术外溢给农户。总结起来，由于农业企业对农业生产具有组织、带动作用，它必然带动农业生产的技术创新。

（三）农业经济组织中的第三方机构

现代农业生产的特征之一就是由农户和农业企业协同生产，农业企业需要使用不同的手段和方式与农户进行协调。因而，为了增进农业企业和农户的合作，并确保他们的合作可以长久持续下去，在农业组织中除了农户和农业企业之外，还应该有各式第三方机构。

调研资料

广东省连山县推广稻种遇到的困难

某农业企业通过技术改良实现了对某种优质大米品牌口感的模仿，当他们在适合种植这种水稻的连山壮族瑶族自治县推广稻种时，遇到了他们没有预想到的困难。该企业愿意以低于现有水稻稻种的价格向农户们出售他们的新型水稻稻种，并愿意以更高的价格收购农户的产出。在双方协商已经取得了一定的成果时，细心的农户知晓了一个信息，即此类稻种遇到特定天气状况时可能会减产20%左右，而农户往年种植的稻种则没有这个问题。在向该企业核实了该信息后，许多本来愿意和企业形成合作关系的农户都纷纷后悔了，他们认为这样带来的风险太大，尽管该企业认为他们开出的条件使农户即便在减产的情况下也能比往年获得更多的收入，但农户对外来企业的信任度却不高。该农业企业希望能够有一个中介机构帮助他们说服农户使用他们的稻种，他们发现依靠企业自己的能力在一个使用五种不同方言的小县城推广自己的产品有点力不从心。

资料来源：笔者调研整理。

从契约职能上来说第三方机构应该分为两类：第一类帮助农户和农业

企业创造合作的机会，寻求签订契约，第二类确保签订的契约可以得到正常的履行，分别简称信息中介类和监督评级类。此外，还有诸如农业银行、农业保险机构、农业科研机构、农业物流组织等之类的第三方机构。

1. 信息中介与监督中介机构

（1）信息中介

在农户和农业企业相互协作的过程中一个容易出现的问题是，农户的产品无法找到销路，而农业企业缺乏符合其要求的上级供货商。这种情况可以通过农户和农业企业的点对点合作来得到解决，农业企业通过与农户签订契约，使其为农业企业生产特殊的初级农产品，而不是分散地生产各类农业作物。但是由于这些相关的信息，尤其是农业企业的需求得不到传导，或者是农户没有意愿也没有能力去搜寻这些信息，此类合作机会通过市场机制的传导是难以实现的，这必然要求第三方机构来起到信息中介的作用。

我国部分农村地区在21世纪初才刚刚完成了农村道路的基础建设过程，仅仅可以保证农产品能运输到其临近的城市当中，在这种背景下，试图使用互联网等现代B2C或O2C方式来整理统计农业信息并将此类信息推送给相应的农户，有着一定的困难。即便是有政府支持的各类农业信息网站，自身也存在着问题，如缺乏专业人才维护、信息真实性不高等，此外还有“最后一英里”推送障碍，即农业信息可以推送到临近农村的信息集中点，如县一级政府的农业网站，但对于农业信息的真正需求者即农户而言，却是难以获得的，因此农业组织中的信息中介是难以通过互联网平台来建立的。

（2）监督中介

农业第三方机构还应该具有的职能是监督契约的履行，由农业企业自行来监督农户是否履约的监督成本十分高昂，难以实现，需要有独立的第三方机构来进行监督以及评级，增加企业和农户的毁约成本，使得契约的履约率上升，从而提高契约的稳定性。

但由于缺乏一个强有力的监督机构，导致在我国农业生产当中存在着违约成本低、企业履约率高等问题。在农产品市场中，也存在着食品安全问题以及产品质量参差不齐的情况。理论上可以通过构建一个职能完善的监督机构来解决以上问题，而这个监督机构应该是什么、应该由谁来建立，业界则缺乏共识。在现有的经济活动中，监督主体一般为政府或传统媒体，但在农业中则难以实现。

若是由政府来进行监督，产品的质量以及食品的安全可以得到实现，但确保农户和农业企业之间的契约可以得到执行，就并非政府应有的职能了。若是由传统媒体来进行监督，传统媒体又缺乏足够的现实基础来监督农业生产活动，至于农业组织内部之间的契约履行问题，就更不受传统媒体的控制了。

2. 农业合作社

考虑到第三方机构的设计必须与中国农业生产现状的实际相结合，我国现有的应用最为广泛的农业第三方组织就是农业合作社。合作社作为中介组织处理农户与企业、市场之间的关系，降低了农民的市场风险，农户的议价能力提高，降低了交易成本。但是我国农业合作社资金实力不足，无法构建自己的销售市场，农户和企业交易的不确定性和机会主义行为都无法及时得到有效抑制，从而难以开拓市场。

农业合作社在我国的发展过程中有着一系列形式上的变化，从最初的农业互助小组到人民公社，再到当代的农业联合社，农业经济联合社等。现有的农业合作社是在农业家庭经营基础上，农民为增强自身的市场竞争地位、取得规模经济效益、扩大农业盈利空间而联合起来共同从事农产品运销和加工、农业生产资料采购和农业信用融资的机构，它是在市场经济条件下，农业生产经营活动走向现代化的必然过程。

现有的农业合作社面临的主要问题是法律地位的尴尬性，大部分的农业合作社，如农业经济社、农业经济联合社都没有独立的法人地位，从定义上来分类属于社团组织而非法人。社团组织属于非营利性组织，在非法人农业合作社当中的成员缺乏足够的激励来执行其职能。此外，社团组织松散的组织结构决定了合作社中的成员可以任意加入或者退出，使得合作社内部不稳定。为了使得农业合作社可以履行现代农业背景下第三方机构的职责，就必须对现有的农业合作社进行彻底的改进。

关付新（2009）[①] 介绍了在浙江台州出现的所谓“新一代合作社”，该类合作社的社员不能自由进出，需事先认购农产品交售份额，按所拥有股份进行投票。这种合作社已经进入了农业经济活动的销售阶段和加工阶段，以增加合作社的资本值和利润值为目的，在运行机制等方面进行了创新，提升了组织活力和竞争力，从而有效地增加了合作社成员的收入。该合作社首先根据合作社的业务量确定合作社的投资规模，然后得出总股本和接受社员的数量，其一般要求每个社员承购一定数量的交易权股，并且社员不能自由退股，只能将股份转让。这种类似于合伙企业的建立制度使合作社在建立时就获得了一笔稳定的资金。该合作社还大力吸引外来资金参与合作社投资，使得合作社资金来源更为广泛，使该合作社较普通农业合作社而言有更多的资本供其日常运作。

该合作社在创建的初期就科学地确定了最佳经济规模，由此规定了社员向其提供的产品数量，同时规定社员必须根据拥有股份所要求的投售量向其提供农产品，合作社对社员提供的农产品有着数量和质量的限制，如果社员不能提供合同规定的数量和质量标准的产品，合作社将从市场上购买这些产品，并按市场价格计入社员账户，避免了社员的机会主义行为。

该合作社的股份具有可流通性，这使得合作社管理阶层时刻面临外部市场的压力，因为如果合作社经营管理不善，合作社的股份市场价值就会下跌，社员就会像董事会一样向他们施加压力。此外，该合作社聘请管理方面的专业人士来进行管理，避免了原有合作社依赖社员进行管理而可能导致的管理能力低下的风险。

该合作社由于有着企业的性质，对市场有着敏感的反应能力，其主要从事的是农产品加工增值业务，能够很快地获得相关信息，并及时在合作社内调整其产品以及产出数量。合作社社员不仅可以销售初级产品获得收入，还能从合作社的加工和流通的增值中获得收入，从而进一步提高自身

① 关付新．中国现代农业企业组织的形式及其演进［J］．农业现代化研究，2009（1）．

的收入。

这种新一代合作社具有更强的公司制企业特征，与服务于农民的典型形式合作社相比，它与农户的合作性关系减弱，交易性增强，其职能已经不限于提供信息服务或者是监督企业和农户之间的契约执行情况，从其按股份认购到不允许自由退出，以及可以流通的公司股份都显示出现代合伙制企业的一些特征，可以说此类农业合作社使得农户作为农业企业直接加入到了生产阶段当中。

3. 地方政府

在农业生产过程中，地方政府起了特殊的作用。1985~1993 年，我国曾经实行过国家粮食合同订购，以此作为解决从计划经济向市场经济过渡阶段市场机制不完善所带来的农户销售难问题。此类行政合同消失之后，为了维护农业合同的发展，维持农业合同双方地位的公平，农业部出台了《关于发展和规范订单农业的意见》，明确规定各级政府不得作为订单农业的合同主体，同时《合同法》和《担保法》也有类似的规定。但现实中，部分基层政府为了进行地区农业结构调整或者为了农户的增收，甚至为了纯粹的政绩，还是以合同主体的身份参与了农业生产。

政府作为一个典型的第三方机构，不应该直接参与到农业生产中来，而是应该起到信息中介和监督中介的职能。具体来说，其在弥补组织缺陷、降低交易风险、推动农业信息体系、培育中介组织以及建立农业产业化基金方面都可以有积极的作为。

从信息中介职能来看，地方政府可以提供及时准确的农业相关信息，如美国农业部一直在跟踪整理农业即期合同和远期合同的成交价格，为农户与农业企业签订订单时提供参考，指导农户和企业签订契约、稳定他们的合作关系。

从监督中介职能来看，地方政府可以制定并实施农产品质量标准，落实生产过程优质化进程，以及仲裁各类违约事件，通过自身的行政力量维系合同双方力量对等。地方政府的适当介入和干预有助于契约的制定和执行，也有利于现代农业的进一步发展。

调研资料

北坡镇下黎村农户告别了白条

广东省湛江市遂溪县北坡镇下黎村有着适合种植甘蔗的自然资源，然而由于农户力量过弱，面对拥有政治和经济优势的农业企业时无法有效维权，这里的农户长期被农业企业以白条的形式收购大量的甘蔗。湛江市工商局于2003年开始利用当地糖业企业结构调整和产权改制的有利时机，指导当地某糖业有限公司实行“公司+基地+农户”的经营模式，以合同为纽带，把蔗农与加工、流通企业的利益关系联结起来，形成一体化的共同利益机制。

这份具有示范意义的糖业有限公司与蔗农签订的糖蔗产销合同，从落实种植面积、品种、产量到最低保底价、结算办法、扶持条件和违约处罚等方面明确了双方的权利和义务。它的推行，不仅强化了企业的产前、产中、产后服务，还促进了糖蔗增产，农民增收。

资料来源：笔者调研整理。

从法律地位来看，地方政府相对于其他农业组织主体有着非对等性，正是这种非对等性使得地方政府可以修正农业组织中出现的不适合现代农业发展的现象，但在一定情况下，地方政府的过度介入往往正是组织解体、契约不稳定的直接原因。

三、现有农业经济组织存在的问题

现代农业集产业化、专业化、社会化和商品化于一体，不仅对于农业生产资料投入有较高的要求，对生产规模、技术水平以及农民自身的文化水平都有较高的要求。为了促进现代农业的健康发展，应在农业发展过程中引入现代农业组织。现代农业组织以中介组织的身份加入到现代农业的生产发展中，有利于把小规模分散经营的农民组织起来集中生产，扩大了生产规模；现代农业技术水平的提高，使农民的劳动生产率得到较大程度的提高；机械化作业的推广节约了劳动时间，有利于农民扩展种植经营范围，不仅是集中在粮食生产上，其他作物的生产也有利于增加农民的收入。

现代农业组织的构建是社会高度分工的要求和表现。现代农业组织细分了农业生产环节，农民不再需要从生产要素的投入到最终产品的出售都全程跟踪，可以把更多时间和精力都放在农业生产上，从而可以提高农作物的单产和农业劳动生产率，适应市场经济的发展和加快现代农业产业化进程。目前农业生产中存在多种形式的农业组织模式，如运用最为广泛的农户与企业对接即“公司+农户”模式、农联模式、农超对接以及建立在“公司+农户”模式基础上的“公司+农业专业合作社+农户”和“龙头企业+合作社+农户”等现代农业组织模式。这些农业组织模式的构建和优化不仅改变了传统农业的发展方式，使得农业生产更加细化、分工更加合理，还促进了我国现代农业产业化、社会化、专业化和商品化的发展。

（一）“公司+农户”模式

“公司+农户”模式是订单农业主要的经营方式，农户与农业企业之间以农业订单为主要契约模式相互链接，即在农业生产之前，农户与企业签订契约，农户按照企业的要求进行生产之前，公司将向农户提供生产要素、技术等其他服务，农户生产的产品不用在市场上进行交易，而是由企业通过设定的农产品收购价格进行收购，企业再把收购的产品进行加工、运输、销售等。“公司+农户”模式运用最早且成功的典型案例就是广东温氏食品集团有限公司①。

---

① 详见附录，补充材料（1）。

然而，“公司+农户”的模式为企业的生产节约了交易成本，提高了农民的收入，但契约不完全性的存在，使得公司和农户在设计契约时并不能考虑到生产交易、经营环节有可能发生的问题并把所有情况都写进契约中，再加上外部环境的不确定性、经济人的有限理性和机会主义行为，公司与农户之间的契约存在极大的不稳定性。具体包括：

1. *无法应对价格波动*

首先，公司与农户之间契约的不稳定性受市场价格机制的影响。公司是以营利为目的的，利益的最大化是公司存在的最关键因素，而对于农户而言，在市场经济条件下，农民进行农业生产不仅仅是为了满足其自身的生活。科学技术水平的提高极大地促进了生产水平的提高，较高的生产力水平促使农民有大量的农产品剩余来进行市场交易，而剩余农产品的交易提高了农民的收入水平进而提升了其生活水平，一定程度上刺激了农民进行农业生产的积极性，因此，在现代农业发展时期，农民进行农业生产更多的是为了获得收益。

不管是公司还是农户都是从自身的利益出发而处在“公司+农户”的模式运行之下，如果双方都有其他方式使得其收益更大化，则公司和农户将会选择收益最大化的方式。在市场价格机制的作用下，公司和农户都无法决定农产品的市场价格，其具有一定的不确定性。当农产品的市场价格出现波动时，公司和农户都会对其变化采取相应的措施。如当农产品在市场上交易的价格远远大于“公司+农户”模式下签订的契约所规定的价格，并且当农户通过简单的计算发现，如果把生产的农产品放在市场上直接销售所获得的收益远远大于其违反契约内容要赔偿的损失和在公司收购价格下获得的利润之和时，农户会选择违反契约。

农户一旦违背了契约中所规定的权利和义务，则公司正常的生产加工经营难以继续运作，公司必将遭到巨大的损失。同样地，如果农产品的市场价格出现下跌并且下跌的幅度大于契约中所规定的保护价时，公司则会最终违约，从而使农户的产品低价销售甚至难以销售出去，农户将会面临较大程度的亏损。市场价格的波动使公司和农户都无法避免市场风险的存在，这是导致农户与公司直接对接履约率低的重要影响因素。

2. 分配机制和利益机制不完善

分配机制和利益机制不完善是影响“公司+农户”模式成功运行的重要因素。公司和农户都是以自身利益为目的而进行生产和经营的，从农业产业上获取的利润如何分配，这是双方都极其关注的问题。订单农业中最重要的就是分配机制和利益机制的运行，受家庭联产承包责任制的影响，我国整体上是以农户为单位、分散经营为主要生产方式，小农户的生产难以适应大市场上需求的多样化，订单农业的发展把我国独立生产的小农户组织起来。如果农户的生产收入得不到提高，则农户将会再次分散。农户处于农业产业链的低端，获得的利润本来就很少，如果公司把大部分经济剩余都占为己有，农户为维护自身利益必然会存在机会主义行为。同样，公司如果得不到理想收益，该模式也难以运行下去。因此，“风险共担、利益共享”的一体化产业发展理念对于“公司+农户”模式的运行有重要的实践意义。

3. 外部环境不确定性

外部环境的不确定性是农户与公司对接过程中需要特别关注的方面。外部环境的不确定性包括市场交易环境的不确定性、农产品生产供需状况的不确定性以及缔约双方交易的不确定性等。公司和农户借助契约关系相互联结，表面上两者都是缔约双方，但是值得注意的是，公司和农户在签订契约之前就已经存在地位上的不对等。

公司具有雄厚的经济实力，在生产、管理方面都具有一定的优势，尤其是对于市场上的信息处理能力远远大于农户。公司根据所掌握的数据和市场信息进行详细科学的分析，可以较准确地掌握好市场走向并以此进行相关生产活动，从而获得经济收益；而对于处于产业链低端的农户经济实力弱，分散、独立、小规模经营的生产方式更使农户处于劣势地位，农户没有先进的生产技术投入到农业的生产中，只能依靠公司的投入，这在一定程度上加大了农户对公司的依赖性。

农户除了进行农业生产外，没有足够的时间和资源对市场现状进行相关的调研活动，导致农户难以掌握市场信息，难以对市场需求状况进行准确的估计和预测。同时，农产品是一种特殊的商品，具有生产周期长、季节性强、受自然环境影响大等特征，依靠农户自身的力量难以提高农业生产效率。在利益的驱使下，缔约双方由于有限理性和机会主义行为的存在，尤其是农户的契约意识薄弱，虽然交易已内部化，但是无法避免双方在交易时出现不履行契约的情况。

4. "公司+农户"模式应用的经验和问题

"公司+农户"模式的创新建立在家庭联产承包责任制的基础之上。为解决我国农业产业化出现的小农户与大市场之间的矛盾，在模式运行的初期阶段，毋庸置疑，公司和农户模式给缔约双方都带来了较好的收益，增强了企业的竞争力，同时提高了公司和农户的收入水平，也为我国现代农业的飞速发展提供了重要的实践经验。但是，随着农业产业程度的提高，"公司+农户"模式的弊端也逐渐暴露出来，契约稳定性差、履约率低，缔约双方的有限理性和机会主义行为泛滥等。这些在实践中出现的问题急需得到解决，很多学者就该模式提出了相应的创新机制和治理机制，以促进我国现代农业的持续健康发展。

（二）三方模式

所谓三方模式，即是在原有的"农户+农业企业"这一组织模式的基础上，加上农业合作社作为中介机构来增强原有组织模式的稳定性。农业合作社不仅可以起到信息中介的作用，而且由于其拥有广泛的群众基础，可以有效地整合分散农户的种植能力，追求一定的规模经济效益。该模式作为"农户+农业企业"这一组织模式的修正，在我国有着广泛的应用。一方面，增强了农户与农业企业签订合同时的谈判能力，也创造了一定的合作机会；但是另一方面，农业合作社的引入并没有改变原有组织模式的不稳定性，还增加了一定的不稳定风险。

在原有的组织模式当中，农户与农业企业以农业订单的契约模式相互联结，引入农业合作社之后，双方依然是以农业订单的契约模式为主要联结方法，农业合作社尴尬的法律地位决定其难以引导农业企业对农户进行投资，或是引导农户与其进行产权的重新配置。在缺乏其他类型契约的情况下，原本不稳定的契约关系由单环节变成了双环节，一旦某一环节出现违约，则整个三方模式中的契约链就会出现不稳定情况。

此外，现有农业合作社从法律地位来说并不属于一个独立的企业法人，所以在很多时候，农业合作社的加入使原本就十分复杂的农业契约法律关系变得更为复杂。契约从法律角度来说即是合同，合同有效性的一个重要保证是合同的可诉性，而在农户与农业企业之间的农产品收购合同当中，固然可诉性得到了包括《合同法》在内的我国民法体系的保护，但实际上农户的特征导致农业企业在违约时难以对农户进行起诉，地方法院也难以对农户进行强制执行措施。

三方模式的运行特征是在农业合作社的引导下，农业企业与农业合作社签订契约，而不再是直接与农户签订契约，但由于农业合作社往往是由一个地区的农户联合起来组成的，所以不具有独立的市场经济地位，有些时候，农业企业不愿意与其签订合同，而倾向于直接与农户签订合同。在这种情况下，组织模式就又回到了“农户+农业企业”这一模式当中，在农业合作社作为契约一方直接参与到合同的签订之时，又会因为其没有独立的法人地位导致合同的无效性，故三方模式在绝大多数时候仅仅作为“农户+农业企业”模式的修正而存在，在没有涉及对现有农业合作社进行彻底改造的时候，单纯从契约关系来看，三方模式与“农户+公司”模式之间没有本质的区别，“农户+公司”模式中原有的易受短期价格波动影响、分配机制不完善、外部风险较大等问题依然存在于三方模式当中。

（三）农联模式

1. 农联模式概述

“农联”是农村联合经营公司的简称，农联模式是我国农村新型经济组织形式，是实现农业产业化、农村城镇化、农民变市民的重要载体。农联模式不仅涉及生产、加工到流通各环节，联系和组织分散农户进行农业生产，协调公司和农户的交易关系，而且能促成政府、金融部门、中介机构、研究机构等支撑性机构为农业产业提供配套服务，实际上，农联已经成为经济、社会、文化等多层面的区域复合体。

农联模式实质上是运用农业产业化模式发展集体经济的一种表现，但这种“集体经济”与新中国成立后的农村集体经济不同。农村集体经济组织产生与20世纪50年代的农业社会主义改造即农业合作化运动，在人民民主专政制度下，通过合作化道路把小农经济改造成为社会主义集体经济，它是为实行社会主义公有制改造，由农民自愿联合，将各自所有的生产资料，包括土地、较大型农具、耕地等投入集体组织，并由集体组织来进行生产经营，农民进行集体劳动，各尽所能、按劳分配。

在计划经济条件下，农村集体经济组织不可避免地在后期发展的过程中出现了很多“搭便车”的问题。随着计划经济向市场经济的转变，农村集体经济不能适应其发展要求，农村集体经济组织在一定程度上制约了农业的发展。据此，为了解放农业生产力，农村实施了家庭联产承包责任制，把集体生产方式向分散的经营生产方式转变，即我国农业生产又一次回到了小农生产方式中。

而农联模式在生产资料所有权方面与农村集体经济和家庭联产承包责任制存在很大的区别：农联模式把分散经营的小农再次组织起来进行农业生产，农民自愿以多种入股的方式参与到组织中。不管农户是通过资金、土地还是其他方式入股，最终都有对其土地等投入要素的承包经营权。

2. 农联模式的优势

农联模式让分散的农户以最有效的契约形式与公司联结，在分散风险的同时创造和分享组织租金。组织租金是公司和农户联结的纽带，但是考虑到现实问题，农联模式要有效处理交易中出现的机会主义行为，以提高契约关系的稳定性。

农联要有自主经营的产业。农联是一个独立的企业法人，自负盈亏，追求效益的最大化。如果农联的生产运行只是依靠分散经营的小农生产，就会存在极大的不确定性，一旦农户停止进行农业生产，农联要承担的风险太大。相反，若农联拥有自主经营的产业，并按照公司的组织原则组织农业生产，就有利于实现农业生产的机械化、自动化和产业化。同时，农联模式还可以使农户成为农联生产环节的工人、临时职员等，成为农业大生产和农联组织的一部分。农联模式把原本进行农业生产的小农户转变为农联的一部分，有利于缓解“小农户”与“大市场”之间激烈的矛盾。

农联模式着眼于培育整个产业的竞争力，除了进行产业内部的整合外，还强调建立配套的支持产业以及服务体系，并对相关产业进行整合。从农联自身的发展能力和特定的需要以及加工功能方面看，农联可以通过与城市企业或其他农村加工企业形成合作关系，包括业务和技术的合作，与其他企业形成股份合作、替其他企业代工，接受订单委托加工等多种产业化实现方式。从其经营职能方面看，农联在市场上建立固定的销售点，并把在销售中收集的商业信息反馈到农民手中，农民针对收集的信息及时调整农业生产计划，这就节约了生产成本，确保了信息的及时性和完全性。农联模式下的农业经营不是只有农民的参与，政府也充分发挥其行政职能协助农业生产发展，即政府组织“农业专家组”“技术组”等有利于农业生产的组织对农联的产业经营提供全方位的服务。而如果农民是以独立生产、分散经营的生产方式为主，就在一定程度上增加了投入成本，政府负担的增加有可能会导致“农业专家组”“技术组”的解散。

市场风险是制约契约农业持续发展的重要影响因素。由于公司和农户地位的不对等，农户无法准确把握市场信息、对市场风险的承受能力较差，公司和农户的契约关系不稳定，这是订单农业发展中存在的重要问题。因此，农联模式的构建与创新在一定程度上稳定了公司和农户之间的契约关系，同时也降低了农户市场风险。在上文中提到，农联拥有其自主经营的产业，在市场上有固定的销售点，农联面临的消费产品的销售对象不仅局限于签订契约的企业，对于寻求新的客户也有促进作用。同时，由于获取信息的及时性有利于农联及时应对市场的变化，在市场经济条件下，消费者的需求多变，分散经营的农户无法对这种瞬息万变的需求变化及时作出生产调整，增加了农民的市场风险。尽管在“公司+农户”模式下农户也难以应对市场上多样的变化；然而，农联对于市场上多变的需求可以及时地作出反应，这是我国现代农业产业化发展的一大进步。

3. 农联模式在铁岭高新区的应用

（1）简介

在辽宁的铁岭高新区，农联模式的成功运行促进了当地经济的发展，也为农联模式的进一步发展和完善提供了实践经验。为了实现高新区技术产业的集中发展，需要大量占用当地农民的农业用地，农民处于失业状态。而该高新区技术产业园建设需要的是高技术、高素质的人才，对于一直从事农业生产的农民来说，根本就不能适应其要求。为了合理解决农民失地问题、保障农民正常生活，高新区政府采取了一系列的措施，如土地补偿、安置就业等，但是这些措施对于农业生产都具有一定的局限性。政府对土地被占的农户进行相应的补贴，而农户如何使用这笔补贴具有很大的不确定性：不管是利用这笔补贴进行个体经商活动还是作为存款存入银行，与之前农户依靠农业生产获得的收入相比，都具有很大的不稳定性；而对于安置就业，农户的文化水平低、没有一定的技能，再加上一些大龄农民体力有限，对于一些技术要求高、工资水平高的工作并不能胜任，这就导致农户再就业的难度加大。然而，在高新区，农联模式能帮助失业农民在教育、技术、素质等方面得到提升。

（2）提升农户自身素质

农联模式的“专家组”和“技术组”对失业农民进行指导培训。随着市场经济的快速发展，农村产业化发展过程需要大量懂技术、晓管理、会操作的复合型人才，为了适应产业化发展的趋势，农联模式下的教育以培养该复合型人才为目标。通过专家、技术员对农民进行面对面的指导交流，把先进的科学知识与农户所掌握的实践经验相结合，这有利于现代农业产业化程度的提高；同时，对于农户来说，这样能较大程度提高生产效率。就业安置方面，农联充分发挥了农业生产的优势。农联本身就是一个以农业生产为主要业务的公司制法人，失业农户的加入对于农联而言是注入了大量的劳动力，而且，在农民加入到农联的生产环节之前，农联会对农民进行相应的培训，提高其生产能力，这样也为农联模式的进一步推广和优化打下了良好的现实基础。

4. 农联模式应用的经验和不足

在辽宁的铁岭高新区，农联吸纳一定的失地农民并使其参与到农业的生产当中，农联对其进行相关技术和专业知识的培训和指导。但是，当人力资本所有权的归属问题得不到较合理的解决时，农联和农户双方都会受到一定的损失。农联对农民提供一定的理论知识培训，具体的实践还是靠农民自己，但是如果农民充分利用理论知识自己来进行农业生产，对公司来说无疑是损失。如果农户和公司共同开展从最初的投入到最终需求的所有产品的生产，公司和农户都能达到收益的最大化。由于总的预算水平受到约束，某种投资不可能既成为专用性投入，又成为一般性投入，农户的生产流程是专为某公司定制化生产的，不可能用来投资其他的生产流程。对于公司来说，一般性投资和专用性投资在一定程度上是相互替代的。在农联模式中，农户和公司的专用性投资是双方重要的履约资本，任何一方一旦违约，投资带来的收益就会显著减少，再加上农产品的时效性和季节性，还会影响下一期的生产和经营，因此，双方的契约关系能否达到长期稳定对于农业产业化程度的提高具有重要意义。

农联模式作为农村经济组织创新的一种尝试，成功与否的关键在于组织内部农户与公司之间契约关系的稳定性及其效率。共同所有权是确保农户与公司履约的产权基础，特别是广大分散经营的农户，在产业链中处于弱势地位，而共同所有权增加了农户在产业链中分享到的组织租金，农户的收入得到提高。共同所有权所连接的公司和农户，双方既可以投入关系专用性资本来替代一般通用性资本，又可以解决人力资本专用性的难题，但是，契约关系还是存在不稳定性，农联模式并不能完全避免或解决这个问题只能在一定程度上巩固契约关系，并降低市场风险对契约关系的影响程度。

农联模式是在“公司+农户”模式上的改进，我国小农经济生产规模小、力量薄弱、抗风险能力弱，而农联却把分散经营的农户组织起来以农联或者公司为单位进行农业生产，这扩大了农业生产的规模，有利于降低公司的投入成本，这种集体式的投资给公司和农户带来了双赢的效果。

(四) 农超对接模式

1. 农超对接模式概述

“公司+农户”模式和农联模式都是通过契约关系把公司和农户组织起来与公司相互联结，这两种模式主要是在农业产业链的上游延伸，公司或者农联对农业生产的主要投入方向都在生产要素的投入方面，而对于下游的加工、物流和销售环节，农民无法参与到产业链中，这是导致农民收入低下的重要原因。农超对接模式的创新和构建，把重点放在了农业产业链的下游，尤其是在流通和销售方面，超市和农业专业合作社的加入减少了中间环节，降低了交易成本和物流成本，有利于增加农民在农业产业链上获得的经济剩余。

农超对接模式利用现代新型流通方式把农户生产的农产品直接提供给超市、菜市场和便民店，有利于促进农村优质的农产品低成本、高质量地进入超市。充分发挥超市在市场上的优势，根据市场需求的变化及时向消费者提供新鲜、优质的农产品，超市与农户间的直供关系把千家万户的“小生产”与千变万化的“大市场”对接起来，构建市场经济条件下的产销一体化链条，实现商家、农民、消费者共赢。

农超对接模式运行的主体不只是局限在农户与超市之间，该模式的运行还要处理好政府、农业专业合作社分别与超市、农户之间的关系。李圣军（2009）① 认为，在农超对接中，政府起组织协调作用，并不是所有的超市都可以采用农超对接模式，政府通过组织一些经济实力较强、抗衡市场风险能力强并且具有较完善的加工配送体系、在市场上具有良好信誉的大型连锁超市，与具有一定生产能力和生产规模、制度完善的农业专业合作社开展对接活动，引导建立直接供应超市的农产品生产基地，发展稳定

① 李圣军．“农超对接”农产品进城新模式［J］．农村经营管理，2009（8）．

的农产品购销合作关系。农超对接实质上是建立在流通主体间相互合作关系的基础上的，它的构建和运行主要是为了适应我国市场经济的快速发展和加快现代农业产业化进程。

目前，我国连锁超市行业得到迅速的发展，竞争非常激烈。超市为了在激烈的市场竞争中取得优势地位，只有降低采购成本、利用具有特色和差异化的产品以及其价格上的优势才能赢得核心竞争力。同时，农户与超市直接交易解决了农民“卖菜难”问题，缩短了超市与农产品的距离，农户与超市在时间上的对等问题得到了有效的解决——农民希望尽快地销售农产品，超市希望农产品尽快出售给消费者。因为农超对接模式是介于流通主体之间的协议流通关系，这种流通关系主要体现在一体化关系、市场化关系和准市场化关系方面，在我国，当前处于现代农业产业发展较快的时期，最主要的协议流通关系是准市场化关系。准市场化关系模式是指相互独立的合作社和超市由于共同利益而达成一致合作意向，充分发挥各自的核心优势相互联合起来实现优势互补、风险共担和利益共享。[①] 准市场化关系目前在我国发展速度较快，主要表现形式有“超市+农业专业合作社+农户”“超市+基地”“超市+合作社”联合直采、超市直营等。其中，山东家家悦超市、家乐福超市、沃尔玛超市是应用农超对接模式最为经典的案例。

2. 农超对接的具体应用

（1）农超对接在山东家家悦超市的应用

山东家家悦超市以超市连锁为主业，是集物流配送、食品加工、农产品批发和对外贸易于一体的大型连锁超市。十年前，家家悦超市就开始实践农超对接模式并探索出了一条适合其自身发展的道路。家家悦超市采用两种方式来实现农超对接：一是超市全程参与到农业生产、加工、物流、销售的各个环节，并对农业生产的农户免费提供种子，规定其生产种植面积、品种、数量，最终对农产品按照契约中规定的固定价格收购；二是超

① 熊会兵，肖文韬．“农超对接”实施条件与模式分析［J］．农业经济问题，2011（2）．

市与农户签订的契约中并没有规定固定的收购价格，其收购价格按照市场价格进行调整，并且在该契约合同中并没有严格规定超市对农业生产过程的要求。面对市场上激烈的竞争，价格和产品质量是赢得消费者的主要因素。超市利用自身的物流配送系统从农户手中直接收购农产品，节约了农产品交易的中间环节，运输转交的时间减少保证了消费者获得新鲜优质的产品。目前，家家悦超市拥有连锁店150多处，销售网络拓展到山东半岛的威海、烟台、潍坊、青岛等22个县市，2010年前，连锁经营网络遍布山东各个大中型城市，销售规模达到100亿元。现代物流的发展和先进的信息管理系统为家家悦超市大力开拓市场和培育自有品牌提供了坚实的技术支撑。

农超对接模式为家家悦超市带来巨大效益的同时也增加了其生产成本。不管超市是直接参与到农户的生产环节并按照固定的价格对农产品进行收购还是根据市场价格对收购价格进行调整，超市都要在市场调研上投入大量的人力、物力和财力，这对于超市来说是一笔不小的开支。另外，对于在家家悦超市得到实践的农超对接模式是否给家家悦超市带来了最大效益，这是个未知数。农超对接模式在实施的过程中对于经济发展水平要求较高，主要体现在收购价格上，对于经济较发达地区和经济欠发达地区需谨慎使用。

（2）农超对接在家乐福超市的应用

家乐福超市是全球第二大国际化零售连锁集团，1995年进入中国，现在家乐福在中国大陆地区已开设了200余家大卖场。2007年以前，家乐福在中国地区采购产品都至少需要经过四个环节，即由农民把农产品销售给批发商、供应商等，最后是超市的物流采购。繁杂的采购环节增加了销售成本，而且在农产品最终销售的价格中农户获得的利润极少。2007年以后，家乐福超市改变了传统的采购方式，通过农产品直购的方式开展与农民的对接活动，减少了中间环节的存在。

家乐福设立专门的部门机构与农业专业合作社进行交易谈判，农业专业合作社帮助超市采购农产品再转到超市进行交易买卖。与农业合作社合作是家乐福获得新鲜农产品的一种方式，通过农业优秀专家的牵线搭桥使超市和生产优质产品的农户进行交易采购，而对于一些反季节、地方特色农产品，超市主要是通过在该地区建立相应的商品采购点，再利用超市自身拥有的物流配送系统把农产品引进超市。

不管是借助周边合作社把新鲜的蔬菜、水果引进超市还是通过建立商品采购点，都改变了传统的流通方式，中间环节的减少节约了交易成本和物流成本。同时，家乐福还对农业专业合作社和采购点进行相应的专业管理培训以提高其管理水平，稳定农产品的供应链。目前，家乐福超市与全国 13 个城市、50 多个农业专业合作社建立了长期稳定的合作关系并拥有其自有品牌。

（3）农超对接在麦德龙超市的应用

麦德龙超市所采用的农超对接模式与山东家家悦超市、家乐福超市所采用的模式不一样，麦德龙超市主要是通过利用龙头企业的优势向生产环节进行延伸。麦德龙超市采用现购自运的方式简化农产品的流通环节，即专业顾客在仓储式商场内自选商品，以现金支付并取走商品。这种采购方式与传统的送货批发方式相比，减少了超市集团的支出，节约资源，尤其是对于生鲜农产品来说，缩短了产品到达消费者手中的时间，保证了产品的新鲜和优质。农超对接为麦德龙超市提供了大量的生鲜农产品，农产品在龙头企业的监督和管理下质量更有保障，并且龙头企业具有雄厚的资本经济实力、完善的物流配送系统，对于生鲜农产品的冷藏、运输都有一定的技术支持。

（4）农超对接应用的经验和问题

农超对接不仅节约了超市的投入成本，增加了农户的收入，还使得超市和农户实现了双赢。但是对我国农业发展的现状而言，农超对接运行的要求过高、局限性大，只是针对一些大型的连锁超市才能够带来可观的经济效益，然而在我国，一些便利店和小型的超市占有主要地位，对于小型超市来说，农超对接模式所要求的高昂的组织成本以及信息成本并不是它们可以负担的。

农超对接在我国还处于运用的初期，发展还不够完善，尤其是农业专业合作社和超市两个实施主体还没有建立属于自己的品牌，在没有自身品牌的情况下，超市难以发挥自己的销售优势，超市的物流配送体系尤其是冷链系统的优化还有待进一步的升级，尤其是冷链系统对前期投入要求巨大，并不是一般的小型超市可以负担的。

四、小结

在完整分析我国农业生产的产出水平、生产经营主体以及现有的农业组织之后，我们发现现有的农业生产组织模式，无论是“农户+农业企业”、三方模式、农联模式，还是农超对接模式，都存在着违约风险大、面临组织解体的威胁等问题，本书的主题就在于通过构建新型农业契约链来创建新型农业组织模式，在进一步研究和寻找具体应用之前，我们有必要就农业组织模式的理论基础进行分析，世界范围内有哪些农业组织模式？它们分别有什么优势与劣势？它们是否在我国的农业生产中具有适用性？第四章我们将详细回答以上问题。

第四章　农业组织模式的理论阐释

现代市场经济条件下，农业生产和工业生产一样，需要特定的组织模式，各个农业生产经营主体以不同方式相互连接，以求达到内部交易成本与外部交易成本之和最小化以及组织租金的最大化。农业生产经营发展进程中，农业组织模式经历了从纵向一体化向纵向合作化的转变，即经历了以所有权控制为主要协调方式向以不同生产环节各个生产经营主体之间以契约为主要协调方式的转变。

构建新型农业契约链的目的是构建一种新型农业组织模式，在组织模式稳定的前提下达到总体成本的最小化和组织租金的最大化。在构建新型农业组织模式之前，我们有必要对现有的农业组织模式进行反思，探究存在的一些问题。现有的农业组织模式具体应用有很多，如“公司+农户”、三方模式、农超模式、农联模式等，这些都是农业组织模式的具体应用。农业组织模式理论上来说只存在两种，即农业纵向一体化和农业纵向合作化，本章阐释两种模式背后的理论逻辑，为后面解读现实问题提供理论基础。

一、农业纵向一体化

（一）基本含义

纵向一体化理论分析必须从生产—销售链（PMCh）这一概念出发。在现代农业生产的经营过程中，最终产品的生产过程往往需要很多的阶段。这里我们所说的“阶段”，是一个经济学的概念，它意味着生产一种可以用来销售或是交换的产品的所有行为。从土地的投入到农作物的播种以及农产品的加工到最终产品通过零售商向消费者出售，中间经过的生产过程是复杂且分割的，这种分割不仅包括企业组织的分割，也包括地理之间距离的分割。由大量相互独立的企业通过市场机制相互交流，这些相互独立的企业与独立生产者通过市场的调整互相交易，各自追求自己的最优状态。而当一定数量的生产阶段都处在一个企业的控制之下的时候，这些阶段就形成了所谓的生产—销售链，或者叫作价值链。

哈特和格罗斯曼对企业的定义是：企业从本质上来说，是由它们所拥有或者它们所控制的资产所构成的①。此处的“资产”并非传统西方经济学所认为的资本，而是一切生产要素。生产阶段需要的生产要素十分复杂，且不同的生产阶段需要的生产要素也大不相同。在农作物生产中，必不可少的生产要素是土地和劳动力；在加工环节需要的生产要素中，资本又是最为重要的；在产品设计这一阶段，最为重要的要素又变成了农业技术。因此，一个现代农业企业控制多种资产的原因即是其试图控制多个生产阶段，从而完整地控制一条或者超过一条的生产—销售链。

现代农业生产的特征是，在农产品的生产过程中，其特有的受价格信

① 格罗斯曼，哈特．所有权的成本和收益：纵向一体化和横向一体化理论［J］．政治经济学杂志，1986，94（4）：691-719.

号激励的滞后性以及加工商与农户生产之间的不对等地位往往导致大量的机会主义行为，使得各个阶段之间的契约链稳定性差，因此，在现代农业的生产过程当中，纵向一体化以及纵向合作行为带来的稳定性受到了农户以及农业企业的青睐，并得以广泛应用。

从企业管理控制的角度看，纵向一体化是某企业通过并购的方式购买另一企业的资产所有权，从而获得生产剩余的行为，但是并购一家新的企业能够带来的产出增加往往是不确定的；此外，并购其他企业的动机除了纵向一体化之外，往往还包括追求垄断力量、减少竞争者、获得关键技术等。但一个长期使用某种低技术含量的原材料的企业，它很有可能会自行发展一个负责原材料生产的部门。

近年来，纵向一体化往往从生产阶段以及生产—销售链的角度进行分析。从这个意义上说，纵向一体化被定义成当一条或数条生产—销售链在同一个所有权的控制之下①，如图 4-1 所示，其并不是表示某一个企业控制了从最初产品到最终销售品的所有生产阶段，而是控制了超过一个生产阶段，使得在一个企业内部的所有资产可以独立地生产出一种在某些市场上可以直接进行交易的产品之时，该企业就通过前向或者后向的方法完成了纵向一体化。

（二）理论渊源

1. 国外研究

自学者意识到通过市场交易是存在成本的，且这类交易成本可以通过交易内部化来消除之后，纵向一体化理论一直是经济学研究的热点。Coase（1937）和 Williamson（1979）认为，纵向一体化是企业试图减少交易费用的直接产物，Grossman 和 Hart（1986）分析纵向一体化可以有效减少专用性投资所带来的交易成本，从而使其具有广泛的应用前景。

① J. E. Ikerd，J. Higgins. Some Economic Aspects of Vertical in the North Carolina Hog Industry［R］. Economics Information Report No. 31，Department of Economics，North Carolina State University，Raleigh，1973.

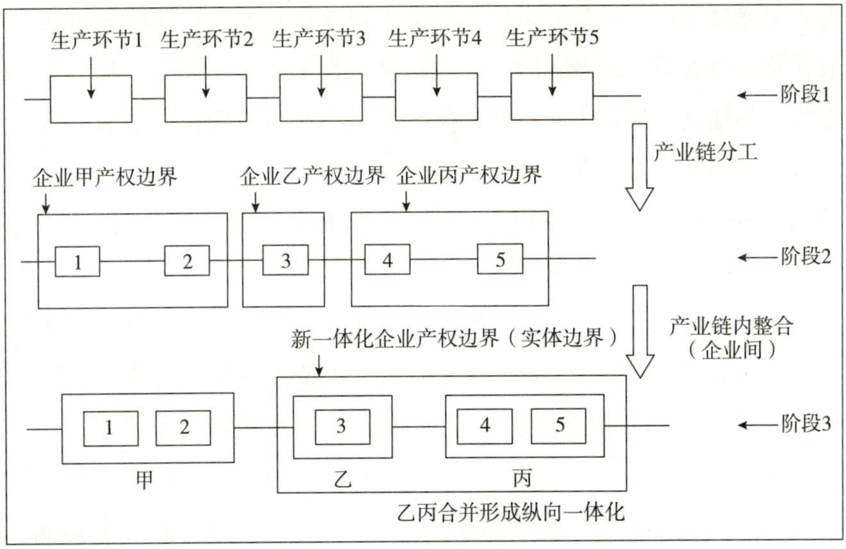

图 4-1 农产品生产销售链一体化过程

资料来源：笔者整理。

农业生产有其自身的特殊性，R. L. Mighell 和 L. A. Jones（1963）论述道，农产品从种植到最终的零售市场会经历数个生产阶段，其中包括种源生产、农作物的种植、农产品加工等，各个阶段上的产品都可以作为商品在特定市场上出售。当某个企业从事多于一个阶段的实际生产工作时，其就完成了纵向一体化。该行为允许企业避免农业生产特有的价格风险，当农产品价格因为气候、环境等不可控因素上升时，直接从生产部门调入原材料而不是在市场上购买原材料的一体化企业较独立生产的企业具有明显的优势，此外在与农户协商订购合同时所支付的谈判成本，监督农户进行生产的监督成本也得以减少，农业企业可以以此提高自己的生产效率。

W. D. Purcell（1973）通过分析美国俄克拉荷马州的牛肉产业，发现纵向一体化农业企业的另一个优势，即消费者偏好相关信息在一体化企业内部的传导速度远远大于市场价格信号传导机制。消费者对于农产品的偏好变化是较快的，而农产品的种类及产量的变化又受到原材料产量的限制，若是通过市场价格信号来传导此类偏好变化，待农户开始种植或养殖新农作物、牲畜时，消费者的偏好往往又发生了变化，而一体化企业可以迅速将此类变化传导给上游原材料生产部门并及时地调整自己的产品种类和产出，从而获得更多的利润。B. W. Marion 和 H. B. Arthur（1973）进一步使用俄亥俄州的农业数据说明了纵向一体化可以带来企业收入的上升，原因是跨生产阶段协调控制以及企业之间的风险共享，且由于各个阶段产品的质量及特征都对下一个阶段产品有着明显的影响，因此纵向一体化企业可以在企业内部对各个生产阶段进行统一的监督及协调，使得原来不同的质量控制目的相互融合，使本企业生产的产品更符合消费者的喜好。Eddy（2004）论证了纵向一体化对农业企业的规模生产有着较大的促进作用，并使用美国加利福尼亚州的案例进行了进一步的说明，Hall 等（2008）通过对巴西大型农业企业的案例分析，认为纵向一体化的企业相对于普通农业企业而言具有更好的科研力量，故其在国际市场上的竞争力要更强。

Kudo（2011）通过建立纵向竞争模型（vertical entry game），分析农业纵向一体化企业组织内部的竞争行为，从新的角度指出在生物制药等现代农业行业当中，纵向一体化的目的不仅包括经济效率的提升，还包括减少竞争对手的原材料供应渠道和限制对手向下游企业出售他们的产品。Kudo 指出，当某企业发觉其竞争对手试图使用纵向一体化策略吞并其上下游企业之时，最好的策略是也使用同样的方法吞并其上下游企业。

2. 国内研究

我国学者对纵向一体化理论的研究则主要从产业组织理论出发，李厚廷（2003）认为，纵向一体化是将原来由市场连接的上下游厂商纳入同一企业之中，这一过程是企业代替市场的过程，也是行政命令机制代替价格机制的过程。周海蓉（2011）论证了纵向一体化中的前向一体化以及后向一条化，认为纵向一体化是一种以内部组织替代市场交换的手段，包括后向一体化，即装配或制造企业通过并购向零件或者原材料生产等业务扩展；前向一体化即生产原材料的企业通过并购进而向经营第二次加工阶段的业务扩展。

（三）农业纵向一体化的优势

当超过一个企业被纵向一体化行为合并为一个企业之后，原有的不同企业的比较优势就会发生竞合，此时其产出会得到极大的提高，远远超过原有不同企业独立生产时的产出之和。其原因一部分是规模报酬递增，另一部分是某些特定的生产要素相互结合能带来更多的产出，如与特定的土地要素相配套的技术等。

农业纵向一体化企业相对于单独控制一个生产阶段的农业企业来说，具有的优势可以被总结为以下几点：减少交易费用、增加组织租金、更为有效的信息传导机制、产品创新能力、垄断力量。

1. 减少交易费用

通过市场机制协调的不同企业之间的生产行为，其中会产生大量的交易成本，其中包括获得信息的成本、规避风险的成本等。通过纵向一体化行为，企业可以有效地减少规避上下游企业违约带来的规避风险的成本，也可以减少寻找潜在合作伙伴的信息成本。

在基于市场机制的农产品生产的过程当中，农业企业在市场上购入原材料，包括农作物、包装用具等，加工成商品后，在物流和销售机构的协助下，在市场上出售其产品。

而一个纵向一体化农业生产企业应该是将从农作物的播种一直到包装盒的生产，甚至包装盒的设计都在企业的控制范围之内。市场机制下的企业需要与其他的企业进行许多谈判，因为每一种原材料都得独立购买，一方面价格并不稳定，受到市场的冲击，带来的风险有时会导致亏损；另一方面由于原材料供应的不稳定，企业的产出容易被原材料的供应数量所限制，若是原材料的供应市场出现短缺或者合谋行为，企业就不得不在减产甚至停产以及寻找新的供货商之间进行选择，这无疑对企业的生产成本影响巨大。

不频繁的交易、不确定的交易关系，伴随着较少的资产专用性投资，导致包括信息费用、订立交易合同的费用、监督对方履行合同的监督费用在内的交易费用较大。纵向一体化的好处就在于：将不同生产阶段的企业整合在一个企业的控制之下，稳定交易关系、增加交易频率、减少交易费用。

2. 增加组织租金

纵向一体化行为为企业带来的另一个优势是组织租金的增加。组织租金属于准租金的一种，主要来自资产专用性投资。组织租金等于资产专用性投资所生产的产品与市场一般性产品的价格差异，通过不同生产要素的相互结合带来经济效益的提升。

假设有两个不同的农业生产企业，其中一个农业企业 A 生产原材料，即农产品 1 和农产品 2，其数量分别为 x_1 和 x_2；另一个农业企业 B 负责收购农业企业 A 生产的农产品 1，然后将它们加工并出售给下游企业或者是直接在市场上出售它们。对于农业企业 A，根据生产可能性原理我们将其生产方程限制为：

$$\overline{C_a}=\frac{x_1^2}{\alpha^2}+\frac{x_2^2}{\beta^2}$$

其收益方程明显为：

$$I_a=p_1x_1+p_2x_2$$

对于农业企业 B，我们仅仅分析其控制的 PMCh 链条中的一条的收益与支出，即农产品 x_1，该 PMCh 链条为其带来的收益为 $I_b=(p_1^M-p_1)x_1-TF_{b1}$。

在没有资产专用性投资的时候，农业企业 A 在农产品 x_1 价格为 p_1 的情况下，根据理性人原理其可以选择一个最优的 x_1 产量：

$$(\max)I_a=p_1x_1+p_2x_2$$

$$\text{s. t. }\ \overline{C_a}=\frac{x_1^2}{\alpha^2}+\frac{x_2^2}{\beta^2}$$

$$x_1=\alpha p_1\sqrt{\frac{\overline{C_a}}{p_1^2+p_2\beta}}$$

若是农业企业 B 向农业企业 A 提供一笔资产专用性投资 I 用于改善农

业企业 A 生产农产品 x_1 的能力 α[①]，使 α 得到一定的提高，变为 $\alpha(1+r)$，$r \in (0, +\infty)$，且为了分析方便，我们假设信息是完全的，即农业企业 A 可以准确地了解到专用性投资 I 对 α 的影响 r，因而可以及时地调整 x_1 的产量。

在此条件下，农业企业 A 会将 x_1 的产量增加至 $(1+r)\alpha p_1\sqrt{\frac{\overline{C_a}}{p_1^2+p_2\beta}}$，并将 x_2 的产量减少至 $\beta p_2\sqrt{\frac{\overline{C_a}}{p_2^2+p_1(1+r)\alpha}}$，可见农业企业 A 的收入 I_a 可以在价格不变的情况下得到增加，若是农业企业 B 在此 PMCh 链条上的加工部门并不是边际成本递增的时候，其收入 I_b 也会得到增加（见表 4-1）。

表 4-1　农业企业 A 和农业企业 B 的收入比较

	有专用性投资	无专用性投资
农业企业 A	$I'_a=(1+r)\alpha\sqrt{\frac{p_1\overline{C_a}}{p_1^2+p_2\beta}}+\beta\sqrt{\frac{p_2\overline{C_a}}{p_2^2+p_1\alpha(1+r)}}$	$I_a=\alpha\sqrt{\frac{p_1\overline{C_a}}{p_1^2+p_2\beta}}+\beta\sqrt{\frac{p_2\overline{C_a}}{p_2^2+p_1\alpha}}$
农业企业 B	$I'_b=(1+r)I_b$	$I_b=(p_1^M-p_1-c_b)\alpha p_1\sqrt{\frac{\overline{C_a}}{p_1^2+p_2\beta}}-FC_b$

则专用性资产投资 I 带来的经济租金 $R=I'_a-I_a+rI_b\approx r(I_a+I_b)$[②]。

资产专用性投资并不是被限制在纵向一体化企业中才能出现，但基于市场机制的专用性投资，其表现形式是公司甲向公司乙进行投资，而两者依据协议来分配该项投资所带来的组织租金。两者都有着两种机会主义倾向，其一是重新协商协议使得自己分配的份额更多，其二是背弃协议自己

① 可以通过 $\frac{\partial x_1}{\partial \alpha}>0$ 明显看出 α 表示农产品 x_1 的生产能力。

② 此时产品 2 的产量变化可以忽略不计。

独占所有的份额。因此，如果缺乏一个强有力的上级来指导分配，机会主义行为最后往往要通过漫长而且成本高昂的法律手段来解决。

在一个纵向一体化企业当中，资产专用性投资是部门甲向部门乙进行投资，缺乏经济主体利益的部门之间不存在机会主义倾向。不同部门之上存在着一个拥有强大行政力量的上级部门，以企业整体最大化利润为目标设计分配机制，有效地协调专用性资产投资所带来的利润，其中部分利润还会被用来进行新一轮的专用性投资，推进良性循环。

3. 更好的信息传导机制

在农产品市场上，消费者的偏好日益复杂，产品的种类也较为繁杂，除农产品的种类和新鲜程度之外，包括其营养程度、环保程度、食品安全问题等都是影响消费者偏好的重要因素。

市场机制通过价格信号来有效传导市场信息，但存在时滞，这种时滞随着生产阶段的分离而扩大。而纵向一体化企业则可以在消费者的偏好发生改变后迅速将这个信息传达至最初的原材料生产部门，以几乎同一的步伐进行调节，及时有效地应对消费者偏好的变化，由需求变动所带来的某种产品价格上升允许纵向一体化企业获得额外的利润。

纵向一体化企业可以有效解决这个问题，即通过企业内部的信息传导机制来代替市场中价格信号传导机制，从而带来更快的调整速度，农产品市场价格信号传导机制如图 4-2 所示。

可以看到，纵向一体化企业则可以在消费者的偏好发生改变后迅速将这个信息传达至最初的原材料生产部门，并在此过程中获得扩大自己利润空间的机会。如果说对于普通的企业，变化莫测的消费者偏好带来的是企业经营的风险，那么对于纵向一体化企业来说，每一次消费者偏好的变化带来的都是更多的盈利机会。如果这个企业足够庞大以至于它可以负担进行长期的消费者调查的成本，它甚至可以预测未来的偏好。实际上，在快速消费品行业中，持有这种目的的消费者市场调查一直在进行中，庞大的垄断一体化企业通过大量的市场调查人员进行调查，雇用高素质的人才对消费者偏好进行复杂的统计乃至预测。

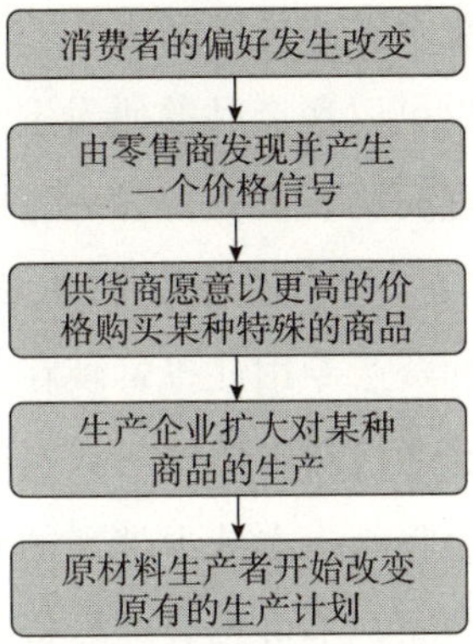

图 4-2　价格信号在市场结构中的传导

资料来源：笔者整理。

4. 产品创新

纵向一体化企业擅长创造新的产品，在原有的市场机制之中，很多的消费品并没有完全被开发出来。任何产品的加工都会伴随着丢弃物，原有的市场机制或许可以用价格信号传达一定的信息，使部分丢弃物可以得到加工并再次出售。但一个庞大的纵向一体化企业可以通过研发投资以及市场调查的方式，为消费者创造出新的消费产品。

以麦片市场为例，原有的市场机制可以使得小麦的种粒做成麦片，加工后的残料还可以用于制作面筋等食品，最后的剩余物或许还可以被用于制作饲料等产品，而这些产品是原来消费者就愿意购买的产品。而纵向一体化企业则可根据它了解到的消费者偏好，创造出新的产品。只要消费者认为这些新产品能给他带来边际效用的提升，他就会愿意为此支付相应的价格，企业只要通过市场调查或者其他的方法了解到这样的信息，就会开展生产。纵向一体化企业创造新产品的方法不仅仅是通过了解消费者复杂的偏好变化。

我们知道，在生产猪肉的过程当中会同时生产猪皮，虽然制作成皮革制品出售是任何企业都能完成的行为，但投入大量的资本进行研究得以发现，猪油可以更为有效地清洁枪炮，或者猪的心脏瓣膜可以被用于器官移植，这就是大型纵向一体化企业才可以完成的了。

纵向一体化企业之所以可以在产品的研发上获得大量的成功，一方面是庞大的企业可以负担大量的研发投入，另一方面是其资本投入超越了传统的资产专用性投资。纵向一体化企业的投资是在不同生产环节上进行的，因此原有的企业之间的资产专用性投资现在变成了在一个所有权控制下的不同部门的投资分配。通过猪肉销售所获得的利润可以用于研究如何保持猪心脏的新鲜度，小麦收割成本减少带来的利润可以用于研究冲制麦片的水果的脱水处理，这些原本不可想象的投资方法如果都依赖资本市场的价格机制来进行，无疑效率是低下的。

5. 市场力量的提升

纵向一体化企业往往较传统企业而言更为大型，对市场的影响力更大，尤其是对于控制了大部分乃至全部产业链的纵向一体化企业来说，其市场力量甚至要比传统意义的垄断企业更为强大。原因在于，传统意义的垄断企业仅仅满足对消费者的垄断即可，而控制一条全产业链的大部分乃至全部的纵向一体化企业不仅对销售市场而言是具有垄断地位的，其对上游生产环节的其他生产经营主体而言也具有垄断地位，它甚至可以根据自己的喜好来决定是否将它们挤出市场。

在一个纵向一体化企业控制了大部分产业链的情况下，该产业链上其他的经营主体只能选择将产品出售给该纵向一体化企业，同时也只能向该企业购买原材料进行加工。此时纵向一体化企业可以轻易地通过价格乃至限制交易数量的方式决定其他经营主体是否有能力在该产业链中继续生存。

（四）农业纵向一体化的劣势

1. 原因解析

各国学者都对纵向一体化在农业中运用的困难提出了他们自己的看法。纵向一体化在农业中难以得到实践的原因有许多，除了纵向一体化企业本身固有的弊端，如内部交易成本递增、规模不经济、丧失企业原有比较优势之外，还有农业生产本身所特有的问题。Evans（1972）认为，农产品加工业的市场结构一般属于寡头竞争，一体化企业的某个上游生产阶段若是出现生产过剩，在其试图向其他竞争企业出售原材料时，其他企业必然会对此类行为有所抵制。此外，农产品一般具有易腐性。A. G. L. Romme（1990）分析认为，一体化企业中某个生产部门要么按照上级部门的要求选择产量，从而放弃自己的最优产量；要么按照最优产量进行生产，少于要求产量的部分从市场上购买，多余的部分在市场上出售或者储存。而在农业一体化企业中，这个问题则难以解决，其一是一体化企业所共有的问题，即企业中某个部门难以成为市场交易的主体；其二是农业一体化企业特有的问题，即农产品一般具有易腐性，难以储存。

目前，大多数理论还是停留在纵向一体化的固有内在矛盾即整合各阶段生产函数与最优规模经济这一基础框架当中的，鲜有理论结合农业生产特点来对纵向一体化的运用困难进行分析。无论是以劳动力作为主要要素、生产分散、技术落后的传统农业生产模式，还是以资本作为主要生产要素、生产集中的现代农业，都具有三个其他经济部门不常见的特点：一是生产地区差异性较大，二是要素流通性差，三是经营主体多样化，这些特点决定着农业纵向一体化难以实现。此外，农业纵向一体化还受到了其他因素，如法律法规、文化因素方面的限制。

（1）生产地区差异大

生产地区差异性大，即农产品的生产模式并不像制造业、纺织业等其他行业中的生产模式一样具有可复制性。纵向一体化作为一种所有权高度集中的生产组织，强调多个生产环节处于同一个行政主体的指挥之下，但具体是多少个生产环节、哪几个生产环节需要与企业所在的产业结构、市场环境相适应。在纵向一体化得到广泛应用的制造业当中，往往同一个行业或者生产特征近似的企业之间可以互相借鉴彼此的一体化程度，并不需要在寻找最优的企业边界这一行为中消耗额外的成本。而农业生产受地域特征的影响很大，生产同类农产品的甲企业的最优企业边界，对处于不同气候条件、不同土壤成分，甚至周边农户特征不同的乙企业来说，是不具有可行性的。因此，每个农业企业都必须不断寻找自身的最佳企业边界，决定其将多少上下游企业或其他经营主体内部化，在不断的试错过程中其必然会付出高昂的成本，由此导致纵向一体化难以运用于农业当中。

（2）要素流通性差

要素流通性差，即农业生产中所依赖的重要生产要素——土地具有不可流通性。在纵向一体化的过程当中，原有不同生产环节或生产阶段皆属于不同的独立企业，在每个企业都拥有自己要素禀赋的情况下存在最优的产量，因此某一产业链的最终产量实际上是由最优产量最低的那个生产阶段所决定的。而经过一体化行为之后，不同的生产环节被一个企业所控制，不同的企业要素也整合在一个生产函数之中，可以通过行政力量将生产要素合理地分配给各个生产阶段，使得生产链整体的产出增加。而农业产业链中最重要的一个环节即种植或饲养阶段，其依赖的生产要素即土地是不可流通的，同时土地与其他要素之间不具有可替代性。因此无论是否进行一体化行为，产业链的整体产出依然受到种植/饲养阶段的限制。

（3）经营主体多样化

企业纵向一体化中的经营主体多样化表现为两种形式：其一是发展出新的部分负责其上下游生产阶段的生产，其二是对原有上下游企业进行兼并。在大多数国家，农业生产是一个经营主体多样化的行业，企业甲可以兼并企业乙，但明显其难以兼并农户丙，也难以兼并农业合作社丁。当农业企业试图兼并的生产环节并不是其他企业，而是其他经营主体如农户、专业合作社、农户合作社等的时候，该生产环节就难以完全地被该农业企业所控制，因此农业企业进行纵向一体化的企图也会失败。此外，其他经营主体如农户或者农业合作社也难以兼并农业企业。

虽然在其他经济部门中有着良好的应用案例，但纵向一体化在农业中的运用效果一直不佳。由于一体化行为是企业行为，农业纵向一体化行为的主体一般是大型农业企业，同时发展中国家的农产品商品化程度相对较低，大型农业企业相对缺乏，因此纵向一体化往往在发达国家的农业当中才能寻找到较有代表性的案例。

（4）其他因素的限制

纵向一体化在农业中难以运用的原因还包括需求量过小等因素①。纵向一体化企业各个生产环节生产的数量仅仅以内部需求为界限，专业化生产的企业则可以整合不同客户的需求，从而达到规模经济的效果。以农业生产高度发达的美国为例，农业纵向一体化企业受到限制的因素可以归类为五种：第一，法令禁止。不少州都出台了法律，对农业生产中的独立生产者进行保护，在特定的农业生产中禁止合并行为，限制了农业企业在种植、原材料生产方面的能力，但一些家庭农场除外。这些反合并农业法令在包括南达科他州、明尼苏达州、内布拉斯加州和堪萨斯州等在内的九个州得到了通过。第二，公众对大型一体化农业企业固有的反感。第三，政策倾斜，农业生产固有的风险可以通过联邦的农业补助如农业保险、扶持项目来得到一定的避免，而这些补助并不涵盖一体化农业企业。第四，资本使用量过大，购买土地的支出十分昂贵。第五，农户对土地的感情，导致大量农户根本不愿意出售他们的土地。

在此进行一个总结，将农业纵向一体化带来的优势与存在的不足概括如表 4-2 所示②。

---

① Ono，Y. Outsourcing Business Services and the Role of Central Administrative Offices［J］. Journal of Urban Economics，2003（53）：377-395.

② M. den Ouden，Aalt A. Dijkuizen Ruud B. M. Huirne and Peter J. P. Zuurbier Vertical Cooperation in Agricultural Production-Marketing Chains，with Special Reference to Product Differentiation in Pork［J］. Agribusiness，1996（12）：277-290.

表 4-2　农业纵向一体化的优势与劣势

优点	缺点
1. 减少交易费用	1. 需要高资本投入量
2. 科技的进步带来经济效益	2. 规模经济不协调
3. 使企业可以更容易地生产差别化的产品	3. 减少生产者的独立性
4. 内部控制与协调带来的经济效率	4. 增加官僚干预的可能
5. 信息交流更为方便	5. 需要不同的管理能力
6. 稳定的交易关系	6. 融合的过程中可能会丧失原有比较优势
7. 增加行业进入壁垒，维护已有企业利益	7. 减少改变合作伙伴的灵活性
8. 实行价格歧视，扩大利润空间	8. 提高退出的成本
9. 提高谈判力量与价格控制力量	
10. 一起对抗外部势力	

资料来源：笔者根据 M. den Ouden（1996）等资料整理而成。

2. 农业纵向一体化的应用情况

农业纵向一体化理论为农业企业进行纵向一体化提供了理论依据，但该理论的应用并没有取得较好的效果。根据美国农业资源管理调查委员会（ARMS）的报告，1991~2005 年美国所有合同制农场占美国农场总量的比例仅仅从 10.1%上升到了 11.1%，在过去的十余年中，不少美国农业企业都决定将它们的生产活动扩大到其他生产阶段，在获得收益的同时也受到了很多的限制，许多企业不得不回到它们传统的生产角色，即独立的生产者，并和许多其他生产者在该产品供应链中共存。Bill Pritchard 等（2007）对澳大利亚番茄种植业进行了实证分析，发现该行业中纵向一体化程度与十年前没有显著性差别。美国农业在近 20 年的发展中有着两个重要的特征：其一是要素回报率较工业偏低且回报周期较长（Cochrane，1979），其二是农业企业呈现爆炸式增长、集体倒闭、再爆炸式增长的循环（Schimitz，1995；Mishra，2009）。因此，Mishra（2013）指出，在过去的 20 年中，为了提高农业的要素回报率和农业企业的存活率，美国农业生产中一直致力于推进农业纵向一体化以及农业合作化，但实际上效果不佳。

二、农业纵向合作化

(一) 纵向合作化的定义

农业纵向合作化是农业经济组织的一种特定结构，不同经营主体在复杂契约链的衔接下形成一个具有稳定合作关系的交易组织，其介于高度集中的一体化模式和高度分散的传统市场模式之间。纵向合作化在农业当中的使用既获得了一体化模式带来的规模经济效益、交易成本减少的好处，又避免了内部交易成本上升、规模经济不协调的情况，一个重要原因是纵向合作化良好的可调整性与农业生产特性相匹配。

与强调单个企业运用行政力量统一管理不同生产阶段有所不同，纵向合作化强调的是不同生产经营主体之间是通过契约或者其他非所有权控制的方式来协调不同的生产环节，其结构示意图如图 4-3 所示。纵向合作强调的是在不同生产经营主体之间的关系，而进行合作的不同主体并非传统意义上仅仅控制一个生产环节的企业，它们在一定程度上控制着数个生产环节，然后再通过各种各样的契约相互链接，形成较市场机制更为稳定的交易关系，既可以避免市场机制的高交易成本，也可以发挥彼此的比较优势。

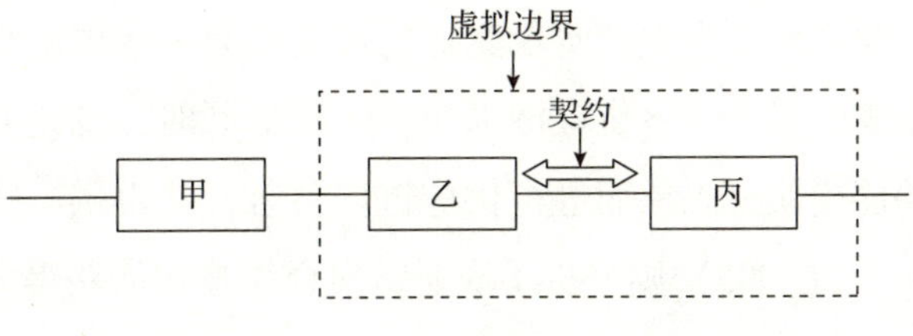

图 4-3　纵向合作企业结构示意图

资料来源：笔者整理。

（二）理论渊源

R. D. Buzzel（1983）最早对纵向合作做出的定义是，临近的两个生产阶段的数个独立的企业建立一种纵向的联系，这种联系可以是信息共享或是价格协商，完全控制被转化为在生产、分配、销售各个方面的合作。纵向合作扩大企业的功能而非单纯扩大企业本身的规模。纵向合作的具体方式有很多，包括分包合同、转包合同、特许经营、风险共享、交叉持股等，这些不同方式在联系的强度上各有不同。E. Van Heck & P. J. P. Zuurbier（1989）将纵向合作定义为介于传统市场和纵向一体化之间的中间结构。

纵向合作模式既可以获得纵向一体化企业的高经济效率以及产生相应的经济租金，又可以避免高昂的内部交易成本，M. H. Riordan（1984）和 A. A. Alchian（1978）都论证了专用性投资所带来的经济租金并不一定来自所有权统一的组织结构，通过契约同样可以完成专用性投资，而由于信息不对称导致的交易成本同样可以使用签订契约的方式来避免，通过不同类型契约相互协调生产的企业之间的组织结构即是纵向合作。纵向合作通过纵向一体化以及纵向分离的方式，在企业实体边界内分工，在虚拟边界内整合，实现先分工后整合，追求各个企业的最优边界，从而既可以获得规模经济效率，又避免了所有权集中所带来的问题。

M. den Ouden 等（1993）认为，由于农业中各个生产阶段的要素所有权难以发生变动、农业生产监督成本较高等原因，纵向合作较一体化在农业中更具有适用性，其通过分析荷兰猪肉供应链各个生产阶段的企业数量发现，1989~1993 年各个生产阶段企业的数量都有一定的减少，但跨阶段生产的企业较少，说明了该供应链纵向一体化的同时，也说明了各个生产阶段实现了功能模块分工从而进行供应链内整合，使得供应链结构纵向合作化。Vlieger 等（1995）则分析了农业纵向合作是如何获得纵向一体化所带来的优势的，如鼓励专用性投资以产生经济租金，通过对外合同促进产品的国际贸易，最终产品实现多样化以适应消费者的不同需求等。农业纵向合作理论实践的表现形式既包括生产合同、销售合同等一系列农业合同在农业生产中的大规模运用，同时，契约的大范围使用伴随着违约风险、机会主义倾向等行为。

纵向合作化是发达国家农业的基本趋势，Jamnes Macdonald & Penni Korb（2008）根据美国农业资源管理调查委员会（ARMS）的数据，发现受契约控制的美国农产品产值占农业总产值的比重从 1969 年的 12%上升到了 2006 年的 39%，而销售额大于 100 万美元的农场，产出受到契约控制的比重达到了 67.5%。

Bylund（2011）则进一步分析了纵向合作系统的构建，其以美国农业市场上重要产品二号黄玉米的生产供应链为例，将该供应链分为数个环节，种源培育环节由种子公司控制，实际种植由农场和农户控制，产品加工阶段由各个加工企业控制，最终产品整合环节由各个整合企业控制；其论证了原有的合同关系仅仅存在于相邻生产阶段的企业之间并不利于技术进步，因为技术开发者获得收益的来源局限于其相邻的企业，而技术进步对于整个供应链中的各个主体都是有利的。因此，契约关系应该从单一合同转换为复杂合同，不仅临近的企业之间应该存在合同关系，而且应该在所有参与者一致同意的情况下签订一个结构复杂、有效期较长的长期合作合同，其中包括各个主体对组织租金的分配比例、各阶段产品质量限制，合同类型不应该仅仅包括生产合同和商品销售类合同，还应该涉及专利权使用、科研开发等领域。在这种情况下，全行业可以从两个方面获得更多的利润：一是技术进步带来的经济效益，二是消费者愿意为专业化的产品支付更高的价格。但 Bylund 同时也指出，即便是在法律法规相对完善的美国，为了避免各类机会主义行为以及维持纵向合作组织的稳定性，也需要新的法律法规以及行业规章的颁布。

Cainelli & Iacobucci（2009）通过对意大利商业集聚区的实证分析，认为纵向合作关系可以在企业地理位置接近时得到稳定，而 Diez - Vial（2010）则运用西班牙肉类市场数据证实了该理论同样适用于农业当中，他建立理论框架来解释农业企业在地理层面上的聚集可以降低机会主义风险和增加信息交流，各个企业之间通过签订较为完备的契约来代替交易的内部化（即纵向一体化）。他在分析 109 个西班牙肉类企业层面的数据时发现，企业由于相互接近而不得不考虑声誉的原因，所以会建立相互信任的关系、共享企业资源从而实现稳定的纵向合作结构，但这种效果在企业间隔超过 2.5 公里时就逐渐减弱，直至消失。Figueiredo 等（2010）通过宏观层面的数据证实了这种情况具有普遍性。

（三）农业纵向合作化的优势

纵向合作化允许经济主体在市场机制和纵向一体化这两种极端的市场结构中选择一个均衡点，既可以获得纵向一体化企业带来的信息优势、资产专用性投资带来的组织租金、稳定交易关系等，又可以避免极端的纵向一体化行为所带来的种种弊端。以所有权控制为目的的纵向一体化行为，往往需要付出大量的资本投入，相对于企业之间的兼并行为，或是拓展企业的业务范围这种需要高额的资本投入的行为而言，与其他的企业或独立生产者、零售商等签订一个契约所需要的成本无疑较为低廉。而相对于监督各个部门之间的协调生产，订立复杂的激励、分配机制并在生产中加以实践、检验与不断修正，监督数个合同的主要条款有没有得到履行显得简单许多。

农业纵向合作化的优势有三个方面：第一，纵向合作化对于农业生产有着天然的适用性；第二，纵向合作化可以进一步扩大农业企业的利润；第三，纵向合作化可以加快从传统农业到现代农业的过渡。

1. 纵向合作化对于现代农业的适用性

如上文所述，农业生产的三个特性是地区差异性、生产经营主体多样化以及要素流通性差，而纵向合作化可以很好地适应这三个特性。

（1）与地区差异性相适应

农业生产具有地区差异性使得各地的农业生产都有着其特定的产品和环境特征，这些特征包括了该地区适合种植或者饲养的原材料类型、农户所掌握的生产技术、农户的传统观念、该地区的交通状况等，这些生产特征导致了另一个地区使用的组织模式在该地区难以适用。纵向合作化是农业经营主体纵向一体化行为与纵向分离行为的均衡结果，其存在一个特定的界限。与纵向一体化企业扩张或者缩小企业边界时以兼并、分离等改变企业所有权结构行为不同，纵向合作组织是以不同强度的关系来维系的，其可以通过签订不同类型的契约来实现改变彼此之间联系的强度甚至决定是否进行联系。因此，纵向合作化组织调整各个经营主体的虚拟边界所需支付的成本要远低于纵向合作化企业调整其实体边界的成本。其特有的灵活性使得该组织模式可以根据各个地区的农业生产特征灵活调整自己的组织机构。在各国尤其是发展中国家的农业具体运用当中，都是优先在多个不同地区进行试点应用，寻找到一个可复制且可调整的纵向合作模式①之后再进行推广，其中可复制性与可调整性同样重要。

（2）与土地要素难以流动相适应

农业生产中土地要素难以流动导致农业企业难以将农产品产业链的种植阶段内部化，因此在农产品的产业链中，产出往往受到种植或生产原材料阶段产出的限制；但同时土地要素的所有者农户则愿意寻找到一个固定的合作伙伴从而避免市场风险。在一般情况下，农户由于抵抗风险的能力较差，从而具有较强的风险规避性。农业企业难以内部化农户与农户稳定交易伙伴的意愿使两者不得不以契约的形式相互链接，这种单维的交易契约具有内生的不稳定性。从数据上来看，农产品买卖合同无论是即期还是远期，在世界范围之内，违约率都普遍偏高。而纵向合作组织的各个经营主体之间受到复杂契约的限制，违约时需要支付超过违约金限额的成本，包括未来合作受益、从组织中脱离导致的成本等。因此，一个良好的纵向合作模式可以稳定该组织结构中各个经营主体之间的合作关系，同时还避免了所有权集中带来的各种限制和成本，这是农业纵向合作化得以推广的另一个重要原因。

（3）与生产经营主体多样化相适应

农业生产中经营主体多样化的特征也是纵向合作在农业中适合推广的

---

① R. V. Ramana Murthy. Does Vertical Integration Benefit Cotton Farmers? Encouraging Evidence from an Experiment in Andhra Pradesh [J]. The IUP Journal of Agricultural Economic, 2011 (12).

一个因素。纵向一体化企业是一个生产组织，因此并不愿意、同时也难以将非生产性的农业经营主体（包括农户合作社或者专业合作社）内部化，但这些第三方机构在农业组织中又具有广泛的群众基础，一个不包含此类农业经营主体的农业组织模式是不现实的。而农业纵向合作化组织则属于交易组织，其不仅整合农产品的生产环节，还整合流通环节和最终的销售环节，所以可以将农产品产业链条上相关的经营主体都包括在组织的内部，再以各种复杂契约或隐性契约将彼此的合作关系稳定化。虽然第三方组织如农业合作社的产权结构与市场地位十分复杂，导致其难以被其他经营主体内部化，同时也难以兼并其他经营主体，但并不妨碍和其他经营主体保持稳定的合作关系从而实现交易的内部化，减少交易成本。

总之，纵向合作化的特征、组织模式的可调整性、对现有契约的稳定性以及对各类经营主体的包容性使其与农业生产的各类特征都有着良好的兼容性。

2. 进一步扩大农业企业利润

（1）农业企业为何选择纵向合作化

20世纪西方国家都完成了传统农业向现代农业的过渡，Federico（2010）根据世界范围内的农业数据，论证了在过去的200年，尤其是20世纪当中，农业的发展不仅满足了人们日益增长的农产品需求，提高了农业的产出效率，还完成了丰富农产品种类、降低农产品价格的任务，此外还向其他各个行业提供了大量的劳动力①。在过去的50年中，现代农业的全要素报酬率不仅远远高于传统农业，甚至高于制造业、纺织业等现代工业，在这一过程中，农业企业的作用不容忽视。产业化经营的农业企业投入资本对土地进行改良，与此同时，大量使用新型种源，实现了农业生产的规模化与现代化。现代农业已经作为一个利润率较高的行业受到广泛关注，农业企业代替农户成为农业生产的最主要载体，农产品的种类也不仅仅局限于传统的粮食类作物、蔬菜水果等，以生物制药、生物燃料为代表

① Giovanni Federico. 养活世界：农业经济史（1800~2000）［M］. 北京：中国农业大学出版社，2011.

的现代农业产业正受到各国的重视并得到蓬勃发展。

但大型农业企业也面临一系列新问题，如法律法规一再对大型农业企业进行各类限制，包括企业规模、原材料来源，甚至包括其购买原材料的价格也要定期上报；此外，农业生产成本进一步上升，农户不再愿意以相对低廉的价格出售甚至是出租他们的土地，使得农业企业的利润空间缩小。一些国家的大型农业企业基本上控制了产业链的大多数生产环节，甚至整个生产环节，实现纵向一体化，发展过程中所得到的利润也大多数来自生产规模化和交易的内部化。但这类纵向一体化行为，尤其是一种收购特定上下游企业以限制其他竞争企业购买原材料及出售产品能力的行为，会导致严重的市场无效。因此，大量的制度和政策开始限制农业企业的纵向一体化，如限制农业企业在原材料生产方面的能力，政府开始补贴小型农业企业以及农户等，所以大型农业企业不得不使用一种新的方式来减少交易成本、稳定交易对象，即纵向合作。从美国的数据来看，纵向合作化在农业中的运用，20 年前还仅仅停留在若干个商品化程度较高的产品市场如猪肉、牛肉当中，现在已经在包括糖类作物、大豆、粮食类作物等在内的各种农产品产业链中得到了广泛的运用①。

原有的一体化农业企业在面临企业经营备受限制的情况下，必然会发生纵向分离行为，从而专注于自己具有比较优势的生产环节进行生产，但分离出的部门和原企业之间的关系不会因为纵向分离就回到原有的市场结构之下，其相互之间存在的长期合作关系并不随着所有权结构变化而消失。农业企业的产权边界作为实体边界，契约边界作为虚拟边界，许多的一体化农业企业都通过缩小实体边界、扩大虚拟边界的方式避开了反垄断法案的限制，同时达到稳定交易关系、减少交易成本的目的。

（2）纵向合作化如何带来利润

原有的一体化企业通过纵向分离将产业链中的几个生产环节由企业内

---

① Mishra, Moss, Erickson. Regional Differences in Agricultural Profitability, Government Payments, and Farmland Values: Implications of DuPont Expansion [J]. Agricultural Finance Review, 2009 (69): 49-66.

部控制分离出去之后，虽然该企业和新生的企业之间依然保持着长期合作的趋势，此类合作由于受到隐性契约或关系型契约的影响，较市场结构下依赖买卖合同或者投资合同而形成的契约关系具有更为良好的稳定性。还是用两个不同的农业企业来说明这个例子，农业企业 A 是一家农产品加工企业，其负责收购农户的原材料并加工，最终将具有易腐性的农产品 x 出售给下游农业企业 B。农业企业 B 是一家销售企业，其运用冷鲜运输技术将农产品 x 出售给最终的零售商，因此其边际成本是递减的，但固定成本较大。在两者皆为独立企业的情况下，农业企业 A 必然会根据自己的生产函数来选择一个最优的加工量，然后将这部分的农产品 x 出售给农业企业 B，因此假设农业企业 A 选择的最优加工量为 x^*，则两者的收益分别为：

$$I_A=(p_1^s-p_1-c_A)x^*-FC_A;I_B=(p_1^m-p_1^s)x^*-\ln(x^*+\alpha)-\beta x^*$$

农业企业 B 的成本函数体现出了边际效益递减，且随着 x^* 的不断增长会无限逼近常数 β。我们可以看到，对于两家企业的收益之和而言，越大的产出，其收益之和也就越大，即

$$\frac{\partial(I_A+I_B)}{\partial x^*}>0$$

但是在缺乏合作的条件下，两家企业明显不会做出如此行为，即便在农业企业 A 边际成本不变的情况下也不会无限扩大某一种产品的生产能力①，若是在边际成本递增的情况下，就更不会做出如此行为了。

但若是两家企业通过契约形成了稳定的合作关系，则就可以通过不断扩大农产品 x^* 的数量来降低最终的销售成本，使两者的收益之和得到增加。这只是一个简单的例子，实际上农业企业之间通过合作的方式扩大彼此利润的行为在现实生活中十分常见。

3. 纵向合作化对加快农业模式转变的作用

在农业发展相对落后，农村制度相对不完善的发展中国家，农业依然存在的生产非规模化、技术运用程度低、产品商品化程度低以及产出同农

① 我们仅仅列出了农业企业 A 关于某一种产品的收益函数，实际上，农业企业要选择将自己的要素禀赋分配到多种产品的生产当中，故其不会无限扩大某一种产品的生产能力。

户收入均依赖气候条件的问题，因此对于发展中国家而言，现有的主要任务是实现传统农业向现代农业的转变。

（1）转轨农业国家的情况

苏联加盟共和国中，20 世纪的农业生产过程是大范围应用农业纵向一体化的过程，无论是所有权属于国家的国家农场，还是所有权属于集体的公社式农场，从产权归属的角度来说都是试图通过所有权集中来完成农业生产的纵向一体化、实现规模化的生产，这些尝试有成功的案例，也有失败的案例。随着东欧剧变等一系列的变化，原有的农业组织结构被解散，但大量的农户合作社、农业专业合作社依然广泛存在，它们属于农业生产的第三方机构，这种特有的农业组织结构被称为转轨农业①。由于原有高度集中的一体化农业结构在相当短的时间内又回到了以农户为主体进行分散生产的小农经济结构当中，同时，农业企业力量极为薄弱，难以承担进行一体化运作的成本，这就使得转轨农业国家面临一个困境：小农经济的生产模式无法满足现代社会日益增长的农产品需求，浪费了大量的劳动资源力，限制了其他行业的发展；同时农业企业过于薄弱又导致了难以进行以农业企业为主体的纵向合作化，使得农业规模化生产无从谈起。而通过农产品买卖合同形成的订单农业又具有内生性的不稳定特性，原有纵向一体化农业企业经过纵向分离后形成的纵向合作组织契约关系更为复杂。在转轨国家中，农户与农业企业均没有很好的风险抵御能力，从而机会主义倾向严重，又没有限制双方行为的相应制度以及隐性契约的存在，从而此类农业组织时刻面临着组织解体的风险。因此，对于转轨农业来说，以具有广泛群众基础的农业合作社、农户合作社作为主体推动纵向合作化，形成新型农业组织模式，这对于实现传统农业向现代农业的转变是一种行之有效的方式。

在转轨农业国家的历史发展中，集体农场制度并没有实现农业从传统农业向现代农业的过渡。在东欧传统粮食生产国家、乌克兰以及俄罗斯东

---

① Zoltán Bakucs, Imre Fertõ & Gábor G. Szabó. Benefits of a Marketing Cooperative in Transition Agriculture [J]. Society and Economy, 2012 (34): 453-468.

南地区，集体农场制度并没有对农业产出产生积极的影响，甚至还是导致饥荒事件的一个原因。随着土地确权，转轨农业国家的农户又回归到了百年之前的农户分散生产的小农经济模式当中，虽然农业产出得到了一定的提升，但是又面临着农户收入偏低、无法抵御自然风险等传统农业无法避免的问题。在实现农业现代化的过程中，纵向合作化作为一种模式与其说是被选择，倒不如说是在缺乏大型农业企业的转轨农业国家的唯一选择，在进行纵向合作化的过程中，合作社因为其广泛的群众基础以及产业链中的所在环节，作为唯一一个适合作为主体来推进的农业经营主体。

传统农业向现代农业转变的一个环节是订单农业阶段，在这个阶段由于交易双方——农户与农业企业的力量不对等且均没有良好的抵御风险的能力，表现出了极高的机会主义倾向，农业订单合同违约率在特定地区甚至达到了80%以上。虽然通过完善相应的法律法规以及保底价格收购合同的推出有效地避免了此类行为，但由于自然风险以及市场风险同时存在，农业买卖合同依然有着内生性的不稳定。不能维护订单合同的稳定就不能推动农业生产的规模化运作，因为对于农户来说，在订单合同稳定的时候可以放心种植某种擅长的农产品；在订单合同不稳定的时候，其只能通过分散种植不同种类的作物来维持生活的基本物质需求，在单一农户都种植不同类型作物的时候，农业生产的规模化是不可想象的。从这个意义上说，纵向合作化提供了一个稳定组织内部交易的方法。

但是，原有的农业合作社必然要在此过程中发生变化，农业第三方机构在订单农业阶段主要承担两个方面的职责：第一，为农户和农业企业创造合作机会；第二，监督契约的执行，避免违约。而现有的农业合作社基本上是一个供农户交流生产经验或是共用生产工具的非法人社团组织，其属性限制了纵向合作化的程度和可能性。因此，我们必须要对农业合作社进行一定的改造，农业纵向合作化要求复杂契约关系使得组织内部各个主体实现利益共享风险共担，农户与合作社之间的契约关系要进一步复杂化，使得两者之间实现利益捆绑，再以农业合作社为主体与下游的农业契约构建稳定的合作关系。这就一方面解决了农户与农业企业的市场力量不对等，另一方面解决了双方直接构建契约导致的违约率高的问题。

在转轨国家内，各种新型农业合作社种类繁多，但大致上可以分为两种类型：第一种类型是生产型农业合作社，类似于原有的集体制农场，此类新型农业合作社的特征是：农户以土地等生产要素入股农业合作社，并以事先约定的形式向合作社出售一定产量甚至所有的农产品。合作社可以直接出售这些农产品也可以对其进行进一步的加工后再出售给下游企业，甚至直接在农产品零售市场上出售这些产品。第二种类型是交易型农业合作社，即农业合作社作为交易主体直接面对农户进行交易，将分散的农户产出集中收购再统一地出售给下游农业企业。这两类农业合作社的共同点均是首先解决了原有合作社尴尬的市场地位，拥有了独立的法人地位，具有一定现代企业性质，允许此类合作社进一步扩充企业资本，引入专业的管理人才，实现规模化生产；其次两类合作社都试图整合分散的农户，有的直接介入农户的生产的过程，有的通过分散收购集中出售的方式进行整合；最后两类合作社都避免了对农业经营主体产权结构的改变。

这种以新型农业合作社为主体的农业纵向合作化一方面具有良好的群众基础，另一方面具有很好的可复制性以及可调整性。在转轨制国家当中，农业生产的产出率并不低，主要是拥有资本的农业企业与拥有土地的农户无法稳定双方的合作关系，一旦双方以新型农业合作社为中介通过构建复杂的、涉及多维度的契约关系完成纵向合作化，传统农业的生产模式就会加快向现代农业生产经营模式的转变。

（2）落后农业国家的情况

在农业产出率极低的国家，如撒哈拉以南的非洲等国及印度，它们既面对农户与农业企业之间合作关系不稳定的问题，同时还面临农业产出率偏低的问题，急需农业生产的工具改良、种源改良以及种植方式的改良，同时机械、化肥以及高产出产品的应用也相对落后。这些国家实现传统农业向现代农业的转变主要依靠各国的农业企业优先扩大企业力量，进行产业链内部整合，从而以企业为主体推动农业的规模化生产、新型技术的开发等，与此同时，也要提高农户收入，最终实现农业现代化，即通过农业企业的扩大与农户收入的增长这两个目标的同时实现来完成农业模式的转变。

但农业企业的利润与农户收入之间必然存在一定的矛盾，纵向合作化则可以解决以上问题。以地方政府为主导的纵向合作化可以有效利用企业的技术优势减少农户的生产成本，而纵向合作组织当中信息传导机制可以较市场机制更为有效地将农业企业对农产品的特殊要求传导给农户，以便进行专业化的生产。实际上，在印度等国家，以地方政府为主导的联合农户和农业企业的行为一直在进行，却难以寻找到一个具有可复制、可调整的农业纵向合作化模式进行推广，这其中最大的问题在于地方政府虽然可以建立这种纵向合作化组织，但是对该组织的稳定性却难以起到良好的效果，这些国家并没有传统的农户合作社等第三方机构承担农户与农业企业之间的中介作用。

纵向合作化理论无论是在农业生产高度发达的发达国家中，还是在农业生产相对落后的发展中国家当中，都具有较好的适用性。并且，在发达国家当中，农业纵向合作化主要由农业企业推动，其目的是进一步扩大农业企业的利润空间；而在发展中国家当中，农业纵向合作化没有一个明确的生产经营主体来推动。

（四）纵向合作化的不足

纵向合作企业之间的合作程度是无法与单一纵向一体化企业不同部门之间的合作相比较的，以我们上节论述的资产专用性投资而言，很难想象纵向合作的企业在初次或是少数几次合作之后就可以互相信任、进行资产专用性投资，并可以就再投资产生的组织租金分配达成共识。

然而，较一体化企业而言，纵向合作最大的不足就是技术进步并没有在这种系统结构中得到很好的鼓励。在原有的所有权集中的情况下，某个部门的技术进步可以为该企业内部所有生产环节的部门带来经济效益，这一点无论是在农业还是在其他行业中都是一样的。如种源部门提供的更为优良的种源毫无疑问会为所有的生产环节带来更好的经济效益，同时种源部门也可以从所有部门的经济效益提高中获得属于自己的回报。而纵向分离之后形成的各个部门分布于纵向产业链的各个生产环节，这使得它们的技术改进虽然依然影响着整个产业链的整体产出，但是只有与其临近的生产环节才愿意为它们的技术改进支付报酬。种源部门经过纵向分离之后成为了新的企业，同时它的下游生产环节种植阶段也成为新的企业，虽然种植阶段的下游企业如产品加工乃至最终的销售阶段也能从种源阶段的技术改进中获得好处，但是这种隔离开的部门不会愿意也无法向非其临近的生产环节的所有者支付报酬，因此种源企业通过技术改进获得的收益就会减少，导致其进行技术改进的激励就会减少。

因此，通过简单的买卖合同或者是投资合同维系的纵向合作化农业组织是一种较为简单的系统结构，这种系统结构并不能向一体化企业那样鼓励技术进步。而技术进步又是农业企业在现代农业背景下最为重要的利润来源，一方面技术进步可以减少生产成本、扩大产量，另一方面在农产品市场中，消费者总是愿意对专业程度更高的农产品支付更高的价格，而专业程度的提升则来自技术的进步。因此，简单的系统结构需要被复杂的系统结构所替代，涉及生产维度和资源维度的契约被引入农业纵向合作组织当中，其中不仅仅包括生产合同、投资合同以及商品合同乃至专利权使用合同、商标使用合同都在同一个纵向合作组织中所有的主体之间相互建立了起来，而不仅仅是在临近的两个生产阶段之间建立。这种依赖复杂契约——涉及交易维度、生产维度、资源维度的网络状契约得以建立的农业纵向合作组织需要所有参与主体对契约结构进行一致同意，同时合同约定的年限也一般在五年以上。

如此复杂的系统结构若是从原有分散的市场结构中建立明显有困难，但对于从同一个一体化企业中分离的各个部门来说，并不存在极大的困难。制造业通过产业链内部乃至产业间先分工后整合，形成了不仅包括纵向合作还包括横向合作的组织模式，各个产业链之间功能接近的部门在分离后整合为新企业。可以预见，农业产业链在未来数年内，必然一方面推动纵向合作化，另一方面使纵向合作组织中的契约关系变得日益复杂。表 4-3 列出了完全市场、纵向合作和纵向一体化之间的区别。

表 4-3　完全市场、纵向合作和纵向一体化的区别

名称	合作的稳定性	经济租金	内部交易成本	协调方式
完全市场	差	无	较小	无
纵向合作	较强	一般	一般	契约
纵向一体化	强	大量	较大	所有权

（五）纵向合作化的应用前景

对普遍具有易腐性的农产品而言，最优的生产决策即是被某一个生产企业所控制，生产出来的产品立刻被运往下一个车间进行加工或者包装后直接出售；次优的选择也应该是寻找一个稳定的长期交易伙伴，两者在产品成熟之前就约定好交易数量与时间，避免了农产品生产完毕后由于消费滞后而出现的损耗。

在农业生产的过程当中，完全依靠市场的力量来协调各个生产阶段之间的生产是不够的，且农业生产中存在着大量的获得经济租金的利润空间。在实施纵向一体化存在困难的前提下，全球范围内都广泛地使用了契约作为一种合作的方式，即推广农业中的纵向合作化。联合国粮食署在2001 年就发布了《合同农业推广书》，鼓励各国使用契约这种合作方式，以契约为核心进行协调，既可以获得纵向一体化行为中的经济租金，又可以一定程度上避免内部的交易成本。

农业生产的规模化与其他经济部门实现规模化生产的过程没有太大的区别，都是先分工再整合的一个过程，首先是产业链上各个经营主体进行内部分工，将一个乃至多个生产环节纳入经营主体的内部，然后再出于减少交易成本、增加合作能力的目的进行经营主体之间的合并以此实现产业链内部的整合。纵向一体化与纵向合作的区别就在于，一体化企业使用所有权结构变动的方式，使得产业链内部多个生产环节都处于同一个生产主体的企业实体边界之内，而纵向合作组织使用复杂契约链条将多个独立的生产/经营主体链接起来，使得产业链内部多个生产环节都处在同一个生产/交易组织的虚拟边界之内。由于农业生产的种种特性，使得所有权高度集中难以实现，所以农业生产当中更适合使用纵向合作方式。

实际上，无论是现代农业比较成熟的发达国家、处于转轨农业阶段的发展中国家，还是农业生产效率低下、停留在传统农业阶段的发展中国家，与其说是各个国家的农业生产选择了纵向合作化，倒不如说纵向合作化是现代农业生产经营的必然选择，如图 4-4 所示。

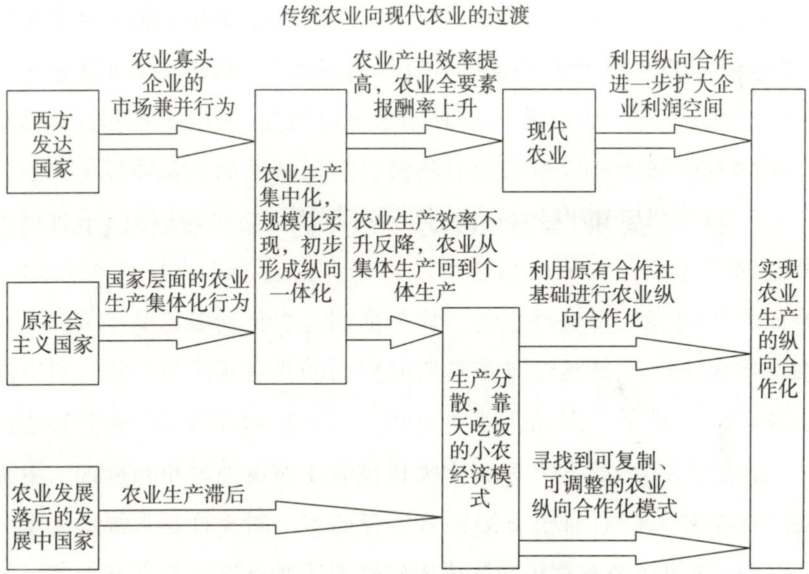

图 4-4　农业模式转换过程示意图

资料来源：笔者根据有关资料整理。

不过，纵向合作化自身也存在一些问题：一是纵向合作化组织之间依赖不同类型的契约构建成复杂网络状契约链来实现组织内部协调，因此契约链的稳定与否对于组织生产效率乃至组织结构的稳定都有很大的影响，从这个意义上说，农业纵向合作化组织中契约链的治理机制显得十分重要；二是纵向合作化并不像纵向一体化那样有着明确的推动主体，农业企业明显可以有效地推进纵向一体化，但其在签订并稳定农业契约方面并不比其他农业经营主体显得更有积极性。因此，农业纵向合作化的进程应该由何种农业生产经营主体来推进，也是未来研究的一个重点方向。

农业纵向合作化具有广泛的应用空间，在于纵向合作化与农业生产的三个特性。尤其对于我国来说，作为农业生产大国，在农业生产地区差异性与经营主体多样性这两个方面的特征表现得十分明显，部分地区的农业生产已经实现了规模化和商品化，而部分地区的农业生产还停留在小农经济模式当中，因此，一方面要利用我国广泛的农业合作社基础对其进行相应的改造，另一方面要不断寻找与各地区相适应且具有可复制性、可调整性的农业纵向合作模式来推动落后地区的农业生产现代化。

三、现代农业发展的必然趋势——纵向合作化

（一）现代农业与农业纵向合作化的关系

我国农业未来的发展目标是实现传统农业向现代农业的过渡，正如前文论证的那样，现代农业集中化、规模化的生产模式对农业组织结构提出了一定的要求，以分布广泛、种植类型多样的农户作为农业生产主体的生产模式必然不符合现代农业的要求。为了实现从传统农业向现代农业的转变，我国农业生产经营的组织模式必须首先做出调整。

从产权结构上分类，现有的农业组织有两种具有代表性的模式：其一是以农业企业为推动主体的农业纵向一体化模式；其二是推动主体不明确的农业纵向合作模式。这两种模式经过 20 世纪百余年的发展进程，现已有了一个较为清晰的结果。从实际运用结果来看，所有权高度集中的农业纵向一体化模式无论是在农业生产高度市场化、商品化的西方发达国家，还是在农业生产相对落后的发展中国家，都没有取得良好的结

果；而农业纵向合作化无论是对农业企业进一步扩大利润空间，还是加速农业生产水平发展，都具有良好的应用现状现实成果。从农业市场刚刚起步的撒哈拉以南的非洲到转轨农业的代表国家东欧各国，再到现代农业高度发达的欧美国家，纵向合作化都具有良好的推广与应用前景。就理论研究来说，要求所有权高度集中的纵向一体化必然与农业生产的特征存在矛盾，而具有良好组织适应性、以复杂契约为核心进行灵活调整的农业纵向合作化模式符合现代农业生产的各方面特性，包括生产经营主体多样化、要素不可流动性等。因此，就农业组织具体模式而言，农业纵向合作化是未来现代农业发展的必然趋势，而实现现代农业也是农业纵向合作化模式的发展目标。

（二）农业纵向合作化对契约链的依赖

我们打一个简单的比方，农业纵向合作化模式若是现代农业生产经营的一个自然人的话，那么其骨骼就是该农业纵向合作化组织中的完整契约链，该契约链将各个生产经营主体衔接起来，固定了它们在农业生产产业链中的具体位置；同时，该契约链也是这个组织的神经，其同时还起到了传导信息、协调各个主体实现整体生产规模经济效应、创造经济租金的作用。

纵向合作化的组织结构是依赖各类契约来协调彼此的生产和销售过程的，因此，当契约链中的单个契约无法稳定时，整个纵向合作化组织也面临着解体的风险。同时，组织结构不稳定的具体原因也是链接组织中各个经济主体的契约链不稳定的原因。

农业契约一般情况下不具有天然的稳定性，稳定性较好的契约具有以下几个特点：第一，违约成本大；第二，监督成本低；第三，再次合作的可能性大。

一个现代农业生产经营合同，一般情况下标明在何时何地由谁向谁支付多少以及何种标的物。若是要违约，违约方式无非就是拒绝交付，或者是拖延交付。在这种情况下，其违约成本很大程度上取决于对手的报复能力，报复能力越低，违约成本就很小。各个合作方之所以能够保持稳定的合作关系，就是因为它们明白一旦违约，那么高度发达的信息化网络会让它们成为不适合交易的对象，这将使它们退出这个行业，因此违约的后果就是退出生产、企业倒闭。在这种巨大的违约成本之下，很难想象企业之间会存在着不履行甚至是不完全履行契约的行为。而这种情况在农业生产中是完全不存在的，农业生产的一个典型的例子是农户和农业企业之间的相互合作。在这种情况下，农户违约的成本就是农业企业支付的未来产品的购买价格减去市场价格，很多时候这个价格差是较少的，因此农户违约的成本较低。

农业生产合同的监督成本是不可想象的高昂。由于农业企业要求农户生产的某些农产品一般情况下具有不可替代性，在这种条件下，农业企业往往会要求农户使用特定的化肥，进行特定的护理等。但是这些行为是难以得到监督的，农户可以轻易将农业企业给自己使用的化肥以高价在市场上出售并低价购入次级化肥，并将最终产品的问题归结于其他非技术性因素，如天气、土地特性等。由于一般情况下农业企业内部难以有人了解农业生产的过程，所以无法对此进行反驳。在农业契约的履行过程当中，单纯地想象农业企业派专业工作人员并为他们支付高额的工资以让他们到偏远的农村监督农户进行生产几乎不可能。

农业契约往往背后都有着长期合作的倾向，其原因是农业生产有其固有的地域性和鲜明的产品特征。比如某些特殊的品牌仅仅在一些特定的地域才有出产，若是企业选择这种农产品作为其原材料的话，它无法选择合作对象来替代，因此它的唯一选择就是与这个地区的农户签订长期的合作契约。而对于广大农户来说，一个长期稳定的农业企业的购买合同也可以使得农户告别靠天吃饭的日子，稳定收入，农户将不再花大量的时间和精力去研究自己的土地适合种植何种作物，或是种植多少的问题，也减少了农业生产的复杂程度。农业契约背后的长期合作倾向是得到了数据验证的。根据国外的相关调查研究，一旦某类农产品的生产开始以契约的方式协调生产，那么这类产品在日后的生产过程中都是具有契约性质的。

四、小结

较低的违约成本、高昂的监督成本和强烈的长期合作的倾向使得农业生产处于一种既需要稳定的契约又存在内生性契约不稳定的矛盾格局中。我国现代农业生产经营的基础是农业生产经营主体布局广泛且单个市场力量薄弱。若是走发达国家庞大、具有市场垄断力量的农业企业推动纵向一体化，然后以纵向分离追求经济效率最优的纵向一体化道路，在我国现代农业生产经营中并不具有适用性；而在东欧等原有社会主义国家应用效果较好的以农业合作社为主体推动的纵向合作化，在我国的应用也没有取得很好的效果，原因在于农业纵向合作化要求各个生产经营主体之间的契约关系稳定，需要铺设一条覆盖全产业链的契约链。农业生产现代化的关键是推广农业生产的纵向合作化，而推广纵向合作又要首先解决农业契约的内生性不稳定。因此，第五章我们将介绍现有最为常见的一种农业契约——单维度农业契约，并对其稳定性进行深入分析。

第五章　单维度契约模式分析

一、单维度契约概述

契约的核心在于约束契约双方的权利与义务，即双方的特定行为，而这些行为又是在不同经济层面进行的。基于此，我们可以将契约的种类分别界定为交易维度契约、生产维度契约以及资源维度契约。所谓单维度契约，是指契约仅仅约束双方在交易层面的经济行为而不涉及对生产以及资源的约束，又称交易维度契约①。在农业生产的过程当中，单维度契约体现为农业订单，而以单维度契约为核心建立起来的初级农业纵向合作模式也被称为订单农业。历史上著名的“庞培—托勒密”协议②就是一份十分完备的农业订单。

在农业契约出现的早期，所有的农业契约都是以单维度契约的形式出现的。这一现象一直持续到现在，尤其在市场经济体制发展相对滞后、农业产出水平相对低下的发展中国家，订单合同占据农业契约的大部分，并在农业经营生产活动中广泛存在。

---

① 固然资源维度契约也可以单独存在，但为了分析方便，我们将单维度契约仅仅定义为交易维度契约。

② 在罗马共和国晚期，罗马执政官庞贝和埃及统治者托勒密十二世签订了关于从埃及进口小麦至罗马的农业合同，该合同规定了标的物的种类、数量、定价方式、支付时间以及合同存续时间。

单维度农业契约就是以订购合同、农业订单、农产品收购意向书为手段，仅仅限制交易层面经济活动的农业契约，这类契约并不影响交易双方的实际产出，仅仅是通过书面或者口头的方式预订或者限制交易双方的支付行为。一份正式的交易维度契约需要对以下要素进行约定：交易双方标的物的种类、数量、交易价格以及支付时间。随着市场活动日益复杂化，现有的交易维度农业契约还往往对标的物质量、定价方式以及违约后果进行界定。

单维度契约模式是一个十分广泛的概念，包括了一切仅仅以农业订单为主要契约模式的农业组织模式，其中不仅包括常见的“农业企业+农户”模式，还包括以农业合作社为核心的三方模式。这两种组织模式在我国农业组织中的应用最为广泛，但取得的效果并不都令人满意，表现为农业契约的不稳定和履约率偏低，订单模式的应用没有带来农业产出的大幅度增加，也没有有效降低农产品最终销售价格。

在传统农业向现代农业的转变过程中，需要农业契约的大范围使用，除了契约的覆盖程度之外，摆脱传统农业产出低下、技术含量低下的困境还需要契约约束更多的经济活动层面，不仅要包括交易层面，还需要引进专用性资产投资，产权结构调整等许多其他经济层面的不同契约，但后两种契约的应用必须建立在单维度契约，即交易维度契约得到推广以及稳定的基础之上。因此，单维度契约模式，或被称为订单农业模式，也可以被看作是传统农业向现代农业转变的一个必然阶段。

本章对单维度契约这一简单的农业契约模式进行全面分析，为后文现代农业契约构建进行铺垫。第一部分将对单维度契约的基础要素和对农业生产的影响进行分析，第二部分将论证单维度契约的特征，第三部分将介绍几个相关的案例来说明单维度契约的应用情况。

二、单维度契约的基础要素及其作用

（一）基础要素

一份单维度农业契约要包含哪些基础的要素才能够生效，根据《合同法》的内容，包含的要素十分多，但从交易的有效性来说，其只需要包括以下几个部分就可以形成一个具有约束能力的交易维度契约：交易双方、标的物的种类、交付数量、交付价格以及交付时间。

交易双方。即契约双方的身份确认，其可以是农户与农业企业之间的交易维度契约，也可以是农业企业和农业企业之间的交易维度契约，还可以是农业企业和农业生产合作社之间的交易维度契约，只要是两个农业生产经营主体，它们之间就可以签订交易维度契约。

标的物的种类。所谓标的物，即是交易维度契约约束交付的农产品种类，其可以是原材料也可以是加工制成品，这里所说的标的物种类仅仅是对农产品类型的约束，并不对其质量进行约束。

交付数量、交付价格以及交付时间约束的是交付阶段的交易双方行为的一系列限定。交付数量可以以标的物的件数来约束，也可以以标的物的总重量来限定；交付价格即是一个预先设定的支付价格，这个价格既可以是一个固定的价格，也可以是相对市场价格的固定调整，但是定价方式并不在交付价格的约束之下，交付时间即是交易双方约定的进行实际交付的时间，一般情况下交易维度契约出于农业生产具有的延迟性特征，都是选择进行远期交易，但实际情况中，也有现货交易的情况出现，此时的交易维度契约更多的是对标的物质量而不是数量的约束①。

---

① 现货农业订单的主要目的是通过书面形式确定标的物质量标准，以合同的可诉性保证产品的质量水平。

（二）可选要素

可选要素是指交易维度契约即使不存在这些要素也不妨碍其对交易双方行为的约束，即也可以作为一个完备的合同而存在，但这些可选要素可以增加合同的稳定性以及扩大其约束范围，但对交易维度契约约束的经济活动层面则没有影响。这些可选要素包括标的物质量、定价方式以及违约赔偿机制。

标的物质量在现代农业订单中显得十分重要，由于农产品生产交易双方一般存在着高度的信息不对称，且标的物质量提供了大量的合同框架内机会主义行为可能①，故依赖相关第三方提供的信息对标的物质量在合同签订期就进行相应的约束显得十分重要。

定价方式一般包括三种，即远期固定价格、随行就市定价方式以及保底收购价格方式，其不是具体限制单位标的物的具体收购价格，而是限制制定价格的方式。远期固定价格是最为常见的定价方式，同时也是最不稳定的定价方式；随行就市定价方式即是以远期市场价格作为远期收购价格；保底收购价格方式则是在远期市场价格的基础上增加或减少定额或是定比例的定价方式。相对来说，后两者定价方式可以为农业订单增加一定的稳定性。

违约赔偿机制之所以属于可选要素，原因在于契约本身具有可诉性②，依靠《民法》等相关规定，交易双方并不需要一个专门的条款来限制对方不当得利或是无权处分等机会主义行为的出现，但由于农业契约交易主体往往存在着法律地位不对等，以及现有法律赔偿机制不完善等原因，农业契约违约之后往往出现难以诉讼、难以执行的情况，所以引入专门的赔偿机制条款对交易维度契约稳定性也有着十分重要的影响。

---

① 具体请参考第六章的详细论述。

② 即可以通过法律诉讼来获得赔偿的性质。

（三）对农业生产主体的作用

1. 对农户的影响

对于农户来说，交易维度契约的优势一般表现在以下几个方面：

第一，农户可以通过农产品订单有效降低产品产量和价格波动风险，从而保证收入的稳定增长。农业订单合同一般是远期交易，即可以通过实现约定交付价格的方式避免农业生产固有的价格波动。由于农户一般不具备承担风险的能力，属于风险规避的生产经营主体，所以农户一般会倾向于使用交易维度契约来避免承担远期市场价格波动的风险，即便其会减少其远期的可能性收入。

第二，可以有效解决农户销售渠道单一的问题，提高农产品的回报率。农户若无订单合同，只能通过自身的力量将种植的农产品运输到市场上出售，在这种情况下，农户销售渠道极为单一，在农产品零售市场上，由于该市场结构已经几乎接近完全竞争市场，故农户此时仅仅能够以边际成本价格出售自身的产品，无疑带来的回报率是极为低下的。通过订单农业，农户可以选择将产品出售给农业合作社、农业企业或者是直接出售给专业的农产品超市等，此时其销售渠道多样，且一般情况下无须支付额外的运输以及销售成本，从而提高自身的产品回报率。

第三，可以提高农户在农产品定价方面的话语权。现货市场上农户一般作为价格接受者。而在制定合同的过程当中，由于是远期交易的原因，农户有了讨价还价的机会，若是一个交易对象提供的远期价格并不能让农户满意，那么农户自然可以选择等待下一个交易对象的出现，或者自己去搜寻下一个交易对象。但若是在现货市场上，农户必须在农产品腐烂之前就将产品销售出去，在有些时候，农户甚至必须以低于成本的价格出售自己的产品，因为若是在腐烂期限之前农户没有出售完毕自己所有的产品，那么剩余产品将变得一文不值。

2. 对农业企业的影响

对于农业企业来说，通过交易维度契约收购农产品也比直接在现货市场上购买带来更多的好处，具体体现在以下几个方面：

第一，确保获得稳定的原材料供应。在现货市场上，出于地域限制等原因，农业企业可以购入产品的数量受到限制，但通过远期合同实现预期订购其需要的数量的原材料，使得农业企业可以自己的生产函数来决定最优产量，不必担心因为上游产品供应不足而影响企业的产量决策。

第二，可以通过交易维度契约中的附加条款来详细为原材料制定标准。在农产品市场上，一个重要特征是消费者愿意为差异化农产品支付更高的价格，为了实现农产品的差异化，农业企业需要对农产品的原材料进行更多的限制①，即其需要具有特殊特性的农产品原材料，这些原材料若是要从市场上购买，一方面要支付高昂的信息搜寻成本，另一方面也要为这些原材料的特殊性支付额外的成本②。而通过订单农业，要求某些特定的农业生产经营主体为自己生产，可以很大程度上减少这两种成本。农业企业同时也可以此提高自己产品的质量以获得更好的市场竞争力。

第三，可以增加原材料来源的可追溯性。在农产品现货市场上，由于信息高度不对称的原因，出现了原材料的质量问题往往面临无法追溯的情况。农业企业此时要对部分质量问题承担责任，虽然理论上其可以向上游产品生产主体进行进一步的索赔，但是在交易主体不确定的现货市场上，搜寻上游生产主体是难以实现的，即便搜寻到了也难以就原材料质量进行相关举证。故通过书面形式确定的交易维度契约，一旦出现食品安全问题，农业企业可以对相关的交易主体进行有效的追责。

3. 农业合作社对订单农业的影响

由于订单农业中存在着市场力量不对称等问题③，在农业生产中常常引入第三方机构——农业合作社来协调彼此的合作关系。农业合作社为我国农业生产最具有群众基础的农业组织，用其解决订单农业的内在问题是

① 如无公害产品，或是需要专用种植方式的特殊农产品等。

② 具有特殊性的原材料生产必然伴随着一定的市场风险，在出售阶段，农户或是生产型农业合作社必然要在价格上体现这部分风险。

③ 详细请参见本章的第三小节“单维度契约特征分析”及第六章的第二小节“订单农业的治理机制”对订单农业存在的问题的详细论证。

一个必然选择。在具体应用的案例中，一般都是由农业合作社代替缺乏契约观念并生产经营分散的农户作为谈判主体与农业企业进行谈判并签订农业订单。在农业的实际生产中，农业合作社代替农业企业作为监督机构来监督农户对契约的执行与否。

该模式在我国的推广范围十分广泛，但具有良好反馈的案例却鲜有出现，理论界一般认为是由于农业合作社的专业能力不强，组织成员来自农户、难以有效进行监督，合作社经济地位不清晰，缺乏明确的企业法人地位等原因造成的。实际上，三方模式的引入没有对原有订单农业起到稳定作用的最核心原因在于其仅仅引入了新的生产经营主体，而没有引入新的契约关系。其实质是，通过在原有农业订单的契约关系中加入第三方，将原有的一份农业订单转换成了两份农业订单来试图稳定合作关系。但在订单农业存在内生性稳定问题时，这种努力是徒劳的，下文中我们将具体对农业订单内生性不稳定的问题进行详细分析。

前文我们论证了关付新教授考察的一种新型农业合作社模式，该模式之所以可以较原有三方模式更为稳定，原因不在于其农业合作社内部的改革，而在于该农业合作社与农户之间的契约关系不仅限制经济层面的行为，同时也对农业合作社与农户之间的产权结构进行了新的界定，即该新型农业合作社修正的并不是三方模式的具体组织模式，而是修正原有生产经营主体之间的契约关系，通过引入新的契约关系来稳定原有订单模式中的契约关系，在下文中我们将详细论证这一点。

（四）对农业生产方式的影响

现代农业是相对于传统农业而言的，是指把现代先进的科学技术和现代工业提供的生产资料以及现代科学管理的专业化、社会化运用到农业生产中的一种农业生产形态。现代农业改变了传统农业的生产方式，在原有小农户生产的规模上扩大了生产规模，现代农业更多的是采用机械化生产，提高了劳动生产率，提升了农业产出水平，促进了农民收入的增加，同时也为当地产业结构的调整奠定了基础，促进了经济发展水平的提高。

在市场经济条件下，现代农业发展体系实现了农业产业的专业化、社会化、规模化、集约化的发展要求。

在现代农业组织中，交易双方的第一次合作往往是通过交易维度契约的形式，从风险分担到稳定彼此的合作关系，从而进一步加深合作的内容，实现利益共享，直到最终实现两者的交叉持股乃至最终合并成一个新的经济主体并获取更高的经济效率和市场力量。农业组织结构并不是一个静态的概念，而是不同阶段有着不同特征、存在不同问题的动态发展模式。而订单农业则是小农经济模式向现代农业过渡的第一个阶段，是现代农业的初级阶段。

交易维度契约或订单农业的推广确实可以强化各个生产阶段农户和农业企业之间的协调，促进农业新技术的应用，提高信息传导效率，强化农产品质量和原材料生产交付管理，同时也深化了农户和农业企业之间的进一步合作，如相互借贷、资源共享等，从而提高整个农业组织的产出效率。交易维度契约或订单农业作为现代农业的初级阶段对农业产出起到了积极的作用。

（五）存在的问题

交易维度契约中以远期合同或远期订单最为常见，这在很多情况下会制约农户的决策自主性，阻碍价格机制的有效竞争，并且给现货市场带来不好的影响。合同制是否能够得到推广，一方面受到合同本身条款设计是否完善的影响，另一方面也取决于现货市场本身的发展状况以及农业组织结构本身的稳定性。

市场力量不对称的现象不仅存在于现货市场，在交易维度契约广泛应用的期货市场上，这种现象也同时存在，故同样会带来市场失灵、农产品生产的不确定以及时滞等问题。庞大的农业企业会要求农户生产某种具有专用性的原材料，在支付阶段选择不完全违约，即以相对低廉的价格要求农户进行支付，此时农户除了默默承受这种低廉价格之外别无选择，因为具有专用性的原材料难以搜寻到其他的交易对象。同样的情况也可以由农户来进行违约，即要求对具有专用性的原材料支付明显高于市场价格的价格，若是农业企业缺乏承受风险的能力，也只能接受这种高价，因为其无法在其他市场上收购这种必需的生产原材料。故农业市场上市场力量不对称现象会导致大量的机会主义行为以及市场失灵的出现。

为了进一步规范现货市场以及远期市场，同时为了促进订单农业的发展，防止市场力量导致的市场失灵，美国国会1999年就通过一项法律，要求在美国进行交易的大型农场和农业企业必须上报它们的现货交易和合同交易的数据，这些数据包括交易标的物的数量和成交价格，一方面用于指导小型企业和独立农户之间的价格制定，另一方面记录交易价格，寻找“敲竹杠”现象，并及时进行相应干预。

三、单维度契约特征分析

在本节中，我们使用一个简单的数理模型来对单维度农业契约进行分析。为了方便，我们不对单维度农业契约的交易主体进行复杂的设定，而是将其简单地分为原材料生产者（农户等）和农产品加工者（农业企业等），但是将农业企业替换为农业商业合作社与农户的链接，或是将其分为农业企业与农业生产合作社之间的链接在现实中都适用。本模型中，无论是农业企业模式还是三方模式中应用的契约类型都仅仅局限于交易维度的经济行为，并在本节的最后引用国外学者的实证数据来证实我们数理模型推导的结论。

（一）模型的假定

农户作为农业生产十分重要的经营主体，出于土地要素难以甚至无法流通的特性，农户一般难以被其他经营主体所兼并以实现生产的内部化。本模型以农户的生产选择为核心来构建是符合现实的。在农业生产的实际中，具有产业化、规模化的大户少，而分散生产、种植多种农作物的农户多。以不完全契约理论将农户生产成本分为关系内和关系外，并以此作为模型基础进行分析①，实际上偏离了农业生产的现实。在现实当中，农户的选择并不是在同一种产品中付出两种不同的成本，而是在初始阶段选择不同的种植品种，并在出售阶段选择将产品出售给关系内的交易伙伴或者是出售给其他人。

在农业生产水平得到一定发展的当今，农户的种植作物往往可以分为两大类：一种是在关系内部用于出售的产品，另一种是供自己生活所需的农产品，即便是一个十分专业的农户，也往往不会选择完全在市场上购买农产品，自己种植一定的蔬菜甚至粮食性作物的现象在我国农户中十分常见。第一类产品为农户带来的收入是可以直观表现的，农户将第一类作物出售给交易伙伴，换取现金；第二类产品即供农户自己使用的产品实际上也为农户带来了收入，因为农户不必为购买这些农产品而支出。农户将选择两种产品的种植最优比例，这个比例将在种植的初始阶段就得到确定。

该模型在单维度农业契约的背景下设立，基础的假设如下：第一，两种不同类型农产品之间边际替代率递减；第二，农户的要素约束为外生变量且短期不变；第三，供自用的农产品加权平均后的价格为外生变量且短期不变；第四，在种植阶段过程中农户无法改变两种产品之间的数量比例；第五，双方的违约率与违约带来的收益呈正比例关系；第六，交易双方是完全理性的。

模型表示如下：

$$I=p_1x_1+p_2x_2\text{；}\ \overline{C}=\frac{x_1^2}{\alpha^2}+\frac{x_2^2}{\beta^2}$$

其中，x_1 表示供出售的农产品的数量，p_1 表示其市场价格；而 x_2 与 p_2 则表示农户自用的农产品的数量与相应的价格，实际上 x_2 与 p_2 是多种农产品数量和价格的加权平均数；而 α 表示农户种植供出售产品的擅长程

① 聂辉华．最优农业契约与中国农业产业化模式［J］．经济学（季刊），2012（1）．

度，也可以表示为农户种植某种产品的集中程度；β 表示农户种植供自用产品的擅长程度，也可以表示农户种植农产品种类的分散程度；$\overline{C}$表示农户拥有的要素约束。

（二）固定定价方式

在单维度农业契约的价格制定方式上，最为常见的定价方式是远期固定价格定价方式，其往往以农产品收购意向书的形式表现出来，即在种植的初始阶段，由收购方以既定价格向农户约定一笔远期的交易合同。定价方式包括固定价格、随行就市以及保底收购等。本节以固定价格为例进行分析，在种植前阶段，收购方以 p_1 的预定价格向农户发出要约，经过双方协定后该合同生效。农户在收到此要约后，必然根据自己的生产能力来决定一个成交数量①，在完全理性以及完全信息的情况下，农户的选择可以表示如下：

$$\max\ I(x_1, x_2) = p_1x_1 + p_2x_2$$

$$s.t.\ \overline{C} = \frac{x_1^2}{\alpha^2} + \frac{x_2^2}{\beta^2}$$

解可得：$x_1 = \alpha p_1\sqrt{\dfrac{\overline{C}}{p_1^2+p_2\beta}}$，$x_2 = \beta p_2\sqrt{\dfrac{\overline{C}}{p_2^2+p_1\alpha}}$

当农户完成种植阶段后，市场价格必然发生变动，假设市场价格为 $p'_1 > p_1$，此时农户若是违约则有利可图；反之则相反，其违约的收益即为其可以吞噬的准租金份额。此处用 R 表示：

$$R = (p'_1 - p_1)\alpha p_1\sqrt{\frac{\overline{C}}{p_1^2+p_2\beta}} = \Delta p\alpha p_1\sqrt{\frac{\overline{C}}{p_1^2+p_2\beta}}$$

我们是在远期固定价格且没有相应赔偿机制的情况下进行分析的，因此，在一次有效且没有赔偿机制的农业订单中，基于理性人选择，农户会

① 一般情况下收购方会与多个农户签订收购合同，该合同约定的数量将在这些农户之间进行分配，而农户则会根据自己的要素禀赋以及生产能力来承担自己的份额。

吞噬该准租金份额，反之则农业企业违约吞噬准租金。若这份准租金份额并不大，那么交易主体或许还会受到其他因素的影响，即受到声誉、下次合作机会等其他条件的影响而不能完全理性选择，但若这份准租金份额足够大，这份单维度农业契约基本上是无法履约的。故我们选择以准租金份额大小来界定其违约倾向，并进行下一步的比较静态分析。

通过静态分析，$\frac{\partial R}{\partial \alpha}>0$，$\frac{\partial R}{\partial \bar{C}}>0$，$\frac{\partial R}{\partial \beta}<0$，我们可以发现：农户种植的专业化程度越高，意味着在其他条件不变的情况下，其可以创造出更多的准租金；同理，农户的要素禀赋越多，其创造准租金的能力也越强，而农户若是种植十分分散，其创造准租金的数量就较少。这意味着面对一次性的无违约金合同时，生产能力偏弱的小农户往往比生产能力较强的大农户更不容易违约。此外，$\frac{\partial R}{\partial p_1'}>0$ 意味着市场价格偏离约定价格的水平越高，农户违约的可能性越大，这一点毋庸置疑。

单维度农业契约中仅仅约束交易层面的经济行为，故在农业订单条款中，唯一能够实现有效控制的因素就是远期的固定价格 p_1，我们能否通过制定相对合理的固定价格来避免订单农业的不稳定性呢？我们通过对$\frac{\partial R}{\partial p_1}$的分析来论证这一点。

$$\frac{\partial R}{\partial p_1}=\frac{\partial\left[(p_1'-p_1)\alpha p_1\sqrt{\frac{\bar{C}}{p_1^2+p_2\beta}}\right]}{\partial p_1}$$

$$=\frac{\partial\left(p_1'p_1\alpha\sqrt{\frac{\bar{C}}{p_1^2+p_2\beta}}\right)}{\partial p_1}+\frac{\partial\left(p_1^2\alpha\sqrt{\frac{\bar{C}}{p_1^2+p_2\beta}}\right)}{\partial p_1}$$

$$=\alpha p_1'\left[\left(\frac{\bar{C}}{p_1^2+p_2\beta}\right)^{\frac{1}{2}}+p_1^2\left(\frac{\bar{C}}{p_1^2+p_2\beta}\right)^{-\frac{1}{2}}\right]-\alpha p_1\left[2\left(\frac{\bar{C}}{p_1^2+p_2\beta}\right)^{\frac{1}{2}}+p_1\left(\frac{\bar{C}}{p_1^2+p_2\beta}\right)^{-\frac{1}{2}}\right]$$

$$=\alpha\left[\left(\frac{\bar{C}}{p_1^2+p_2\beta}\right)^{\frac{1}{2}}(p_1'-2p_1)+p_1^2\left(\frac{\bar{C}}{p_1^2+p_2\beta}\right)^{-\frac{1}{2}}(p_1'-1)\right]$$

由于α，$\left(\frac{\bar{C}}{p_1^2+p_2\beta}\right)^{\frac{1}{2}}$，$\left(\frac{\bar{C}}{p_1^2+p_2\beta}\right)^{-\frac{1}{2}}$均大于零，故$\frac{\partial R}{\partial p_1}$的正负性由（$p_1'-2p_1$）以及（$p_1'-1$）决定，但这两者的正负性均为不确定，故$\frac{\partial R}{\partial p_1}$也无法确定正负性。

故通过分析我们发现，远期固定价格对契约稳定性的影响无法确定，故唯一能够控制的要素无法起到稳定合同关系的作用。实际上，由于单维度农业契约仅仅限制交易层面的经济行为，其没有对交易双方的实际产出起到提升的作用，故单维度农业契约实际上是一种零和博弈，若是一方收益，则另一方必然会承受损失。在合同支付阶段，违约方会认为准租金是市场机制运行的结果，故自己选择吞噬准租金的行为是无可厚非的；而另一方会认为这部分准租金是自己通过契约实现确定的收益，对方吞噬准租金的行为属于侵害自己的应得利益。

（三）准租金份额的进一步界定

上节我们论述了准租金份额对单维度农业契约稳定性的影响，我们在这里对准租金的份额界定进行进一步的分析。准租金份额分配有一个必要的前提，即双方要对准租金份额有一个共同的认识，若是甲试图和乙分配总份额为 100 的准租金，而乙则认为准租金总份额不应该是 100，而应该是 120，则可想而知双方的协调结果。

单维度农业契约十分有趣的一点在于：在农产品市场特有的短期价格不稳定特征下，农户方面即便认可准租金通过契约事先的界定属于农业企业，其也会在支付之时认为自己不吞噬这部分准租金是自己的损失，即在农业生产的过程中，订单农业交易双方主体根本无法就准租金份额的总额达成共识，原因如下：

还是假设 $p_1'>p_1$，由于 p_1 为合同远期预定价格，则农户依照此价格根据自己的要素禀赋以及生产能力选择最优生产比例，其会选择 A 点进行生产。

$$x_1=\alpha p_1\sqrt{\frac{\bar{C}}{p_1^2+p_2\beta}}，x_2=\beta p_2\sqrt{\frac{\bar{C}}{p_2^2+p_1\alpha}}$$

但是在合同支付期间，其会认为若是根据短期价格 p'_1的话，应该选择在另一个 B 点而非 A 点进行生产，应该生产更多高价格的 x_1，并减少低价格 x_2 的产量，而正是这份农业订单限制了其协调生产的能力，使其蒙受了损失。此时 B 的产出比例应该如下：

$$x'_1=\alpha p'_1\sqrt{\frac{\bar{C}}{p_1'^2+p_2\beta}}，x'_2=\beta p_2\sqrt{\frac{\bar{C}}{p_2^2+p'_1\alpha}}$$

则农户认为这份农业订单除了为他带来份额为 $R=\Delta p_1x_1$ 的准租金以外，还为他带来了数额为 $R'=p'_1\Delta x_1+p_2\Delta x_2$ 的损失，故其认为吞噬一部分乃至全部的准租金是为了弥补自己的损失，而农业企业无疑不可能认可农户这种行为。

最为关键的一点在于：若是没有这份农业订单的存在，则这部分准租金根本就不会出现，而缺乏相应赔偿机制的订单农业从理论上来说，一方面没有造成实际的产出，另一方面造成了实际的违约风险，故其具有内生性不稳定特征，且这种不稳定特征甚至无法通过订单农业自身的修正来消除，这部分将在下面进行详细的论述。

（四）实证数据

虽然单维度农业契约有着内生性的不稳定，但现实生活中，不稳定的因素是一个变量，在某些情况下，单维度农业契约可能会相对较为稳定，交付情况较好；在另外一些情况下，农业订单可能会相对不稳定，出现大范围的违约现象。这一节将对影响订单农业稳定性的因素进行分析。在前文的数理分析中，我们以准租金的份额来衡量农业订单各个生产经营主体选择违约的倾向，得出了以下的结论：农户种植的专业化程度越高，意味着在其他条件不变的情况下，其可以创造出更多的准租金，使得其有更高的倾向去选择违约；同理，农户的要素禀赋越多，其创造准租金的能力也越强；而农户种植的专业化程度较低，其创造准租金的数量就较少，这部分农户也会较少选择去违约。

在分析单维度农业契约稳定性影响因素的实证分析方面，由于影响因素，包括产品质量、契约存在与否、契约的可调整性、双方之间的信任程度、相对价格、合同覆盖相对服务等内容都难以量化，故数据难以搜寻，需要大范围、长时间的持续调查问卷方式来获得这些数据，此外，即便是我们有能力进行如此的调查，也难以保证农业生产经营主体可以准确地表达这些难以量化指标的因素对它们的农业订单稳定性的影响。

匈牙利学者 Zolian Bakus 等在 2012 年对匈牙利国内最大的农业合作商社的调查过程中①，有效地利用了该合作社的数据库，并以此进行了相关分析。通过构建多元 OLS 模型，实证分析了影响农户与农业合作商社合作意愿的因素，并得到了以下的结果，以 1 为最不重要，6 为最重要，则影响单维度农业契约即农业订单稳定性的因素排列如表 5-1 所示。

表 5-1 影响因素重要程度

重要程度	量化	因素名称
最为重要	6	愿意收购的数量，是否签订正式合同，合同的协商机制，收购方的信用水平
次等重要	4~5	是否根据农户情况签订独立合同，收购方提供的相关服务
比较重要	3~4	收购的价格，收购方提供的投资，收购方提供的运输服务
几乎不重要	2~3	收购方的支付速度，农户的合作习惯

资料来源：Zoltán Bakucs，Imre Fertõ & Gábor G. Szabó. Benefits of a Marketing Cooperative in Transition Agriculture［J］. Society and Economy，2012（34）：453-468.

在 Bakus（2012）等的研究中发现了几个十分有趣的现象：第一，传统意义上可以加强农户合作意愿的专用性投资对订单农业的影响难以确定甚至在部分农产品的数据中显示出了负的影响；第二，农户似乎不是很在

① Zoltán Bakucs，Imre Fertõ & Gábor G. Szabó. Benefits of a Marketing Cooperative in Transition Agriculture［J］. Society and Economy，2012（34）：453-468.

意农业企业的支付速度，但农户心中的远期收益的折现因子似乎很大；第三，农户对收购方愿意一次性收购的数量十分在乎，但是似乎对价格显得并不是十分在乎，或者说，预定价格对农业订单稳定性的影响不明确；第四，农户最为在意的条款是农业订单中的协商机制，即农户对保留自己讨价还价能力的意愿十分之强；第五，专业种植能力强的农户违约可能性大，分散种植的小农户不那么可能会违约。

下面通过列表的形式，将这份实证回归的结果表示出来，合同的稳定性为被解释变量（见表 5-2）。

表 5-2　影响因素回归结果

自变量名称	蔬菜市场	水果市场	粮食市场	总体
要素禀赋总量	-0.001*	—	-0.07*	-0.001*
专业种植能力	-0.122***	0.162	-0.274*	-0.36**
种植分散程度	0.033**	0.305***	0.286***	0.052**
收购方信用程度	0.047*	-0.185	—	0.002
竞争对手数量	0.034*	0.031	0.165*	0.008
买方数量	-0.007**	0.009	-0.114	-0.03**
合同的存续期	0.744***	-2.523	-0.209	0.275**
方程的拟合程度	0.3571	0.2013	0.243	0.48

注：* 表示 $p<0.1$；** 表示 $p<0.05$；*** 表示 $p<0.01$。

资料来源：Zoltán Bakucs, Imre Fertõ & Gábor G. Szabó. Benefits of a Marketing Cooperative in Transition Agriculture［J］. Society and Economy, 2012（34）：453-468.

通过表 5-2 我们可以看到，唯一在所有农产品市场都显著的因素是农户种植分散程度，且都起到正的影响，在符号上具有统一性的自变量还包括要素禀赋总量以及竞争对手数量，参数较为显著的自变量包括专业种植能力、种植分散程度、买方数量以及合同的存续时间。

（五）单维度农业契约特征总结

如上文所述，在农业契约进行数理或是计量分析时，由于有效数据难以收集且难以量化的原因，学者鲜有选择这种方法进行分析的，更多的是通过逻辑推理进行理论分析，可以看到，虽然 Bakus 的实证分析得到了一定的结果，但是其总体回归方程的拟合程度均没有超过 50%。接下来我们就农户专业种植能力、农户拥有要素禀赋总额、分散种植能力、竞争以及买方数量进行总结分析。

农户专业种植的能力越强，则其在签订合同到支付标的物这段时间之内能够创造准租金的能力也就越大，同时其抗击报复打击的能力也越强，故专业化的农户并不能保证农业订单合同的执行，反而会导致其更高的机会主义倾向；农户拥有的要素禀赋总额越高也是如此。需要重点说明的是农户分散种植的能力，分散种植与其说是农户的选择，倒不如说是农户拥有的规避风险手段。对于一个未来收益不确定的农户而言，分散种植多种作物是其用来规避未来收益较低时的一种风险规避手段，因为若是其种植的作物种类越多，其就越不需要到市场上去购买这些作物，从而避免支出自己本来就已经很少的收益。因此农户分散种植的能力可以被认为是农户的风险承担能力，越没有承担风险能力的农户自然越愿意在远期就通过签订订单农业的方式来确定自己的收益，从而减少自己要承担的风险。

竞争对手越多，则执行契约显得更为有利，因为若是自己毁约，对方可以轻易地寻找到下一个合作对象，而自己则会被认为是言而无信的，从而减少未来自己与其他合作伙伴建立合同关系的可能，这是一种损人不利己的行为；而买家越多，则明显自己更容易寻找到一个比现有合作关系更为有利的合作关系，从而有更多的激励不执行现有的农业订单。

四、单维度农业契约稳定性的实证分析：以订单农业为例

（一）模型的建立

为了分析单维度农业契约稳定的影响因素，明确影响因素对契约关系稳定影响的显著性，我们对山东莱阳周边400户参与了订单农业的农户发放了问卷，有效问卷回收368份，回收率为92%。

在调查中，我们通过农户的履约率来定义契约关系的稳定与否，将75%以上的履约率定义为关系稳定，将75%以下的履约率定义为关系不稳定①。所以可以选择二项 Logistic 模型来分析契约关系稳定性的影响因素。在这里，我们定义 $i=1$ 为契约关系稳定（75%以上的履约率）；$i=0$ 为契约关系不稳定（75%以下的履约率）。根据影响订单农业的一般因素，我们选择了6个解释变量。所有解释变量和因变量的含义与取值如表5-3所示。

表5-3　实证模型变量说明

变量	含义	取值
因变量		
	契约关系状况	稳定（75%以上的履约率）=1，不稳定（75%以下的履约率）=0
解释变量		
x_1	农户规模大小	主要农产品年销售额
x_2	农产品价格波动程度	在10%范围内波动=1，在10%~20%范围内波动=2，在20%~50%范围内波动=3，在50%以上范围内波动=4

① 郭红东．龙头企业与农户订单安排与履约：理论和来自浙江企业的实证分析［J］．农业经济问题，2006（2）：39.

续表

变量	含义	取值
x_3	农户对合作的认知	不重要=1，重要=2，非常重要=3
x_4	农户和龙头企业达成契约的心理预期	达成的共识很少=1，达成的共识较少=2，达成的共识较多=3，达成的共识很多=4
x_5	产品专用性	完全自我决定生产=1；部分自我决定生产=2；完全按照订单生产=3
x_6	交易成本 （1）谈判 （2）履约	合同订立很不顺利=1，合同订立比较顺利=2，合同订立很顺利=3

（二）模型回归结果

使用 SPSS 14.0 统计软件，把所有变量都纳入方程，得到影响契约关系稳定性的二项 Logistic 模型的实证结果（见表 5-4）。模型的卡方值为 48.375（$p<0.01$），表明模型整体上具有显著性意义。

表 5-4　影响订单农业契约稳定性的 Logistic 模型估计结果

解释变量	B	Wald	Sig.	Exp（B）
常数项	0.078	1.150	0.939	
x_1	1.892*	0.638	0.002	7.311
x_2	-0.325*	3.398	0.039	0.712
x_3	-0.265	0.435	0.541	0.767
x_4	0.140	0.339	0.686	1.142
x_5	0.350	0.316	0.271	1.398
x_6	0.869*	0.328	0.007	2.379
	0.709	0.589	0.229	2.041

注：①Cox and Snell=0.209，Nagelkerke=0.250，Chi-square=48.375，Sig.=0.000；②*表示在 0.05 的显著性水平下显著。

根据 Logistic 模型的估计结果可知：

第一，农户规模大小和农产品价格波动都对单维度订单农业契约关系稳定性有显著影响。且农户规模的影响为正，农产品价格波动的影响为负。即农户规模越大，契约关系越稳定，价格波动越大，契约关系越不稳定。

实际上，从博弈的角度也有结论：要使两个组织合作关系稳定，双方合作的利润分成比例的理论极限值为 $\lambda=1/231$。也就是说，只有在成员均享未来共同收益时，才没有破坏契约的冲动，从而使关系稳定。而均享收益，要求建立农产品契约的成员实力相当，否则这种关系很难长期稳定下去。因此，规模对契约关系稳定来说至关重要[①]，较大的规模可以为龙头企业提供稳定的货源并能降低龙头企业获取单位货源的成本，所以在买卖双方的重复博弈中龙头企业愿意让利于农户来形成稳定合作关系。Zylbersztajn（2003）应用交易成本理论对巴西东北部 1523 户参与西红柿订单生产的农户履约情况进行的定量研究表明，农户的履约率与农户经营的规模呈正向关系，规模越大的农户履约率越高。孟枫平（2004）也用 shapley 值证明了龙头企业倾向于与大农户合作，并且这种合作关系非常稳固。而从我国目前农村实际发展现状来看，由于农户分散，其规模与实力偏小、偏弱，农户仍旧没有处在一个与龙头企业相称的合理区间内，这就导致了农户和龙头企业的“违约困境”[②]，进而契约关系不稳定。

第二，谈判成本对契约关系稳定性有显著影响，且影响系数为正。这说明交易成本中的谈判成本对契约关系稳定具有重要影响，这和前面的假设也是一致的，即谈判成本越高，契约关系越不稳定，但是履约成本影响不显著。

第三，对合作的认知、心理预期和产品专用性检验结果都不显著。但是，心理预期和专用性都对契约关系有正的影响，即达成的共识越多，契约越稳定；越按照订单生产，契约关系越稳定。而农户对信誉越看重，契约关系越不稳定，这和前面的假设不一致，可能的解释是农户看重信誉，但怕环

① 这里的规模因素包括销售量、资金势力、组织程度等综合因素。

② 周立群，曹利群．农村经济组织形态的演变与创新［J］．经济研究，2001（1）：69-75.

境变化影响收益，所以就不敢冒险参与订单，但这需要进一步研究。

第四，从表 5-3 中还可以看出，影响契约关系稳定性的重要程度上农户规模居首位，其次是谈判成本和价格波动，这说明规模因素、交易成本和价格波动成为影响契约关系的重要变量。

五、单维度农业契约案例分析

我国自 1998 年推广农业合同之后，单维度农业契约在我国农业生产的各个层面都得到广泛的应用，不仅仅是在农户与农业企业之间，也存在于农户与农业合作社、农业企业与农业企业之间等，但效果并不令人满意。一方面，我们不能否认单维度农业契约对我国农业现代化起到的推动作用；另一方面，单维度农业契约低下的履约率①也制约着我国农业进一步由传统农业向现代农业的转变进程。本节我们将通过几个较为经典的案例来对我国订单农业应用现状进行一个相对直观的分析。

案例材料一：远丰油脂公司诉农户案

远丰油脂公司引进了一种新的油菜籽品种，在与某村委会联系后，决定在该村引种此油菜籽。条件如下：菜籽种由公司统一免费供应，产出的菜籽也由本公司统一收购，价格为 1.8 元/公斤。当月，该村 400 户农户都与该公司签订了合同。合同约定的生产面积为 133.3 平方公里，产量为 20 万公斤。

然而到了次年的收获季节，远丰油脂公司仅收到了 42 户农户出售的 1.5 万公斤的菜籽，经过该公司的调查，另一家企业以每公斤 1.9 元的价

① 根据 2002 年的数据，十年前我国订单农业的履约率低于 20%。

格收购了其他农户的产出。当公司向其他农户索赔时，农户只愿意退还菜种款，其他一律不认账，该公司便将剩余的358户农户告上了法庭。

案例材料二：岗王村农户集体诉皖华面粉厂案

在秋种季节的时候，皖华面粉厂和岗王村300户农户签订了166.6平方公里的小麦种植合同。该合同约定：农户种植的小麦麦种统一由厂方出售，价格与其他麦种一样；产出的小麦由厂方统一回收，单价为每公斤高于远期市场价格八分钱。到了次年收购小麦之时，厂方挂出的收购价却和其他小麦价格一样，并对质量提出了原合同条款内没有包括的要求。

农户指责厂方违约，厂方声称按约收购亏损太大，由于该公司是外地的独资企业，乡里和县里协调解决不了，农户便将厂方告上了法院。

案例来源：笔者调研总结。

在一个县级法院，一个月之内就出现了两起关于农户和农业企业之间订单合同的订购纠纷案件，一定程度上反映了我国订单农业发展的困境。在这两个案例当中，农户与农业企业都是直接拒绝履行合同义务，这是完全违约。在订单合同的实际运用过程中，违约的方式可以大体上分为两种：第一种是对合同进行完全违约，即对合同中规定的义务一概不予履行；第二种是在合同框架内进行部分违约，即对合同中规定的部分义务选择履行，但另一些义务则不予履行。

这两种不同的违约方式有着其自身的原因，本节将分为三个不同部分进行论述，首先通过两个不同的案例来分别进行分析，其次使用一个相对完备的订单农业合同案例来说明，最后试图通过农业订单自身的完备来避免违约风险是多么困难。

（一）单维度农业契约的完全违约案例

根据现代民商法精神，随着单维度农业契约的签订，无论是通过口头或是通过书面合同的形式，一旦要约接受方做出接受了要约发出方的要约的意思表示之后，双方就对彼此有着清晰的权利和义务。

一旦某方出现拒绝履行合同约定义务的情况时，契约就出现了违约情况。在之前列举安徽省的两个案例当中，农户和皖华面粉厂分别通过直接和间接的方式表示拒绝履行合同条款。在农业生产经营活动现实当中，单方拒绝履行合同义务从而导致订单合同失效的情况是最为常见的。在上一节的数理模型当中，我们分析的违约情况为完全违约，但是在数理模型中，我们设定的价格制定方式是远期固定价格收购制度，但其具有一般适用性，即我们论证结论，订单农业存在内生性不稳定，即便我们将远期固定价格收购制度改变为随行就市或者是保底收购价格制度，同样无法稳定农业订单。原因在于，更高的价格激励不一定来自市场，还有可能来自其他竞争企业。下面的案例将详细地说明这个问题。

案例材料：松籽价格波动带来的合同失效

某年8月，某农业企业与某农户签订松籽订购合同一份，双方合同约定：

1. 农业企业订购农户松籽4.5万公斤，价格以10月预期价格为基准，农业企业当日支付货款75万元，余款于10月10日交货时付清；

2. 在10月10日前，农户需将货送到农业企业所在工厂检斤验质，交货时不因市场价格涨落而反悔；

3. 如不能按时交付，不履行合同，农户向农业企业承担全部金额的40%违约金；

4. 约定了杂质、湿度等质量问题。

每年松籽的价格基本上都没有多大的变化，可这年松籽的价格不断地上涨到10月7日，此时，另一家农业企业寻找了这些农户，并愿意在市场价格之上再支付5%的收购款，原农业企业很快就收到了农户将松籽预售给他人并已收下订金的消息。

农业企业的雇员找到农户，因供货问题双方发生争吵。农户表示退还预付款，不再把松籽卖给农业企业，并于当日将货款75万元经银行付给农业企业，该企业对此出具收条一份。

同年10月9日，农业企业一纸诉状诉至法院，以该农户违约为由要求农户承担违约赔偿款29.8万元。农户辩称，在合同履行期限届满前撤回预付款，没有履行交款义务，合同已终止，没有违约、不应承担违约责任，要求法院驳回诉求。经法院公开开庭审理双方当庭质证认证，法院认为，该农业企业主张事实清楚，证据充分，其诉求金额在双方约定幅度内，予以支持。依照我国《合同法》有关的规定判决如下：

农户于判决发生法律效力后10日内支付农业企业违约金29.8万元，并承担案件受理费、诉讼保全费。

案例来源：笔者调研资料。

对此案件进行简单分析，可以发现，农业企业和农户在自愿情况下签订了购买松籽的订货合同，双方在订货合同中约定的权利义务平等、意思表示真实，其签订的购买松籽合同符合法律规定，合法有效。且农业企业按合同约定，已经履行了预付全部货款的90%以上，而农户收到付款后却因其他企业高价收购等因素，明确表示不履行购买松籽合同的交付松籽的义务，将收到的预付的货款通过银行返还原告，导致合同不能履行。农户主观具有过错，其行为构成违约，应承担违约责任。双方在合同中约定违约责任，本应共同遵守，由于农户没有继续履行合同的诚意，使农业企业利益遭受损失，由此，认定农户违约，应承担合同内约定的违约责任。

对此进一步的分析我们可以发现，即便是具有更高稳定性的远期价格制定方式——随行就市价格制度，也存在着一定的违约风险。原因是更高的价格激励可能来自收购方的其他竞争者，由于农业订单从理论上来说属于零和博弈，农户并未从订单农业的签订中得到实际的好处[①]，故其在面临更高的价格激励时不存在收益成本分析，其违约无须支付成本，只存在收益。虽然在此案例中农户被判决支付相应的违约金，但是我们可以设想，由工作人员不到百人的中级人民法院民事法庭对一个偏远地区的农户的执行能力能有多少？更多的情况下，这种依靠法律系统来维持的契约可诉性的努力是十分徒劳的。

（二）单维度农业契约不完全违约案例

不完全违约相对于完全违约来说较为少见，一般不发生在农户和农业企业之间，因为不完全违约要求在合同设定的条款中寻找到特意设定或是无意残留的合同漏洞，并以此进行机会主义行为，这对机会主义行为执行人的法律能力有着一定的要求，而农户一般不符合这类要求，故不完全违约一般在农业企业中广泛存在。在这种背景下，交易双方所签订的合同需要双方当事人的一致同意，条款往往显得更难以确定。

但合同的执行需要一定的时间，在此时间内，双方都有可能寻找到合同内容的不完善，并以此寻求机会为自己谋取更多的利益，这种行为在订单农业中经常以买卖合同纠纷的形式出现。下面的案例中双方纠纷时间较长，涉及初级人民法院的初次判决、上诉至中级人民法院的最终判决，原因就在于双方都在极力寻找合同的细小漏洞，并最终加以利用，但对于非法学读者来说，这无疑有一个十分困难的理解过程。

案例材料：湛江市中级人民法院对三餐精米厂诉苗利军一案的最终判决

2011年6月9日，三餐精米厂与苗利军签订了一份《销售合同》，合同约定了产品名称、品种、数量、金额、交货地点和交货时间、质量、包

① 风险规避带来的收益往往并不被农户等生产经营主体所认可。

装费用，并约定结算方式：需方先向供方预付总金额的30%作为定金，之后需方每提货一批结算一次，定金在最后一批货款里抵扣。供方分两批备货，每批为1500包，需方提取第二批货，必须提前两天通知供方备货。双方合同签订后，苗利军在经营期间陆续向三餐精米厂购买大米一批，截至2011年7月17日总货款为454259.77元。三餐精米厂提供17张出货单认为苗利军尚欠货款162090元未支付，经追索付款未果，遂于2012年3月8日向原审法院提起诉讼要求处理。

原审法院经审理认为，本案应属买卖合同纠纷。三餐精米厂与苗利军于2011年6月9日和2010年1月18日签订的《销售合同、订货协议》是双方当事人的真实意思表示，合同内容没有违反法律规定，自双方签订之日起发生法律效力，对双方当事人具有法律约束力，双方应当按照合同的约定全面履行自己的义务。三餐精米厂起诉请求苗利军支付的货款162090元及违约金5000元未付，三餐精米厂虽有提供出货单的证据，但苗利军也有提供出货单凭证的证据，证明全部货款已付清并履行完毕。

从三餐精米厂与苗利军就争讼的162090元货款所提供的证据，苗利军所提供证据的证明力优于三餐精米厂所提供的证据，三餐精米厂提供的17张证据尚不足以推翻苗利军的证据。因此，对三餐精米厂诉讼请求认为苗利军没有支付货款162090元的主张不予支持，应予驳回。

三餐精米厂不服上述判决，向本院提起上诉，后本院经审理查明，三餐精米厂与苗利军于2011年6月9日签订了一份《销售合同》。合同约定：苗利军购买三餐精米厂价值78000元的“米皇新会小农粘米”一批，并约定了产品质量、交货地点、交货时间、结算方式。其中结算方式约定：需方先向供方预付总金额的30%作为定金，之后需方每提货一批结算一次，定金在最后一批货款里抵扣。供方分两批备货，每批为1500包，需方提取第二批货，必须提前两天通知供方备货。双方合同签订后，苗利军在经营期间陆续向三餐精米厂购买大米一批。三餐精米厂提供有17张苗利军签名的出货单，认为苗利军尚欠货款162090元未支付，苗利军也提供同样的17张出货单，认为货款已付清。

另查明，三餐精米厂销售大米分为两种方式：一种为现款销售方式，即顾客交款后，三餐精米厂开出“三餐米业现款销售单”两联，顾客自留一联，顾客凭另一联“三餐米业现款销售单”到三餐精米厂仓库提货，仓库回收此联。另一种为赊销方式，适用于大宗买卖，三餐精米厂开出的出货单为“三餐米业销售出货单”，三餐精米厂根据顾客指定的地点送货上门，买方收到货物后需在一式两联的“三餐米业销售出货单”上签名，证明收到货物，一联买方自留，另一联三餐精米厂存底，用于证明买方收到货物，但尚欠货款。结算时，买方支付货款，收回三餐精米厂留存的另一联“三餐米业销售出货单”。

本院认为，本案系买卖合同纠纷。从双方当事人提供的证据可以证实，双方存在大米买卖事实，并且是送货上门交易，但买卖数量超过《销售合同》的约定，双方当事人也都没有证据证明结算方式按《销售合同》第六条的约定，即需方先向供方预付总金额的30%作为定金，之后需方每提货一批结算一次，定金在最后一批货款里抵扣。可以证实双方当事人没有完全按合同规定进行交易。因此，上诉人三餐精米厂主张被上诉人苗利军支付违约金的诉求，本院予以支持。

综上所述，原审判决认定事实不清，实体处理不当，应予纠正。上诉人上诉理据成立，应予支持。依照《中华人民共和国民事诉讼法》第一百五十三条第一款第二项，《中华人民共和国民法通则》第八十四条、第一百零八条，最高人民法院《关于民事诉讼证据的若干规定》第二条的规定，判决如下：

一、撤销湛江市霞山区人民法院2012、霞民三初字第85号民事判决；

二、限苗利军在本判决发生法律效力之日起十日内，偿还湛江市霞山区粮食企业集团公司三餐精米厂大米款162090元及利息，利息从2012年3月9日起按中国人民银行同期同类贷款利率计算；

三、如未按本判决确定的期间履行给付金钱义务，应当依照《中华人民共和国民事诉讼法》第二百五十三条的规定，加倍支付迟延履行期间的债务利息。

案例来源：湛江市中级人民法院。

此份单维度农业契约范畴下的合同纠纷的最终判决依据来自证据有效性的高低。表面上来看不属于经济学的分析范畴，但从本质上说是苗利军在合同条款没有约束（没有限定交付方式以及确认的方式）的范围内进行机会主义行为，试图谋取不当的收益。

在前文的数理模型中，我们论证的是一次不重复无违约金农业订单，但通过以上的案例，我们会发现单维度农业契约即便是在重复交易的情况下也存在着机会主义倾向风险，因此合同双方应该在签订合同之时就预计对方可能违约的行为并在合同条款内部对此进行预防。而实际上构建一个如此完全的合同是难以实现的。

因为单维度农业契约中使用的采购合同与广泛意义上的各类契约，其条款都永远是不完善的，这是因为未来具有不确定性。有人论述过通过有限理性来预期不确定性并对此进行选择性治理可以有效避免这些不确定性，而实际上，可以被预期到的不确定性就不再是不确定性了。

“未来永远具有不确定性”来自两个方面：一是不知道未来会发生什么。二是不知道如何发生。即便是退一步进行分析，我们假设未来的不确定性可以通过无限重复的协商和谈判来减少到最小乃至为零，此时我们也有理由认为在无限重复的谈判中所消耗的成本使得双方都对此望而止步，因为订单农业实际上并没有为双方带来实际产出的增加，为了减少未来市场风险而支付一定的制定合同成本是具有经济效率的，但花费大量的成本使得合同不确定性减少到为零就没有那么好的经济效率了。

实际上，在制定合同的时候，依靠交易双方的信息收集能力以及在现有市场信息传导能力的条件下，试图依靠交易双方来制定既具有经济效率又相对完备的合同条款是不现实的。只能依靠第三方机构来实现双方信息的对等，甚至直接由第三方机构来提供一套具有可行性的合同模板，但这种合同模板的复杂程度超出大部分人的想象。

（三）单维度农业契约的完备条款内容

在之前的案例当中，我们介绍过湛江市工商局推广的格式化甘蔗收购合同①，由于农户法律观念淡薄等原因，由农户和农业企业协商的订单合同往往会存在让农业企业进行机会主义行为的漏洞，而农户则难以察觉，这允许农业企业利用自己的不对称地位获得更多的收益。因此在农户和农业企业签订订单合同时，农户往往会倾向于使用第三方机构设计的格式合同。

此类合同由第三方机构如地方政府相关部门或农业合作社设计，较原有的单维度农业契约即农业订单合同而言，从合同条款的完备性以及合同双方权利义务的对等性而言，都有着较大的提升。此处选择湛江市工商局提供的甘蔗收购合同样本进行说明，通过这份合同样本，我们可以了解到湛江地区的甘蔗收购合同为何得到了部分范围乃至大范围的应用，但这份合同样本内容之复杂，篇幅之巨大，甚至超过了本章的正文，故将其收录在附录部分②。

此份合同相对于普通的农产品收购意向书而言有着本质的不同，其在生产活动之前就限定了包括甘蔗的种植工艺、产品质量、种植面积、交易数量，并对产品的交售方法、运输渠道等有可能被利用的漏洞用合同条款加以限制。合同还在签订之时就将现有市场价格公开化以供交易双方协商，避免了信息不对称带来的机会主义行为。通过书面的方式确认了双方的权利和义务，虽然条款众多，但真正涉及交易具体内容的条款都以留白的形式供双方协商，使得地方政府不会出现越位行为。此外，该合同还使用大量的篇幅来事先确定协商机制，包括违约处理、指定公证第三方、免责条件等，即在最大可能的限度内完善了合同的具体内容，又为未来的不确定性留出了改进的空间。

最为值得借鉴的地方是，该合同范本还以合同条款的形式鼓励农业企

① 见附录 2。
② 见附录 1。

业对农户进行帮助（详见第四大条），并给予了具体的帮助建议。这种涉及生产维度的条款可以从根本上加强农业组织之间的稳定性，是订单农业未来发展的必然趋势。

六、小结

我国已有的农业经济组织模式中，无论是农业企业与农户之间的合作模式，还是以农业合作社为核心的三方模式，大体都表现为订单农业的具体应用。订单农业作为现代农业的初级阶段，一方面促进了现代农业产业化经营的组织创新和发展，另一方面最终会被更适应现代农业要求的其他农业经济组织模式所替代。其原因在于，订单农业虽然较传统农业来说有了很大的完善，但就其本身来看具有难以修复的问题。在现实中，其他更为先进乃至更高级的农业契约的应用必须以订单农业的广泛应用作为基础前提，只有在最简单的农业契约得到广泛应用的基础上，构建复杂的现代农业契约链才有现实基础。如空中楼阁一般设计一个不考虑现实基础的复杂农业组织模式，是无视客观规律的，因此，我们必须对现有的订单农业契约进行修正，寻找成本低廉、效果良好的订单农业治理机制。

第六章　单维度契约的治理机制

一、理论基础

第五章我们对单维度农业契约进行了全面分析，最终通过数理模型以及案例分析得出了单维度农业契约具有内生性不稳定的结论。但是，我们绝对不能因为其存在着内生性不稳定就抛弃这种农业模式，单维度农业契约广泛应用的订单农业模式是传统农业向现代农业转变的一个必要阶段，我们只有在最简单的农业契约得到稳定之后才能进一步地开发与构建新型农业契约链，并构建新型农业组织模式。因此，目前学者在如何解决单维度农业契约内生性不稳定方面有着十分深入的研究，一般可以归类为两个方面：第一种是从组织模式出发的内生性不稳定研究，第二种是从风险类型出发的治理机制研究，除此之外，还有学者提出了引入其他类型契约的治理方案。

（一）基于组织模式的研究

农业合同的内生性不稳定是制约我国现代农业产业化发展进程的主要因素，其主要表现在缔约双方普遍较高的违约率，对于其原因，研究学者从不同的角度进行了分析。涂国平、冷碧滨（2010）认为，我国现代农业产业组织“公司+农户”模式出现高违约率的主要原因是市场风险的存在，他认为，基于博弈模型下公司和农户重复博弈后达成纳什均衡，由于期望值、违约金、解决的交易费用和农户与公司长期合作的期望得益的变化，公司和农户之间签订的契约存在不稳定性因素而出现机会主义行为。同时，公司和农户只是把市场风险在双方之间进行了转移，风险并没有得到解决或者降低，降低市场风险必须延长农业产业链。

周立群（2001）认为，“龙头企业+农户”组织模式在缓解农户与市场矛盾、创造规模效益方面发挥了重要作用，但是企业与农户的契约关系由于契约约束的脆弱性和协调上的困难造成了较低的履约率。契约关系对龙头企业和农户的约束力较弱，农产品的价格波动明显。由于契约的不完全性，在订立或签订契约的时候难以预测未来农产品价格的变化情况，因此在履约情况下，任何一方都具有潜在的机会主义行为。不管哪一方违约，在成本收益的权衡下缔约双方都选择沉默而不会采取任何有效措施，即契约对企业和农户都缺乏一定的约束力。

由于契约约束的脆弱性和难以协调性而引进农业专业合作社以稳定农业组织之间的契约关系，但是由于农业专业合作社在资金实力和缺乏稳定的销售市场方面存在问题，导致契约不稳定性依然没有得到解决。为了使契约更加稳定，周立群（2002）认为，商品契约比要素契约更稳定。商品契约是指企业按照契约规定的收购价格收购农产品，在农业生产的过程中，企业不仅对农户提供优质的种子，还不定期对农产品的生长过程进行指导和相应的技术支持，并解决农产品的销售问题；要素契约主要是指在生产过程中企业租用农民的土地和劳动力，企业付给农民相应的租金和工资。他认为，在龙头企业对租用的农民土地具有长期的使用权时，商品契约可以实现要素契约的目标。

尤娜莉（2011）从契约的签订时间长短和资产专用性的角度分析，合约的长期性和专用性投资的选择要求有高履约率，而在完全动态信息模型下，要素契约的稳定性有利于提高农业机械化水平并促进农业产业化经营。

（二）基于风险类型的研究

农业合同普遍存在高违约率并且受资产专用性的影响。专用性投资数量越大、期限越长，对企业和农户的契约约束性越大，这就一定程度上加大了违约的成本从而稳定了契约关系。杨明洪（2002）从交易费用的节约和专业化效应的扩散角度对契约的稳定性进行分析，认为事前交易费用和事后交易费用之间的冲突导致龙头企业和农户之间的市场风险转化为了违约风险。再加上契约双方的不对等关系和契约不完全性，以及在契约执行过程中的逆向选择和道德风险的影响，导致了农业产业化经营的效益低下，企业和农户出于不同的利益目标函数而违反原先签订的契约。契约内生的不稳定性、高违约率的出现，是当前现代农业发展过程中亟须解决的问题，违约情况的频繁出现不仅不利于农业生产的正常进行，而且给农户和企业的信誉都带来了负面的影响。农业契约的广泛运用是现代农业的一个重要特征，同样，农业契约与其他普通契约一样都有着无法避免的违约风险，即契约的主体都有着各自的机会主义行为倾向。大致来说，这些风险可以分为两类：第一类是可以通过合同内容的完善来避免的机会主义行为倾向，第二类是无法通过合同本身来避免的机会主义行为倾向。

1. 第一类风险

对于第一类风险，不少学者通过对合同条款的分析提出了治理方案，如史建民（2001）认为，通过完备合同条款确实可以提高合同的履约率。Rusten（1996）认为，合同条款的设计有利于保障合同农业的稳定性，提高农户的履约率。Zylbersztajn（2003）通过一系列的统计分析，得出价格随着市场价格波动的契约比固定价格的合同的履约率要高的结论。薛昭胜（2001）则通过静态博弈分析，得出了当农产品市场价格波动过大时固定价格的订单合同必然会导致违约的结论。郭红东（2005）运用计量模型 Logistic 系统地对订单合同中各类条款对农户履约行为的影响进行了分析，他认为，实施保底收购价的订单的履约率要高于固定价格合同以及随行就市的订单，远期支付的订单的履约率要高于现期支付的订单，订单合同限定了履约奖罚的合同履约率要高于对此没有提及的合同，此外，使用现金作为支付手段的订单的履约率要高于使用其他支付手段的订单。刘凤芹（2003）从重复博弈的角度分析认为，由于存在着预期收益的因素，规范若干次交易的合同从稳定性上要优于仅仅规范一次交易的合同。

2. 第二类风险

相对于第一类风险而言，第二类风险更被学者所重视，因此对第二类风险的治理理论十分之多，比如对农业组织的模式方面的改进理论。周立群、曹利群（2002）认为，组织中介的重要性不能被忽视，他们认为各类三方模式，无论是“龙头企业+农业合作社+农户”模式还是“龙头企业+大户+农户”模式，都可以有效利用农户之间的相互监督以及道德约束来避免机会主义行为，以上的结论是相对于“龙头企业+农户”而言的。郭红东（2005）认为，订单的组织形态对农户的履约率有着明显的影响。商品契约订单中，合作伙伴的不同对农户的履约行为是有影响的。此外，还有对信誉和合作机制方面的改进理论。如徐忠爱、叶祥松（2002）提出的关系型契约理论。郭晓鸣（2006）认为，完善订单农业的运行机制，需要对信用制度的建设加以重视，他认为，应该对信用表现良好的企业和农户给予重点扶持，激励机制与信用挂钩。而尹云松（2003）也认为，要从充分发挥信誉机制的作用和建立信誉体系等方面来稳定契约，还有部分学者如周立群（2002）、张兵（2004）等认为，需要通过政府的一些措施来提高农业契约的履约率，具体来说包括建立农业产业化基金、培育中介组织等。

（三）现有理论的缺陷

从已有的研究方向来看，现有学者对于单维度契约的不稳定性和普遍较高的违约率都是从契约自身上找寻原因和不足的，试图通过扩散原有的组织链和产业链来稳定公司和农户的契约关系。在传统农业中，农业的生产过程从种子的培育、化肥农药的使用到农产品的生长期以及农产品的出售都是由农民独自完成的，但是由于我国传统的小农经济具有分散独立经营、规模较小的特点，对市场信息把握不准确，农民通过农业生产而获得的经济收益较低，产业链上主要的经济收益都在农产品加工、运输等环节。

农民收入低下、农村经济发展停滞不前，政府为了刺激农民的生产积极性、促进农村经济的发展而把“三农”问题置于经济社会发展首位。随着现代农业产业化纵深发展，各种农业产业经营组织在各地兴起，逐步把各类企业引入现代农业产业化的发展过程中，企业分担了原本由农户独自承担的生产风险、市场风险，这也是社会分工的表现。而由于小农户与大市场的矛盾以及企业的加入所带来的负面影响，越来越多的中间组织参与到农业产业链而构成了具有一定联结关系的契约链。

但是，目前我国现代农业的契约链条还处于发展的初期，需要不断延伸和扩展。即使是在中间组织的参与环境下，目前农业组织模式依然表现为单一的交易维度，在生产维度和资源维度两个方面，现有的契约链基本上还没有触及；碎片化的组织设计并不能从根本上改变我国小农经济的生产方式；低端价值链的治理使农产品在市场上缺乏比较优势、市场竞争力低下，从而导致全产业链的整合功能和价值链的升级能力低下。

因此，单维度农业契约的治理机制必须结合我国现代农业发展的现实情况，一方面加快引入不同类型契约的步伐，另一方面要寻找具有可操作性的治理机制，在单维度农业契约内生性不稳定的情况下，这种治理机制不应该以实现完全履约为目的，而应该以追求次优的尽可能履约为目的。

二、订单农业的治理机制

本章试图从两个方面阐释不同的治理机制。一种治理机制是在新古典分析范畴内，通过构建合理的赔偿机制以实现完全违约损失大于完全违约收益从而避免完全违约，以理性人原则来实现履约率的提高。但正如上文一再强调的，在零和博弈的背景下，我们无法在不引入其他类型契约的条件下实现完全履约，只能追求订单农业的次优目标，即尽可能履约，这属于数理分析。另一种治理机制是以避免订单农业的两类风险为出发点，通过引入中介机构的方式实现订单农业的稳定性，这属于理论分析。

但这些治理机制都无法实现契约的完全稳定，即无法追求完全履约的目标，订单农业治理机制的不足之处也在此处，即无论多么先进的治理机制，若是在不引入其他维度契约的条件下，都只能实现农业契约的不完全履约。

（一）单维度农业契约治理机制的数理分析

在数理分析中，我们重点分析最为常见的订单农业的治理机制，即违约金机制。违约金机制几乎随着订单农业一同出现，但其对订单农业的稳定性却没有起到显著的效果，原因在于违约金机制设计得并不完全合理。本节将分析三种不同的违约金机制，包括固定违约金机制、线性相关违约金机制以及非线性违约金机制。

1. 固定违约金机制

在农业订单的制定过程中，出于加强违约成本控制、提高履约率的考虑，往往会在条款中加入违约金项，即拒绝履行契约的一方将向对方支付一笔事先约定的违约金，作为其损害合作方应得利益的补偿。这种违约金机制是最为常见的，但违约金的数额往往难以确定。因为准租金的份额受到远期市场价格的影响，因此无法事先界定。实际上，定额的违约金制度对合同的履约率没有任何影响，通过分析定额违约金 B，在市场价格高于约定价格情况下农户履约收益 I_1 与违约收益 I_2 可以发现：

履约收益：$I_1=p_1x_1+p_2x_2$

违约收益：$I_2=p'_1x_1+p_2x_2-B$

若是 $I_2-I_1=(p'_1-p_1)x_1-B=R-B>0$，则依照理性人假设，农户依然会选择违约，违约金条款实际上没有效果。若是将违约金的数额设置在准租金之上，一方面难以事先界定准租金的份额，另一方面较大额的违约金会导致农户出于风险规避的原因不愿意和农业企业签订契约。综上所述，违约金机制的引入对订单合同的稳定性没有显著性的影响。

2. 线性相关违约金机制

现实生活中，一次有效的农业订单合同在执行阶段往往不是绝对的违约，而是部分违约，或者叫作不完全履约。农户在市场价格高于约定价格时，或者是农业企业在市场价格低于约定价格时，其往往出于种种原因①会愿意按约定价格出售或收购一部分产品，其他部分则在市场上进行。我们将出售给订单伙伴的产品数量份额设为 λ，可证明该份额也是其吞噬的准租金份额。证明如下：

不完全履约的收益来自两个部分：以预定价格出售的 λx_1 和以较高的市场价格出售的（$1-\lambda$）x_1，且 x_2p_2 由于在完全履约、完全违约、不完全履约三种情况下都存在，故没有分析的必要。在农户选择将 $\lambda\in(0,1]$ 份额的产出出售给原交易伙伴，剩下的份额在市场上出售以实现不完全履约时，其收益如下：

$$
\begin{aligned}
I^{u} &= p_1\lambda x_1+p'_1(1-\lambda)x_1 \\
&= [\alpha(\lambda-1)p_1^2-\alpha(1-\lambda)p_1p'_1]\sqrt{\frac{\bar{C}}{p_1^2+p_2\beta}} \\
&= (1-\lambda)(p'_1-p_1)\alpha p_1\sqrt{\frac{\bar{C}}{p_1^2+p_2\beta}} \\
&= (1-\lambda)(p'_1-p_1)x_1 \\
&= (1-\lambda)R
\end{aligned}
$$

即通过如此行为吞噬比例为（$1-\lambda$）的准租金。准租金按照一定的份额在合同双方之间分配，对合同的稳定性以及下一次合作的机会而言要优于准租金被单方全部吞噬。通过合理的违约金浮动制度可以达到这一目的，但该浮动制度并不是线性相关，即设定违约金与违约份额之间的关系为 $b=(1-\lambda)B$，其中 B 为违约金的上限，b 为需要支付的违约金数量，而

① 这些原因十分之多，有些时候是为了下次合作的机会，有些时候是为了维护自己的声誉。

λ 为农户向合同伙伴出售产品的份额。在这种制度之下，农户选择履约、违约、不完全履约的收益 I_1，I_2，I_3 分别如下：

$I_1=p_1x_1+p_2x_2$

$I_2=p'_1x_1+p_2x_2-B$

$I_3=\lambda p_1x_1+(1-\lambda)p'_1x_1+p_2x_x-(1-\lambda)B$

其中：$I_3-I_2=(-\lambda)p'_1x_1+\lambda p_1x_1-\lambda B=\lambda(p_1-p'_1)x_1-\lambda B$

且由于设定 $p'_1>p_1$，则上式必然为负，即在违约金与违约程度线性相关的时候，不完全履约所带来的收益必然小于完全违约，故该制度对合同的稳定性没有显著影响，其不仅不能使农业订单得到完全履约，甚至不能使农业订单事先部分履约。

3. 非线性违约金机制

若设定违约程度与违约金之间的关系非线性，如 $b=(1-\lambda)^2B$，即若农户违约程度并不高，则支付的违约金份额也不高，反之则相反，则 I_1，I_2，I_3 可表示如下：

$I_1=p_1x_1+p_2x_2$

$I_2=p'_1x_1+p_2x_2-B$

$I_3=\lambda p_1x_1+(1-\lambda)p'_1x_1+p_2x_x-(1-\lambda)^2B$

且由证明 1 可得：

$I_2=I_1+R-B$

$I_3=I_1+(1-\lambda)R-(1-\lambda)^2B$

在这种情况下，即使违约金的上限 B 小于准租金的数量 R，也可以使得农户不完全履约的收益 I_3 大于完全违约的收益 I_2，证明如下：

$I_2=I_1+R-B$

$I_3=I_1+(1-\lambda)R-(1-\lambda)^2B=I_1+(1-\lambda)[R-(1-\lambda)B]$

若 $I_3>I_2$，即 $(1-\lambda)[R-(1-\lambda)B]>R-B$

解此不等式可得：

$R-B+\lambda B-\lambda R+(1-\lambda)\lambda B>R-B$

$\lambda[B-R+(1-\lambda)B]>0$

$$(2-\lambda)B>R$$

$$\lambda<2-\frac{R}{B}$$

且由于 $\lambda\in(0,\ 1]$，故 $2-\frac{R}{B}>1$，从而当 $R>B$ 时可以实现 $I_3>I_2$。

这种治理机制可以在违约金数额较小的情况下，使得农户认为较大程度的违约会带来更多的违约金支付压力，从而在 $(1-\lambda)^*$ 这一比例实现不完全违约，即可以保证农户最少支付合同约定交付数量的 λ%。

违约金机制的引入并没有对订单合同的稳定性起到显著效果，使得最优目标即完全履约无法达到的原因在于，该机制并没有改变合同双方的收益函数，上述内容证明了定额与违约程度线性相关的违约金制度均不能使得农户的行为发生改变，而与违约程度非线性相关的违约金机制则可以在违约金上限小于准租金数量时，使农户选择不完全履约而不是彻底违约。

（二）治理机制的理论分析

契约的不完全性、专用性资产的投入、交易环境的复杂性和不确定性、利益分配机制的失效以及交易双方力量的不对等都是影响现代农业单维契约稳定性的重要影响因素，但这些因素难以通过对订单农业的内部修正来排除，但就农业订单的具体条款而言，有两个内容是可以在订单农业的框架内进行改进的。

1. 更为合理的价格机制

大部分农业合同的核心为买卖合同，因此价格的作用不可忽视，农业合同中决定价格的方式主要有三种：第一种是事先固定价格，往往和产品的质量相关，第二种是随行就市，第三种是介于两者之间的保底收购价方式，第三种方式的履约率从统计上来说要优于前两者。保底收购价实际上是稳定了农户的收益而非企业的收益，因此其在避免农户违约行为中有着一定的作为，但是对于企业的违约行为则没有任何的限制。在保底收购价高于现有的市场价格时，该合同能否得到企业的执行完全取决于企业本身。

因此，在签订农业订单时，应该以双方的市场力量来确定价格决定机制，通过保证无法抵御风险的一方的预期收益来保证农业订单的稳定性。若是农户承受风险能力较低，则应该制定保底收购价格来保护农户的预期收益；反之则应该设定远期固定价格，确保农业企业的收益。但是这种治理机制仅仅停留在理论层面上，因为它同时还存在着内部的矛盾，承受风险能力往往和谈判能力成正比，而一般合同的条款都会依照市场力量更为强大的一方的意愿来制定。

2. 完善合同内容

现有的订单合同内容十分简单，大多数只是农产品购销意向书，部分甚至是口头协议，一般在合同的条款中对数量尤其是质量缺乏相应的标准，为日后执行合同留下了许多漏洞，最为关键的是合同一般没有关于违约责任的约定。

因此，通过完善合同内容可以有效地避免第一类风险，即事先通过合同的完备条款来尽可能地避免合作双方通过搜寻合同中的漏洞进行违约的风险。实际上，《合同法》就订单合同建议包含的条款不仅仅是标的物的种类、价格、数量以及交货时间，还包括了违约责任即界定违约成本、解决争议的方法即协商机制，如下所示：

《合同法》第十条：当事人订立合同，有书面形式、口头形式和其他形式。法律以及行政法规规定采用书面形式的，应当采用书面形式。当事人约定采用书面形式的，应当采用书面形式。第十二条：合同的内容由当事人约定，一般包括以下条款：①当事人的名称或姓名和住所；②标的；③数量；④质量；⑤价款或者报酬；⑥履行期限、地点和方式；⑦违约责任；⑧解决争议的方法。

若是订单合同能够以此为模板来设计，其在合同内容的完备性方面无疑能够得到一定提高。然而，即便是这样，其也仅仅是避免了第一类风险即由不完全契约内容所带来的风险，但对于第二类风险则无能为力。

对于订单类合同的第二类风险，引入其他维度的契约条款往往是必不可少的，虽然完善合同内容可以在原有合同条款内提高履约率，但并没有解决其内生性不稳定的问题。订单农业是一种最为简单的农业契约，随着农业经济活动的不断发展，自然会进化为更为复杂、涉及多个经济活动维度的契约关系。

3. 正确处理农户与农业企业的关系——引入第三方协调机构

在现代农业产业化发展过程中，不管是契约的不完全性还是对农业生产的专用性投资，抑或是外部环境的复杂性和不确定性，要一定程度上防止机会主义行为动机的出现，首先就应该正确处理好农户与企业的关系。农户与企业的关系一旦得到了较好的处理，就有利于其在稳定交易关系的前提下实现“双赢”的局面。农户与企业是现代农业生产的两个重要的经济主体，为了更好地处理两个主体间的利益关系，各种中间组织逐步加入到农户与企业之间。然而中介组织的加入一定程度上缓解了农民与企业的冲突和矛盾，但是第三方的加入难以解决由于不完全契约和不确定性因素带来的持续性和复杂性问题。

从上文的简述中可知，单维度契约的稳定性受契约自身的不完全性、资产的专用性投入、交易环境的复杂性和不确定性以及利益、风险机制的不完全性等因素的影响。契约的不完全性，在农产品的交易过程中尤其是长期交易条件下，农户抑或是企业都不能对未来可能发生的情况做出尽可能准确的预测并写入契约中。因此，契约的不完全性为契约双方的机会主义行为动机提供了机会，不管是农民还是企业，违约情况的发生都不被法律或者第三方组织所重视，因为单个农户与企业的交易量太小以至于农户或者企业在针对另一合作方的违约行为提出诉讼时所得到的收益总是低于其付出的代价。为此，通过重复博弈在企业和农户之间引入中间组织来缓和企业与市场紧张的关系。一般情况下，中间组织的加入从长期合作的利益考虑会一定程度上降低农户采取机会主义行为动机，而且，中间组织参与到农户与企业之间可以改变企业面对较多分散农户的状况，减少企业的交易成本。因此，新的组织形态的构建有利于契约关系的稳定，在现代农业产业化发展进程中引入中介组织来稳定契约关系具有一定的实践意义。

对订单农业稳定性的直接影响因素——准租金其实是社会分工的结果。根据亚当·斯密提出的分工理论，社会分工细化可以促进在经济活动中各个主体都实现其规模经营，有利于生产成本的降低、收益的提高以及最终形成规模经济。正如上文所述，若是订单农业在没有收益的情况下增加了制定合同的成本以及带来的违约风险，那为何还要使用这种交易方式呢？原因在于由于农业生产的分工，单独的农户或者农业企业都无法独立完成最终零售产品的生产，它们必须通过与彼此的合作才可以完成产品的最终生产，但两者之间需要一个中介组织来稳定合作关系。

一方面，如果在“公司+农户”模式中引入农业专业合作社或者大户、协会等，这些中介组织大多来自民间，与农民有着密切的联系，同时对于农民进行农业生产有一定的监督和约束作用，可以降低农户机会主义行为出现的概率；另一方面，中介组织把单个分散经营的农户组织起来，与企业进行谈判、交易，增强了其谈判优势，节约了交易成本。如合作社等第三方中间组织的加入，它们并不进行农业生产活动，具有足够的时间和经验来应对企业的机会主义动机，在专业合作社的监督下，农户对企业的信息了解得更全面，一旦企业违约便失去了农户对其的信任，在以后的交易过程中将会带来更大的损失，即利用信誉机制来稳定契约关系。

三、单维度农业契约不稳定的原因

在上面的“订单农业的治理机制”这一小节中，我们详细论述了现有的治理机制的效果，其中应用最为广泛的线性相关以及定额的违约金制度被证明对稳定单维度农业契约而言是毫无效果的，而改进后的非线性相关违约金制度也不能实现交易维度农业契约的完全履约，仅仅实现了次优结果，即不完全履约。

我们运用了数理模型以及案例分析来说明订单农业是具有内生性不稳定的，但通过数理分析我们仅仅得出了其不稳定的原因来自其零和博弈的性质，这仅仅停留在新古典范畴的分析，难以解释现实情况。若是并未带来收益又额外增加许多违约风险，并带来了相应的制定合同的成本，那么这些农业订单一开始就不会被应用在实践当中。在本节，我们运用制度经济学的不完全契约理论对订单农业的不稳定性进行进一步的分析。我们认为，在现实生活当中，订单农业不稳定的原因有以下几点：①合同内容的不完善即农业订单的不完全性；②资产专用性带来的吞噬准租金可能；③复杂的外部交易环境对订单农业的影响；④不完善的收益机制——农业生产经营主体收益不公；⑤交易双方市场力量不对等带来的市场失灵。

（一）农业订单的不完全性

不完全契约理论是在 GHM 模型中创立并以对财产权和剩余控制权最佳配置为研究目的，即解决组织内部决策权的配置问题。经济学意义上的不完全契约与法律意义上的不完全不同，经济领域上的契约不完全性是指不能充分考虑各种可能现象的发生，即契约没有充分的状态依赖。而在法律意义上的不完全主要是指如违约赔偿情况发生时，在契约中没有明确指出具体是由哪一方负责，在责任界定方面不够清晰。而农业合同内容的不完全性是导致农业订单不稳定、高违约率的主要原因。

1. 不完全契约

契约分为完全契约和不完全契约，完全契约是指契约中包含所有可能发生的情况，但是在现实社会中完全契约只是一种理想状态。由于经济人的有限理性和机会主义行为，完全契约是不可能实现的；理性经济人的有限理性和机会主义行为、市场信息的不完全和交易事项的不确定性加大了完全契约的拟定成本，这也一定程度上决定了不完全契约必然存在。基于对契约不完全性的分析，完全契约和不完全契约的根本区别就在于：完全契约在拟定契约的时候就考虑到了各种情况并将它们写入契约中，对于完全契约的履行只要加大对事后的监督即可；而不完全契约与完全契约不同，它无法把生产交易中的各种情况都写进合约中，从而导致在实施的过程中缔约双方总是对其所拥有的权利和义务处于重复博弈、重复谈判的过程中。

关于契约的不完全性最早是在科斯《企业的性质》中提到的，由于预测的困难，关于商品或劳务供给的契约期限越长，那么对买方来说，明确规定对方该干什么就越不可能，也越不合适。契约期限的长短与契约内容的完整性有直接的关系，如果契约的期限越短，则在契约履行期间对于发生的情况可以预见并写进契约的概率越大，缔约双方在设定契约各项权利和义务投入的成本越低；相反，如果期限越长，契约设置的成本越高，而且长时间内可以预见的变化具有不确定性，若想要在契约中明确规定双方的权利和义务几乎是不可能实现的。在新古典理论的假设中，对契约理论的研究是建立在完全信息的基础上的，研究者们认为，只有在合约双方都具有完全信息的情况下，契约或者长期契约才得以存在。

现代契约理论放松了对新古典理论的要求，即使是在当事人之间存在信息的不均衡，契约同样也可以产生。在信息不对称以及市场环境不确定的情况下，主要从三个方面来解释契约的产生：第一，在外部环境的复杂性和不确定性条件下，由于有限理性，人们能够预想到的事情或情况较少，尤其是对于期限较长的契约来说，人们不可能预测到未来所有会发生的事情；第二，假设合约双方能够做出单个的计划，他们也很难就这些计划达成最终协议，因为语言上的模棱两可和不清晰难以使得合约双方通过一种共同的语言来描述各种情况和行为，从而造成契约条款的不清晰，这将会带来机会主义行为；第三，如果在契约实施的过程中无论哪一方违约，能够满足缔约双方的语言优势并不一定能够使第三方清晰了解契约中所代表的含义，这就给第三方维持契约履行产生了不利影响。

2. 单维度农业契约的不完全性

不完全契约理论的一个基本概念是契约双方可以通过完善契约或是合同的内容来避免一定的风险，可以将双方能够考虑到并可以通过合同反映出来的风险通过事先约定的方法来避免。但是这个概念在单维度农业契约中却往往得不到实现，单维度农业契约往往是通过口头协议的形式确定的，即便是书面合同确定的契约，往往也仅仅说明交易标的物的种类、数量、价格以及交货的时间。

之所以单维度农业契约往往显得如此简单，原因就在于：交易双方并没有一个共识，即事先谈判所避免的风险最终可以为双方都带来好处。在缺乏这种共识的情况下，尤其是相对于农业企业而言，谈判对于农户来说往往是一件十分陌生的事情。他们更愿意进行简单的现货交易，即便是在远期交易合同中，农户也不过是认为在一份格式合同上签上自己的名字，然后在特定的时间段交付特定的产品而已。因此，在这种背景下，由于合同的内容不可能完善，在日后执行契约的时候，双方都会寻找可以利用的漏洞，在违约收益大于违约成本的时候，无论是农业企业还是农户都会毫不犹豫地选择违约。

农业的生产是一个长期持久的过程，即要把农业生产全过程中发生的所有事项都计划在契约中并规定农民与企业的权利与义务，是很难达到甚至是无法达到的目标。农民与企业关系不对等，农民一直以来都处于农业生产的底端，他们把所有的精力和时间都投入到了农业生产的过程中，对于市场信息的掌握和处理能力，尤其是对于农业市场价格一直都处于被动接受的一方，农户们难以根据市场上的信息合理科学安排农业生产，只是一贯按照盈亏状态来决定下一期生产什么、生产多少，难以根据市场的供求关系来进行农业生产。相反，对于企业来说，完善的企业组织形态可以促使其更好地了解市场需求并做出科学的预测。总之，长时间的农业生产过程以及缔约双方地位的不平等就决定了订单农业的契约存在极大的不完全性，因而导致了契约不稳定和高违约率。

（二）资产专用性带来的机会主义行为

单维度农业契约的不稳定、履约率低下还受资产专用性的影响。资产专用性建立在不完全契约理论基础上，由特定的经济主体控制或拥有用作特定用途的资产，若用在其他用途上则无法给经济主体带来最大的经济收益。资产专用性越强，越加大了契约的违约成本，契约双方在经过成本收益的权衡之后，会做出收益最大、成本最小的选择，这就一定程度上提高了契约的稳定性。

资产的专用性最早是用在人力资本专用性的研究方面。人力资本的专用性是指投入工作中的、具有某些专门技术、工作技巧或者拥有某些特定信息的人才。当这些具有专门技术、工作技巧和特定信息的雇员离开其工作岗位时，将会妨碍正常的生产运行，并给组织或者企业带来巨大的损失。威廉姆森把资本的专用性引入对交易行为的分析中，他认为在交易活动中，由于人们的有限理性和机会主义行为存在，需要设计一个相应的治理机制来规范这些交易使其达到降低交易费用的效果。

1. 资产专用性投资的来源

交易中的不确定性、交易的频率和资产专用性是区分不同交易的三个维度，其中，资产的专用性是最重要的标志。资产专用性对于交易行为具有重要作用，主要表现在：资产交易的专用性即在不同的交易中要求资产具有一定的专一性，一旦资产投入到生产经营中却没有带来一定的效益，则专用性的资产价值无法收回，这就造成了沉没成本，这是专用性资产区别于一般性资产的重要特征；资产专用性会改变契约的性质，在交易过程中，市场环境的复杂性和不确定性，任何一种交易行为的发生都不能维持原有状态，这与资产专用性的耐久性投资支持有关。专用性资产的投入对于交易双方都会产生一定的效用，因此专用性资产的投入为合同双方履行契约具有潜在的推动作用。资产的专用性是在不完全契约的背景下表现出来的，由于契约的不完全性，交易双方的利益矛盾和冲突不能在事前得到解决，这就导致了事后交易双方采取机会主义行为，从而使得专用性资产难以达到最优，市场的纵向一体化选择成为必然。

2. 吞噬准租金的“敲竹杠”行为

资产专用性会造成事后机会主义行为动机的出现，即交易过程中一方利用契约的不完全性占用另一方的准租金，即“敲竹杠”。“敲竹杠”是由于资产专用性投资所带来的可占用性准租金，人们为了追求利益的最大化，会以违反合约作为代价来获得租金的最大化。在农业生产中，这不仅仅局限于长期契约，还会扩散到短期契约中。由于农产品的特殊性，即季节性和受自然环境的影响，如果由于某种原因而错过了农作物的种植将会给农民带来巨大的损失，同时也给了农产品加工企业对农户“敲竹杠”的机会。

例如，制糖厂和种植甘蔗的农户签订契约，种植甘蔗需要一定的气候、地形、土壤等条件，当农民种植甘蔗的时候就错过了种植其他农作物的最佳时期。同时，甘蔗不卖给制糖厂而转为他用的话将大大减少农民的收入，这就一定程度上导致种植甘蔗的农户会被“敲竹杠”。其实，“敲竹杠”的行为并不仅仅是利益分配机制的不完善，而是由其引发的各种保障机制的设置造成了生产效率低下、损失较大以及资源的浪费等，从而导致契约的失效。

（三）外部交易环境对订单农业的影响

外部环境的复杂性和不确定性是农产品交易弱稳定性的重要原因之一。交易的不确定性、信息不对称和信息不完全对利益的正常分配产生负面影响，而农产品市场则是以上三种情况同时出现，故外部环境的复杂性导致订单农业中契约关系的相对不稳定。

1. 不确定性因素

不确定性因素的分析最早来自奈特（1921）《风险、不确定性和利润》，通过对事后结果的可预见性来区分风险和不确定性。他认为，风险和不确定性最主要的区别就在于，风险是一种概率问题，可以通过数字表现出来，而不确定性则无法通过数字表现出来。不确定性主要是指人们对事件缺乏一种基本的认识，不可能借助于现有的理论和经验进行定量分析。而且，风险与不确定性还存在一个截然不同的特征：风险不能为经济行为人提供获利的机会，而不确定性的存在却为经济行为人获利提供了可能。

因此，奈特认为不确定性是一种知识的不完全。市场上企业之所以产生，在奈特看来，是因为市场上风险爱好者从风险规避者那里获得较大的不确定性控制权并保证他们的工资，即在企业制度下，企业管理者因为承担了风险而获得经济剩余，而工人通过把风险转嫁给管理者获得工资。现代农业在生产经营中，不管农民与企业签订的是商品契约还是要素契约，通过契约的签订，农户承担的风险部分转嫁到企业从而得到相应的报酬，这在要素契约中表现得更为突出。

要素契约是指企业通过合约的方式从农民那里获得土地的使用权，并把土地承包给农户进行农业生产。此时，农民不是传统意义上的农民，而是企业的工人，农民的收入来源于两个方面，即土地租金和工资。农民在农业生产过程中的不确定性的控制权过渡给了与农民签约的企业，企业承担着市场、生产的各种风险并最终获得经济效益，而农户也获得了相应的工资。

在《企业的性质》一文中，科斯认为不确定性对于企业的出现具有重要作用，“如果没有不确定性，企业的出现似乎是不可思议的”。这种不确定性因素的重要性与奈特所描述的对知识和信息的不确定性不同，科斯认为，企业出现主要是由于交易成本的节约即信息成本的节约，而不在于信息、知识的不确定方面。

库善斯曼（1957）在对社会组织问题描述时认为，面对和处理不确定性是解决社会组织问题的关键之处，他把不确定性分为初始不确定性或原发的不确定性以及次级或继发的不确定性，前者是指由于对自然状态和消费者偏好的不可预测性而带来的不确定性，后者是指由于交易过程中缺乏沟通造成的信息不对称和信息不完全而引发的不确定性。威廉姆森在其基础之上引出了第三类不确定性即行为不确定性，行为人的机会主义动机导致信息不公开、重要部分隐瞒甚至歪曲事实而带来不确定性。

2. 农产品市场的特征

农产品和一般商品相比具有一定的特殊性，具体表现为季节性较强、生长周期较长、生长环境要求严格、受自然环境的影响较大，弱势农民主要是根据长期生产积累的经验进行农业生产，这都是农产品交易过程中存在的不确定性因素。更重要的一点是，由于市场价格的不确定和不可预见性，农户与企业之间通过签订契约相互联结，对于农产品收购价格的设定造成了极大的不便，农户生产和企业各自面临的不确定性一定程度上影响了农产品交易的稳定性。

在上节论证的三种不确定性中，初始不确定性即对消费者偏好的不可预测性在农业生产中表现为消费者对农产品偏好的快速变化，同时，随着经济的不断发展，消费者对农产品的要求已经从数量转向了质量，现实生活中消费者对农产品的营养程度乃至食品安全都有着较快速度的变化，因此有可能出现根据消费者某一阶段偏好而签订的农业订单，在签订之后消费者偏好又发生了相应的改变，故该农业订单的收购方缺乏执行契约的动机从而导致违约的情况。

对于第二类不确定性即交易过程中缺乏沟通造成的信息不对称和信息不完全而引发的不确定性，在农业订单中的表现形式是，签订契约之时双方由于信息不对称从而对产品的质量规格没有给予明确或完备的限制，从而导致可能出现不完全违约，这类行为也会导致农业订单无法得到有效的履行。

最后需要说明的是第三类不确定性，即由行为人的机会主义动机导致信息不公开、重要部分隐瞒甚至歪曲事实而带来不确定性，这种不确定性在农业订单中体现得最为明显。农产品市场几乎是一个完全竞争市场，而农民在农业的生产链条上一直都处于低端，对于弱势的农民来说，要想获得准确的市场信息，预测消费者偏好，满足市场上的供需关系，还存在着很大的困难。但是对于农户的交易对象，即农业企业来说，要获得农户的信息以及获得农户竞争对手①的信息并不是特别困难，故农业企业可以很容易地对农户隐瞒重要信息，如某种农产品的真正价值等，这类隐瞒行为对订单农业的稳定性产生很大的负面影响。

① 往往就是其他与其地理位置临近的农户。

(四) 不完善的收益机制——收益分配不公

企业是一个以营利为目的的组织，追求利益的最大化，而企业在市场中的谈判能力明显高于农户，农户在农产品产出水平和质量提升后并未能相对应地分享利润的成长。解决利益差距和利益冲突最好的办法就是借助制度的约束力和强制力，充分发挥制度尤其是法律的作用，对农业产业链上的经济剩余合理分配，即“合理选择利益目标、自觉调整利益需要、正确选择利益行为、科学处理利益关系”。有制度保障的利益机制可以更有效率地处理好个人与个人、个人与群体之间的利益关系。农户和农业企业在农业产业链上地位的不对等以及外部环境的不确定性影响着农民与企业在经济剩余方面的分配，同时也是两者利益差距和利益冲突产生的直接原因，而合理安排农户与企业的相对利益是解决冲突的有效方法。

1. 利益共享、风险共担是订单农业的基本要求

利益共享、风险共担的运行机制和利益分配机制其实是建立在订单农业的基础之上、为了解决“三农”问题而提出的，在促进现代农业产业化发展和提高农民生产积极性以及农民收入方面都发挥了重要的作用。但目前我国农业产业化发展的过程中农户与企业之间并没有真正意义上做到“利益共享、风险共担”，而且企业和农户之间经济剩余的分配机制也还存在很大的问题。

在现代农业产业发展的新阶段，独立生产、分散经营的小农经济生产方式并没有得到改变，弱势农民在维护其权益的时候没有能够真正代表自身利益的组织。因此，农民利益主体的缺失是农民难以分享全产业链上经济租金的重要原因之一。为解决我国小农经济的生产方式，在现代农业发展中引入了各种经济经营组织的参与，如农联模式的构建、农业专业合作社、大户、农业协会等，这些经济组织的加入一定程度上缓解了小农户与大生产之间的矛盾，但是这种矛盾并没有从根本上得到解决。

2. 农户利益主体的缺失

农户利益主体的缺失使得农民在农业生产过程中应有的权益无法实现。

一般情况下，农业生产对各要素的素质要求不高，这就一定程度上决定了农民具有较低的语言表达能力，在权益被剥夺的时候，农民无法维护其权益。当企业或其他经济实力较强的组织在剥夺农民权益的时候，农民们的组织化程度不高，缺乏团结一致维护其权益的共同意识，在面对外来挑战的情况下，单个农民存在机会主义动机而追求自身利益的最大化。

根据风险与利润之间的关系，风险越大，其获得的利润就越高；相反，所得利润越低就意味着其承担的风险越小。然而风险与利益之间的正比例关系在现代农业生产中并不能产生，这也是“利益共享、风险共担”的利益分配机制失效的原因。在订单农业中，农民根据企业或公司的要求，生产其所要求和需要的农产品，在农产品成熟后企业根据契约中所设定的价格收购农产品。农产品生长期间，农户要承担其生产风险，如在农产品生产过程中自然环境的不确定性、各种自然灾害对农作物的影响、能否按时收割农作物、农产品的产量等各种问题都是农民在生产过程中所担心的；当农民与企业进行交易的时候，各种市场风险，如市场价格的变化、农产品质量能否达标、农产品的出售情况以及企业的机会主义行为等，对于弱势群体的农民来说，其承受的风险较大，但是农民从农业产出中获得的收益却很少；相反，农业全产业链上的经济剩余主要是由农业得到的。虽然农业企业在完成最终产品的出售过程中也承担了较大的风险，但是由于其具有雄厚的资金实力，内部的组织化程度较高，完善的公司制度以及先进的管理能力可以帮助其降低各种风险。因此，正确处理好公司与农户之间的利益分配问题和风险共享问题有利于改善农产品交易的弱稳定性。

（五）交易双方市场力量不对等带来的市场失灵

契约双方的最基本关系是买卖关系，而买卖关系天然地要求当事人地位平等①。虽然无论是农户或是龙头企业作为农业合同主体时，从法律的

① 王肃．谈订单农业合作的民事法律性［J］．商业时代，2006（6）．

角度来说双方的地位都是平等的，但是从市场力量的角度来说，两者的力量极端不平等，这主要体现在两个方面：

一方面是双方对信息的收集能力的差异，该差异决定着双方寻找次优的合作伙伴的能力。对于龙头企业来说，若是产品没有不可替代性的话，寻找一个愿意以低于现有契约价格出售标的物的农户并不是特别困难，而对于农户来说，寻找一个愿意以高于现有契约价格收购标的物的企业则十分困难。另一方面是双方在面临违约之后的惩罚力量的不对等，在无限次重复博弈当中，参与者的最佳选择都是使用以牙还牙的策略，但当博弈的某一方缺乏这种报复能力（农户明显缺乏这种能力），他们的选择就只能是退出并停止执行契约。

市场力量不对等的情况下会导致农产品交易市场的失灵，且这种市场失灵与传统意义上造成社会总福利降低的市场失灵不同。此类市场失灵是指：在原有市场力量对等的情况下可以被建立的订单合作关系，由于市场力量不对等导致弱势的一方出于害怕对方违约而拒绝签订契约，从而丧失这份合作关系。

即便是在单维度农业契约签订之后，市场力量不对等的情况依然会对契约关系造成负面影响，不仅会使得强势的一方采取拒绝履约、“敲竹杠”等行为以吞噬准租金，也会导致弱势的一方出于自我保护的原因，选择先发制人的策略，即以对方违约难以追偿的理由，自行优先违约。

除去之前论述的影响订单合同稳定性的诸多因素之外，单维度农业契约不稳定的主要因素来自其内部存在矛盾，即为了避免未知风险而建立的契约却带来了必然的风险。单维度农业契约从本质上来说是一种买卖合同，而在农业经济活动当中，由于农业生产所特有的时滞性，为了避免市场价格所带来的波动，双方通过事先协商一个令彼此都满意的价格，再择期交易。但农产品一个重要的特点是彼此存在着极大的可替代性，故在远期交易之时，可以轻易寻找到另一个愿意以市场价格而不是契约价格进行交易的交易对象，对于理性人来说，自然会选择价格更具有优势的交易对象，因此导致只要远期价格与契约价格不相等，违约的风险必然存在。

虽然单维度农业契约是通过牺牲一定的价格所带来的收益换取市场风险的减少，但在现实中，订单合同更多的情况是通过支付一定的违约风险换取一定的违约收益，本来是期望通过收益和风险共同减少才签订的合同，最终却往往带来风险的上升，或许这就是为什么订单合同从契约支付价格上来看和现货市场没有显著性差异的原因了。

四、小结

单维度农业契约的应用虽然非常广泛，但现实中运作的效果较差，对其治理机制的研究也是现有农业研究的重点。本章运用数理分析方法分析其最常见的治理机制即准租金机制，同时也介绍了几种其他现有的治理机制，但无论何种治理机制，均难以实现契约关系的内生性稳定。

引入第三方机构与进一步完善合同条款，实际上都要求一个原有契约关系之外的第三方势力来增加契约双方的违约成本从而实现契约关系的稳定，但是一方面引入第三方势力需要一定的成本，另一方面无法对第三方进行有效监督从而避免合谋行为，使单维度农业契约关系难以得到根本的稳定。

而本研究报告试图构建的新型农业契约链具有内生性稳定的特征，所谓内生性稳定即是在双方具有理性人假设的情况下，通过改变双方收益函数，在无须引入其他监督主体的情况下即可以使得契约双方自发地选择稳定合同关系。

但单纯依靠改进单维度农业契约的治理机制是无法实现内生性稳定的，其核心原因在于任何不涉及生产维度乃至资源维度的契约关系即订单农业依赖的交易维度契约关系属于零和博弈，若是一方获得利益，则另一方必然受到损失，而没有任何治理机制可以稳定非帕累托改进的契约关系。

在研究的后半部分，我们将通过构建一种新的契约理论，三维契约理论，同时使用该理论构建农业新型契约链，并详细介绍三维契约治理机制是如何实现农业契约的内生性稳定的。

第七章　三维度契约理论

以单维度农业契约为核心的传统订单农业模式之所以不能适应现代农业的发展，是因为现代农业对专业化、合作化的要求较高，从而导致各个经济主体之间的链接方式——契约不能仅仅从交易维度把各个经济主体链接起来，还应该通过契约将各主体从生产以及资源维度链接起来，达到“利益共享、风险共担”的效果。三维度契约理论认为，在农业组织当中推广涉及交易、生产、资源三种不同维度的契约并构建相对应的契约链，并从根本上修正订单农业的内生性不稳定问题，有利于推动农业现代化进程。本章首先将论证三维度契约的理论内容，其次论证相对简单的合同条款的修正方式，最后通过构建数理模型的方式对三维度契约理论中最重要的生产维度契约和资源维度契约的治理机制进行详细的论证。

一、三维度契约概述

三维度契约理论来源于对现有订单农业模式的修正。通过对单维度农业契约的透彻分析发现，在现有契约模型当中，单维度农业契约具有内生性不稳定特征，需要通过引入其他类型的契约对农业契约进行修正。

通过在农业生产中建立长期的合同关系和投资专用性的固定资产在现有的对单维度农业契约的修正方式中最为常见。长期合同关系的建立有着两重意义：其一是将单次博弈变成重复博弈，将博弈均衡由违约变更为以牙还牙策略，但是正如上文提及的那样，在缺乏足够的报复力量之时，这种变更的意义有限；其二是引入预期收益，即便无法精确地贴现，却能影响现有参与者的收益函数，从而影响他们的选择行为和履约效果。

但很多时候，由于农户的预期贴现率很低，引入其他的契约成了稳定农业契约关系的必然选择。订单农业契约仅仅约束交易层面的经济活动从而被命名为交易维度契约，其他类型的农业契约，如约束通过投资专用性的固定资产来改进农业生产经营主体生产能力的契约被称为生产维度契约，通过界定产权关系约束农业契约双方对资源的拥有份额的契约被称为资源维度契约，这是三维度契约理论的基本含义。

三维度契约理论将现有的农业契约从规范经济活动的角度进行区分，如仅仅规范交易双方在交易层面上的权利和义务的订单合同，就属于单维交易维度契约；而涉及农业企业对农户进行土地改良、种源提供的合同，并规范了双方在产品生产阶段的权利与义务，属于生产维度契约；若是一份契约既限制双方的交售时间、价格，规范契约双方的生产投资行为，还允许双方在合同范围之内互相持有彼此的所有权份额，这种复杂的契约模式就是包含了交易、生产以及资源三个维度的三维契约。可见三种不同维度的契约既可以单独存在于规范某类经济行为的多份合同中，也可以同时出现在一份农业契约当中。

（一）交易维度

农业订单仅仅约束合同双方在交易层面的行为，是交易维度契约的典型表现形式。农业订单不涉及产品的生产投资和契约双方的所有权配置。农业订单从标的物的种类上可分为实物订单和订购订单，从时间上可分为即期买卖合同和远期收购合同等。

订单类契约无论是在农业还是在其他行业中都广泛存在，是一种最为常见的契约关系。主要内容包括标的物的种类、数量、成交价格以及交易时间的确定。首先由合同单方发出要约，双方谈判后通过口头或者书面的形式由接受方接受该要约起合同得以签订。标的物生产完成并发生实际意义上的交付之后，合同履行完毕并且双方的权利与义务关系也被终止。交易维度的契约关系实际上就是书面化的交换关系，主要功能是稳定交易关系、避免一定的市场价格风险。但在实际的农业生产当中，由于法制观念的缺乏和维权成本的存在，交易双方都有机会主义倾向：双方一旦发现其他的交易主体能够提供更为优惠的农产品收购价格，违约总是一个更好的选择。

（二）生产维度

生产维度的契约关系主要涵盖产品的生产投入阶段，最为典型的模式是专用性资产投资。农户生产的一般农作物不具备不可替代性，导致农户在市场中属于价格接受者。若农户想要增强在市场中的谈判力量，就需要改良生产的产品以提高产品的竞争力。而农户拥有的资本资源和技术能力都限制着农户进行此类改革，所以需要其他的市场主体对农户进行专用性资产投资。一般的具体表现是提供专用的土地改良方案和提供更优质的种子等。

生产维度契约在大多数时期都是和交易维度契约同时存在的。在生产维度契约中，投资方有对被投资方（一般是农户或者是小型农业企业）进行专用性资产投资的义务；同时也拥有一些权利，如以优惠的价格购买初级农产品等。此类契约由单方发出要约之后，经过谈判并签订书面合同之时合同得以确定。双方明确各自的权利和义务，从合同本身来说，被投资方以农户为例，农户向投资方履行以优惠价格出售最终产品的义务并非从投资方履行自己的专用投资义务之时开始，而是自合同签订之时就存在；但一旦投资方拒绝履行其义务，农户不仅没有履行自己义务的必要，同时还拥有向投资方索赔的权利。然而投资方履行义务之后，被投资方拒绝履行义务，投资方可以向农户索赔，但一方面此行为有着高昂的成本，另一方面投资方的前期专用性投资就会成为沉没成本。因此，相对于交易维度契约来说，生产维度契约双方并非是完全平等的。此类合同的终止并非随着单方的交付行为结束而终止，而是合同双方分别履行完合同约束下的义务并完成交付，合同才终止。故生产维度的契约与交易维度契约的同时使用，相对较单一的交易维度契约具有更好的稳定性，但是生产维度契约由于契约双方具有非完全平等的特性，需要更为完善的手段来保证契约可以得到履行。生产维度契约除了具有稳定契约关系的作用以外，还具有整合市场资源的重要作用。生产维度契约促进传统农业生产模式向现代农业生产模式转变，将分散的种植方式发展为集中的、高技术、高投入的种植方式。

（三）资源维度

相对于交易维度契约和生产维度契约来说，资源维度的契约没有稳定的表现形式。此类契约限定的权利与义务一般是与契约双方各自拥有的资源相关的。现代农业组织的另一个重要特征是各个市场主体之间缺乏高度统一的所有权，因此，不同的生产要素归属于不同的市场主体，而资源维度的契约关系则允许市场各个主体通过契约的形式获得其他市场主体所拥有的生产要素的使用权或者是部分所有权，从而整合契约双方的收益函数，减少机会主义行为。

资源维度契约的作用并非是改善生产的技术或是扩大生产的规模，而是通过整合双方的收益函数来限制双方的违约行为，避免由机会主义带来的风险。从本质上来说，资源维度契约存在的目的在于避免由于缺乏所有权统一所带来的违约风险。由于农业生产先天性地缺乏所有权的统一，故使用资源维度的契约可以在一定程度上达到所有权统一所带来的效果。资源维度的契约不依赖其他维度的契约可以独立存在。

一般来说，资源维度契约的签订也是由单方发出要约，一旦接收方通过谈判之后就会接受要约。因为无论何种法律体系下口头形式的资源维度契约都不具有法律效用，所以双方必须通过书面合同的形式来签订此类契约。此类契约并非在合同签订之时就生效，而是需要通过向相关部门进行登记之后才具有约束效应。合同一旦生效，不随着契约双方的各类行为而终止，除非合同中另有规定，只有双方一致同意或者合同所签订的年限到期，契约才失效。并且，资源类合同就其本身而言没有较大的违约可能。

即使所有权单方拥有者将其所拥有的股份出售给第三者，契约接收方也依然保持着对原始资源的部分所有权，从而其收益没有发生变化，故资源类契约就本身而言稳定性是最佳的。

在新型农业契约链当中，不同维度的契约往往同时存在于契约双方之间，如典型的生产维度契约往往伴随着交易维度契约，生产维度契约的稳定性在很多情况下需要资源维度契约来维持。由于不同维度的契约同时存在，契约双方或者多方的合作关系较单维交易契约关系来说得到了一定程度的加强，但是依然需要各式治理模式来进行相关的治理。

二、三维度契约的简单修正

在发达国家中，各种农业组织中应用的各类合同都不再仅仅规范单一交易维度的经济行为，而是涉及生产以及资源维度的各类经济行为。农业合同已经成为一种新的无名合同，虽然农业合同依然以标的物的买卖为核心内容，但往往还涵盖了种源提供、资金投入、技术服务、资源共享等内容。新型现代农业契约的出现就需要这种新型的治理模式，而三维度契约理论正是一种用于治理新型现代农业契约关系的新型契约治理理论，后文将详细介绍三维度契约的治理机制。

由于交易维度契约即是单维度契约，在上文中已经有了很详细的论述，故在这里就不再重复，本节将重点论证对现有三维度契约中条款的有限修正来实现契约稳定性的增加，并不涉及传统意义上治理机制的设计。

（一）对生产维度现有条款的有限修正

在对生产维度合同进行修正之前，先回顾一下生产维度的常见形式即专用性资产投资。在制造业中，专用性固定资产投资十分常见；而在农业当中，部分学者如赵西亮（2005）甚至认为，农业专用性固定资产投资的数量之少无法产生足够影响机会主义倾向的准租金。事实上，先不论专用性固定资产投资的数量，在农业经济活动中通过专用性资产投资所产生的准租金比制造业中通过专用性固定资产投资所带来的准租金只有更多而非更少。虽然定量准租金一直是制度经济学的一个热点问题，但是大部分学者都认为，在设计专用性投资时，准租金的大小等于该项投资的最有用途价值和次优用途价值之差。

在制造业中，一项专用性投资往往以固定资产的形式出现，如专用的货车、车床、工厂等。举一个简单的例子，铁路运输中为特定货物所设计的运输用具。在管道系统没有得到广泛应用之前，原油运输用的特殊货车到底应该由谁来支付成本一直是各个铁路局都感到头疼的问题。因为这种车体只能用于原油运输，用于其他物品运输的能力极为低下。若是由铁路系统来制造这种产品，则该产品将面临被任意定价的窘境，因为原油生产企业了解到这种车体难以被用于其他用途，因而生产企业可以故意压低原油价格。虽然原油运输的特殊货车的次优用途的价值要远远低于最优用途，但是次优用途依然存在。在这种情况下，一旦被投资方选择违约，投资方可以撤走投资，从而形成以牙还牙的局面，只要被投资方无法立刻寻找到可替代的投资者，那么契约双方都无法在违约行为中获得收益。

但是在农业经济活动中，专用性投资往往是以土地改良、提供优良种子等形式表现出来的，在这种专用性投资中，根本就没有次优用途的存在，也没有撤走投资的可能。一旦被投资者违约，投资者的报复手段只能是停止合作，面临前期专用性投资变成沉没成本的问题。而且投资者通过法律手段向被投资者索赔成功的可能性较低。因此，在专用性投资应用于农业经济活动之时，由于巨大的准租金的存在，专用性投资需要与其他行业完全不同的治理机制共同作用来避免违约行为的发生。

1. 生产维度合同条款修正——事先通过合同条款界定准租金的归属

在第六章的实证分析中，我们看到收购方的专用性投资对农业契约的稳定性似乎并没有起到显著的作用，原因在于准租金这个因素。对生产维度契约条款的有限修正，最有效的方法即是对准租金的分配进行事先界定。由于农业生产中的投资往往难以收回，一般情况下不存在次优用途，因此准租金的份额十分大。而这与制造业中生产商需要专业的生产原料时所面临的“要么购买、要么生产”困境不同，农业企业在需要具有专用性的原材料时往往面临的困境是“既不能购买，也不能生产”，因此农业企业不得不依托拥有土地的农户为其生产。当农户完成了生产之后，如果存在第二家企业愿意购买此类产品，但是因为第二家企业没有承担投资的成本，所以它提出的产品收购价格必然优于原有企业，从而农户的最优选择就是向第二家企业出售产品，此时产品的价格之差就是农户吞噬的准租金份额。

因此，在农户和农业企业签订这类涉及生产和交易两个维度契约的时候，由于交易维度的条款实际上是关于动产的买卖合同，而这类合同在签订之时并不发生所有权转移，所有权是随着交付而转移的。一旦农户违约，原投资企业能够起诉的对象也仅仅是农户，而向农户索赔的行为无论是从成本还是从执行难度来说都是巨大的，因此往往大部分农业企业在面临这种行为的时候都只能承受被“敲竹杠”的结果。

调研资料

农业企业的索赔困境

某农业企业经过调查后发现，该省的某个村落的土壤条件特别适合种植某种高品牌价值的橘子，该农业企业在与农户协商的过程中发现与该村500余农户共同谈判的成本极高，但该村农户对此合作项目有着浓厚的兴趣，于是该村的农业合作社作为牵头者，主动作为合同的签订者参与签订行为。该合同规定，由农业企业向农户免费提供树苗，同时以市场价格向农户出售专用的化肥以及养料用于种植，而农户需在三年的种植期后稳定地向该农业企业出售他们的产品，价格高于远期市场价格的5%。

三年期间，该农业企业向农户免费提供了树苗并对经济困难的农户提供了相应的贷款以便他们购买化肥，并免费向农户提供相应的技术指导。而在收获季节农业企业要求农户交售产品时，该企业惊讶地发现，在一个月前一家东北的农业企业已经以比市场价格高出10%的收购价将全村的产品全部收购了，并且这个收购合同的牵头者正是当时与自己签订种植合同的同一家农业合作社。

农业企业向该县人民法院起诉此农业合作社，但该农业合作社并没有法人地位，同时还在得知自己被起诉的消息后宣布解散，使该农业企业不得不起诉该村500余户农户，这意味着高昂的索赔成本以及漫长的审判过程，该农业企业对此大感头疼。

资料来源：笔者调研整理。

通过界定这部分准租金的归属可以有效地避免以上案例问题的出现。合同的条款在实际交付之前就约定此类农产品的所有权归属，那么农户即便向其他企业出售产品，也不是处置自己的所有物而是处置投资企业的所有物，属于无权处分行为。而收购该产品的其他企业除了在不知情的情况下，其余都属于恶意串通，该企业和农户必须承担连带责任；对于原投资企业来说，可起诉的对象就不仅仅是农户，还包括了收购该农产品的企业。向另一个企业索赔的成本和可执行度要远远优于向农户索赔。试想一下，在种植橘子的合同案例当中，若是该农业企业可以向收购方即东北某农业企业进行索赔，这样就可以减少大量的索赔成本并且具有更高的可行性。

在合同签订之时就确定未来产品的所有权归属，农户违约之时和收购方承担连带责任，起诉方可以要求负有连带责任的任意一方承担所有的赔偿责任，而具体责任份额的承担则由违约双方（农户和收购企业）之间互相协商解决。

因此，原投资企业可以通过事先约定合同条款来绕开难以向农户索赔的难题。此外，这类合同条款的存在，也使其他企业向农户提供吞噬准租金机会时不得不考虑到该行为的发生成本，从而减少农户的机会主义行为的可能性，提高生产维度契约条款的稳定性。

2. 生产维度合同条款修正——引入资源维度契约条款

通过事先完善的契约条款来界定产品的所有权可以有效减少农户在获得专用性投资后进行机会主义行为的风险，但这种修正方法仅仅停留在理论层面上，还存在着善意取得免责以及对孳息所有权提前处置的法理问题，因此，这并不是解决农业契约不稳定的完备方案。

资源维度的契约条款通过整合契约双方的收益函数从而最大限度地减少违约风险。从本质上说，资源维度的契约条款是针对其他维度的契约条款的一种治理机制，即将违约的成本由单方承担转换为所有契约参与者承担。

资源维度契约在我国现有的农业合同中并不罕见，如土地承包合同从属性来说属于资源维度契约，但作为治理机制用来提高合同履约率的资源维度契约条款并不常见，原因有以下几点：第一，资源维度条款涉及复杂的产权问题，对于农业经济的重要主体——农户来说，处理此类问题显得过于困难；第二，资源维度条款在整合双方的收益函数时，一般情况下仅仅是将单方违约所带来的成本由一方承担转换为契约双方共同承担，但这对违约所带来的收益无法限制。

由此可见，仅仅试图依赖修正合同条款的方式是不能达到稳定农业契约的目的的。本研究的最终目标是建立一个具有内生稳定性的现代农业契约链，故在契约链的各个环节要试图建立可以使得各个独立契约达到内生性稳定的目的的契约关系必须引入相应的专用治理机制，下文将论证三维度契约的治理机制，并通过数理模型对生产维度契约进行阐释。

（二）对资源维度契约的简单修正——确定合理的收益方式

资源维度契约属于对契约双方产权配置的重新设定，通过持有对方部分所有权益来获得收益权，从而改变契约双方的收益函数，以达到稳定合作关系的目的。资源维度契约的初衷是稳定农业订单中原有的条款，在资源契约发展的初期阶段，资源维度契约与交易维度契约一样都属于零和博弈，都不通过契约的签订来实现契约双方总产出的增加。随着资源维度契约中约束的资源内容越来越广泛，不仅包括实体的生产资料，还包括虚拟的生产许可、商标、知识产权许可等。实体生产资料的产权配置并不影响实际产出，而某些特殊的虚拟生产资料则可以增加契约双方的总产出①。

若是资源维度契约的初衷在于稳定契约双方的合作关系，则在中国履约率不到30%的订单农业的实际应用当中，资源维度契约明显有着良好的前景，但实际的效果并不是很令学术界满意。就三维度契约的应用来说，资源维度契约的应用相对于生产维度契约而言是较少的。资源维度契约高昂的签订成本在没有第三方引导的情况下难以签订，即便是在已经签订了资源维度契约的情况下，效果也并不明显。下面通过一个案例来说明这个问题。

调研资料

贵阳白云区牛场村农业观光园面临的困境

牛场村前些年引来了一家外资企业对其进行投资，该外资企业通过当地政府的协助与农户签订了一笔长期的合作合同并建立了一个农业观光园，该合同规定农户将自己在该农业观光园范围内的土地租借给该企业30年，并获取第一年每亩750元的收入，但该收入并不和该观光园的收益相挂钩，并且该收入以每三年增长10%的固定增长速度增长。

① 具体将在第八章进行详细的分析。

由于该企业并不需要所有的失地农户参与到观光园的日常经营当中，因此其仅仅雇用了部分农户，没有获得工作机会的农户纷纷表示一年每亩750元的收入不能满足日常需求，并就此和企业进行了多次协商，但问题依然没有解决，该企业表示观光园还在初始运营阶段，所获得的利润不足以满足所有农户的要求。同时该村获得工作机会的农户与失业农户之间的矛盾也越发凸显。

资料来源：笔者调研整理。

在该案例当中，农户将属于自己的土地长期租借给了农业企业，该农业企业以此建立了一个新的营利性企业，但农户并没有以自己的资源获得新企业的所有权份额，而是一个固定的现金收入，农户并不关心新企业是否能够盈利，企业也不关心农户是否获得收入的提升，两者并没有通过资源维度契约实现利益共享和风险共担，因此该合作项目的稳定性令人担忧。

实际上资源维度契约的关键在于所有权带来的收益权对双方收入函数的改变，从而实现违约成本高于违约收益。但是在我国市场经济体系不完善的背景下，产权的重新配置并不一定带来相应的收益函数按比例改变①。在没有按产权配置比例改变的收益函数情况下，对收益函数进行定额的增减的治理机制与使用定额违约金以及定金的交易维度治理机制没有区别，而我们在前文已经论证过这种治理机制的无效性。

三、生产维度治理机制

生产维度契约的稳定性将直接决定订单农业能否实现从传统农业向现

① 详见下一节的数理分析。

代农业的过渡，生产维度契约的引入将使得农业契约不再是零和博弈，而是契约双方都能够从签订以及执行契约的过程中得到收益，以此进一步扩大合作的范围，从而实现农业生产的规模化、现代化，最终完成向现代农业的过渡。但是，若缺乏相应的治理机制，生产维度契约的引入不仅不能加强原有农业契约的稳定性，其自身的稳定性也无法得到相应的保证。

（一）模型的设立

生产维度契约是限制农业生产经营主体在生产方面行为的契约，在绝大多数情况下，这类契约是以农业企业向农户提供各类帮助为主要内容，包括固定资产投资、优良的种源、高效的化肥和相应的技术，以此期望农户将生产出来的农产品以相对低廉的价格出售给自己。一般而言，这种行为可以使双方均获得额外收益，即两者合作不再是一个零和博弈。

由于此类契约的稳定性依然在于农户是否将生产出来的农产品出售给合同伙伴，故农户的选择依然重要。此处模型设定与交易维度模型没有差别，仅在假设条件中加入以下三条：

第一，农业企业的投资可以使得农户专用性产品的产出提升，并且提升带来的利润大于农业企业的投资成本①，原因在于农业企业可以帮助农户节省大量的生产成本，并且农户可以从农业企业那里得到最适合农作物生长的化肥以及生产技术等。

第二，农业企业的投资仅仅影响农户种植产品的产量，而不影响其质量。

第三，农业企业的投资对农户种植的其他作物无论是产量还是质量都没有影响。故模型设定如下：

$$I=p_1x_1+p_2x_2$$

$$\overline{C}=\frac{x_1^2}{\alpha_1^2}+\frac{x_2^2}{\beta^2}$$

① Ramana（2011）的实证分析结果证实了这一点。

$$\alpha_1 = f(C_I)，且\frac{\partial \alpha_1}{\partial C_I}>0$$

（二）一次投资、一次合作的生产维度契约分析

农业企业在进行投资之后①，必然期待通过吞噬部分准租金甚至吞噬全部准租金份额来补偿自己投资所支付的成本；在市场价格低于约定价格的时候，农业企业的投资将失去意义并成为沉没成本。但这种情况十分少见，在包含投资条款的农业契约当中，农业企业总是期待农户以相对低廉的价格向自己出售产品，故约定价格往往低于市场价格，这个时候农户的选择将至关重要。

为了分析方便，我们假设农户在契约签订之时就可以准确地预料到这笔投资对农产品产出的影响，即可以事先知道 α_1，则在农户收到农业企业给予的收购价格 p_1^I 之后即可以确定自己的最优产量分配：

$$x_1^I = \alpha_1 p_1^I \sqrt{\frac{\bar{C}}{{p_1^I}^2 + p_2\beta}},\quad x_2^I = \beta p_2 \sqrt{\frac{\bar{C}}{p_2^2 + p_1^I\alpha_1}}$$

在交易阶段，出现的市场价格 $p'_1 > p_1^I$，则农户可以吞噬的准租金份额就变成：

$$R_I = (p'_1 - p_1^I)\alpha_1 p_1^I \sqrt{\frac{\bar{C}}{{p_1^I}^2 + p_2\beta}} = \Delta p_1^I x_1^I，易证\frac{\partial x_1^I}{\partial \alpha_1}>0$$

在 $p_1^I \geqslant p_1$ 的情况下，可得 $R_I > R$，又因为准租金的份额大小将直接影响农户违约与否，故在此分析框架下得到了农业企业对农户的投资将加强农户违约倾向的结论。

该结论存在两个不足：①进行投资后的农业企业会期待更为低廉的交易价格，故应该是 $p_1^I \leqslant p_1$；②农业生产有特有的随机性，无论是农户还是农业企业都无法准确预计 α_1 的变动，即函数 $\alpha_1 = f(C_I)$ 无法确定，仅仅能

① 虽然生产维度契约并不总是以投资的形式出现，也可以以技术援助乃至培训农户的形式出现，但无论何种形式，农业企业必然要为此支付相应的成本，这与投资无异。

确定$\frac{\partial \alpha_1}{\partial C_I}>0$。

为了对此进行修正，引入农户对农业企业的信心程度这一指标，即农户在签订契约的时候相信，农业企业的投资可以使得农户生产供出售的专用型农产品能力由 α 提升至 $\alpha_e=\gamma\alpha$，$\gamma\in(1,+\infty)$。则农户的种植分配决定为：

$$x_{1\ e}^{I}=\alpha^{e}p_1^{I}\sqrt{\frac{\bar{C}}{p_1^{I\,2}+p_2\beta}},\quad x_{2\ e}^{I}=\beta p_2\sqrt{\frac{\bar{C}}{p_2^2+p_1^{I}\alpha^{e}}}$$

而最终的产出不是以此而定，在种植的最终结果中，农户种植其他农产品的产量将不发生变化，但种植供出售的农产品的数量却是由农业企业投资对农户生产能力的实际提升度而决定的，即 $x_{1\ a}^{I}\neq x_{1\ e}^{I}$，$x_{2\ a}^{I}=x_{2\ e}^{I}$。

由 $x_{2\ a}^{I}=x_{2\ e}^{I}=\beta p_2\sqrt{\frac{\bar{C}}{p_2^2+p_1^{I}\alpha^{e}}}$ 预期的种植分散类产品数量与最终数量相等。

代入$\frac{{x_{1\ a}^{I}}^{2}}{\alpha_a^2}+\frac{{x_{2\ a}^{I}}^{2}}{\beta^2}=\bar{C}$实际的种植函数，

可得 ${x_{1\ a}^{I}}^{2}=\alpha_a^2\,\bar{C}\,\frac{p_1^{I}\alpha_e}{p_2^2+p_1^{I}\alpha_e}$，故可得 $x_{1\ a}^{I}=\alpha_a\sqrt{\frac{\bar{C}p_1^{I}\alpha_e}{p_2^2+p_1^{I}\alpha_e}}$

则此时的准租金份额 $R_{I1}=(p_1'-p_1^{I})\alpha_a\sqrt{\frac{\bar{C}p_1^{I}\alpha_e}{p_2^2+p_1^{I}\alpha_e}}$

静态分析告诉我们，由于$\frac{\partial R_{I1}}{\partial \alpha_a}>0$，$\frac{\partial R_{I1}}{\partial \alpha_e}>0$，证明过程如下：

由 $R_{I1}=\Delta p x_{1\ a}^{I}$，易得$\frac{\partial R_{I1}}{\partial x_{1\ a}^{I}}>0$

且 $x_{1\ a}^{I}=\alpha_a\sqrt{\frac{\bar{C}p_1^{I}\alpha_e}{p_2^2+p_1^{I}\alpha_e}}$，易得$\frac{\partial x_{1\ a}^{I}}{\partial \alpha_a}>0$，故$\frac{\partial R_{I1}}{\partial \alpha_a}>0$

$\frac{\partial x_{1\ a}^{I}}{\partial \alpha_e}=\alpha_a\left(\frac{\bar{C}p_1^{I}\alpha_e}{p_2^2+p_1^{I}\alpha_e}\right)^{-\frac{1}{2}}\frac{p_1^{I}}{(p_2^2+p_1^{I}\alpha)^2}(\bar{C}-1)$，由于 $\bar{C}>1$，易得$\frac{\partial x_{1\ a}^{I}}{\partial \alpha_e}>0$，

故$\frac{\partial R_{I1}}{\partial \alpha_e}>0$

在没有其他限制条件的情况下，无论是实际的产出增加还是预计的产出增加，农户在面临农业企业的投资时，吞噬的准租金的份额将扩大，因此，农户的违约倾向也会增加。

农业企业作为一个现代企业，对某个农户进行投资时，其必然追求以下不等式的成立：

$$C_I \leqslant \frac{1}{1+r}\lambda R_{I1} = \frac{1}{1+r}\lambda(p'_1 - p_1^I)x_{1\ a}^I$$

其中，r 为农业生产周期为时间限度的市场利率，λ 为其期望吞噬的准租金份额。在上式当中，农业企业唯一能够控制的变量是 p_1^I，且$\frac{\partial C_I}{\partial p_1^I}<0$。

但我们知道，p_1^I 对准租金数量的影响是不确定的，但联系投资数量和农户种植能力之间的关系，即 $\frac{\partial \alpha_1}{\partial C_I}>0$ 与$\frac{\partial R_{I1}}{\partial \alpha_a}>0$、$\frac{\partial R_{I1}}{\partial \alpha_e}>0$ 联立我们可以发现$\frac{\partial R_{I1}}{\partial C_I}>0$，即实际上在没有违约金等其他限制的情况下，农业企业进行的投资增加了农户可以吞噬的准租金数量，反而导致农户违约的倾向增加了。

（三）一次投资、多期合作的生产维度契约

这种情况下的投资往往是土壤改良等可以影响农户多期生产的投资，在这种情况下，农业企业不期待一次交易就可以收回所有投资的成本，而期待多期的交易来收回成本，即

$$C_I \leqslant \frac{1}{1+r}\lambda R_{I2} + \left(\frac{1}{1+r}\right)^2 \lambda R_{I2} + \left(\frac{1}{1+r}\right)^3 \lambda R_{I2} + \cdots$$

由于农业企业期待多期回报，故其在 p_1^I 的设定上会较一次投资、一次交易的情况中显得不那么苛刻①，但我们分析过约定价格对农业契约的稳

① 郭红动（2005）发现，在多次交易的合同当中，农业企业会更倾向于使用随行就市的定价机制。

定性的影响是不确定的，因此该模式的有效性尚待商榷。该模式带来的好处是：尽管农户在某个阶段违约，农业企业至少可以收回部分的投资成本，而不会损失全部的成本。

（四）多次投资、多次交易的生产维度契约——以两期为例

由于违约金制度在交易维度契约的治理机制部分已经进行了详细的分析，违约金的制定虽然可以在生产维度契约引入之后起到稳定契约的作用，但此处不再分析。多次投资实际上是用远期收益的机会成本来替代违约金起到提高农户违约成本的作用。此处以两期投资、两期交易为例进行分析。假定当期的投资仅仅影响当期的产出①，即农业企业在时期 1 与时期 2 均向农户提供一笔投资 I_c，该投资可以使得农户每期的产出能力从 α 提升至 α_a，并约定每期种植结束之后以 p_1^I 的约定价格交付，则农户在时期 1 交付之时发现市场价格 $p'_1>p_1^I$ 面临的收益如表 7-1 所示。②

表 7-1　农户面临的收益对比

	时期 1	时期 2
履约收益	$p_1^I x_{1\ a}^I$	$p_1^I x_{1\ a}^I$
违约收益	$p'_1 x_{1\ a}^I$	$p_1^e x_1$

则履约收益 $I_1=(1+\delta)p_1^I x_{1\ a}^I$，违约收益 $I_2=p'_1 x_{1\ a}^I+\delta p_1^e x_1$，其中 p_1^e 表示农户对时期 2 此产品市场价格的估计，$\delta=\dfrac{1}{1+r}$。

则设 $\phi=I_1-I_2=(p_1^I-p'_1)x_{1\ a}^I+\delta(p_1^I x_{1\ a}^I-p_1^e x_1)$，由于 $x_{1\ a}^I$ 受到农户在时期 1 的预期 a_e 的影响，且 p_1^e 也是农户对未来市场价格变动的预期，我们难以对 φ 的正负号进行直接的分析，但明显 φ 越大，则农户履约的可能性也越大。通过比较静态分析我们可以得出以下结论：在两次投资、两次交

① 如提供技术支援、使用高效化肥等方法。

② 同样，分散种植，供农户自用的产品的收益 p_2x_2 假定不变。

易包含生产维度契约的农业合同当中，农业企业的投资可以在满足一定条件的时候为农业合同的稳定性带来正的效果。在之前的证明当中，我们证明了农业企业提供的合同内约定价格对农业合同的稳定性效果是不确定的，但在多次投入、多次交易的模式之下，一旦满足 $(1+\delta)p_1^I-p'_1>0$，即远期价格折现之后与当期价格之和大于现期市场价格，农业企业的投入对农业合同的稳定性就可以起到正的效果。

$\phi=I_1-I_2=(p_1^I-p'_1)x_{1\ a}^I+\delta(p_1^Ix_{1\ a}^I-p_1^ex_1)$ 在 $(1+\delta)p_1^I-p'_1>0$ 的条件下可以实现 $\frac{\partial\phi}{\partial\alpha_a}>0$，$\frac{\partial\phi}{\partial\alpha_e}>0$。证明如下：

$$\phi=I_1-I_2=(p_1^I-p'_1)x_{1\ a}^I+\delta(p_1^Ix_{1\ a}^I-p_1^ex_1)$$

将 $x_{1\ a}^I=\alpha_a\sqrt{\frac{\bar{C}p_1^I\alpha_e}{p_2^2+p_1^I\alpha_e}}$，$x_1=\alpha p_1^e\sqrt{\frac{\bar{C}}{p_1^{e\,2}+p_2\beta}}$ 代入上式可得：

$$\phi=(p_1^I-p'_1+\delta p_1^I)\alpha_a\sqrt{\frac{\bar{C}p_1^I\alpha_e}{p_2^2+p_1^I\alpha_e}}-\delta p_1^{e\,2}\sqrt{\frac{\bar{C}}{p_1^{e\,2}+p_2\beta}}$$

$$=[(1+\delta)p_1^I-p'_1]\alpha_a\sqrt{\frac{\bar{C}p_1^I\alpha_e}{p_2^2+p_1^I\alpha_e}}-\delta p_1^{e\,2}\sqrt{\frac{\bar{C}}{p_1^{e\,2}+p_2\beta}}$$

联立结论 $\frac{\partial R_{I1}}{\partial\alpha_e}>0$ 可得：

当 $(1+\delta)p_1^I-p'_1>0$ 时，$\frac{\partial\phi}{\partial\alpha_a}>0$，$\frac{\partial\phi}{\partial\alpha_e}>0$

且由于 $\frac{\partial\alpha_a}{\partial I_c}>0$，可得 $\frac{\partial\phi}{\partial I_c}>0$，$\frac{\partial\phi}{\partial\alpha_e}>0$，即无论是农业企业的投资对农户实际产出的增益效果还是农户对该投资导致的预期增益效果，都会让农户在多期投入、多期交易的模式下减少违约倾向，若是我们将多期投入、多期交易模式的期限扩展成无限期的模式，我们就得到了生产维度契约的专用治理机制，即渐进投入治理机制。

（五）生产维度契约专用治理机制——渐进投入

由于仅仅包含交易维度契约的农业合同实际上处于零和博弈的状态，

合同双方的福利之和不可能通过签订远期交易合同来实现福利提升。再加上农业企业和农户之间存在着广泛的合作可能，双方生产要素的共享或者互相支持可以使农业产出得到极大的提升，因此生产维度契约在现代农业组织的各个生产经营主体之间广泛存在。但在之前的分析当中，生产维度契约的引入很多时候不仅没有起到稳定合同关系的作用，反而增加了双方可以吞噬的准租金份额，并且由于双方无法控制和预测准租金的数量，准租金份额的提前分配也无从谈起。从现实情况来看，一方面生产维度契约在农业合同中应用得并不广泛，另一方面在包含了生产维度契约的农业合同当中，其稳定性也没有得到显著的提升。

但现代农业对各个生产经营主体之间通过共同生产以达到规模经济的要求依然存在，因此，合同农业或是订单农业必然要向纵向合作化农业过渡，最终达到传统农业向现代农业过渡的目标。因此，稳定生产维度契约是农业现代组织模式关系研究中的一个重要命题，在两期投入、两期交易的模式中，在满足一定条件时可以实现农户违约倾向的大幅度减少。这就是渐进投入治理机制的初步效果。

从生产维度看契约链，链条的各个节点由于受生产的条件、产品特征等因素的影响，可能构成俘获型、关系型或模块化契约关系，但契约关系的稳定性实际上是要通过降低生产成本和沉没成本来实现的。降低生产成本和沉没成本的制度设计就是基于生产维度的治理机制。通过投资和渗透到对方的生产领域、控制生产的规模和数量可以从根本上起到农业契约链的稳定作用，我们定义这样的机制为渐进投入机制。

渐进投入机制通过分阶段逐步投资的手段最终起到稳定契约关系的作用。其基本原理是，一次性投入使得一方可能的沉没成本太大，而不投资又难以降低生产成本，从而在市场竞争中处于不利地位，因此，渐进投入既克服了这两个问题，又使得双方的合作关系更加深化和稳定。

农业生产的要素投入在一次产出的过程中并不呈现出线性的趋势，土地改良和种源优化的过程都是一次性完成，但在多次产出的过程中，如持续时间段较长的合作关系当中，投资方首先对多个合作伙伴进行小额度的专用性投资，然后逐渐对没有违约的合作伙伴进行新一轮更大额度的专用性投资，最终寻找到自己的稳定合作伙伴并建立具有经济效应的合作组织。

渐进投入治理机制是在农业企业对农户进行投资的时候，并不是一期或是多期将投入 I_c 全部投入，而是在无限期的合作关系中逐步向农户投资。在这种模式下，农户通过把无限期的远期收益折旧与当期一期违约吞噬的准租金数量进行比较。在理性人假设下，即便是渐进投入的份额十分之小，农户也不会选择违约。之所以将渐进投入的持续时间设定为无限期，原因在于在有限期 t 的渐进投入模式当中，此时的远期收益为零，农户永远会选择在最后一期进行违约，而农业企业会在 t-1 期就停止进行投资，最后整个渐进投入治理机制就失去效果。

在无限期的模式当中，通过选择任意一期农户的收益来进行分析，并假设在当期交易之时，该农产品的短期价格走高，即农户有违约的倾向。

表 7-2　无限期模式下的履约收益和违约收益

	当期	下一期
履约收益	$p_1^I x_{1a}$	$p_1^I x_{1a}$
违约收益	$p'_1 x_{1a}$	$p_1^e x_1$

可以看到，违约的话农户可以吞噬当期农业企业投资带来的所有准租金即　$R=\Delta px_{1a}$，此时的违约收益 $I_2=\Delta px_{1a}$。但由于我们无法了解到农户是在哪一期进行违约，仅仅知道在 $p'_1>p_1^I$ 时农户有一定的违约倾向。但在进行渐进投资的过程中，农户的产量增加，尽管这个产量增加的数量是极小值，也必然会满足 $x_{1a}>x_1$，否则这个生产维度契约在合同设定之时农户就会不同意将其涵盖在农业合同之内。

农产品的价格变动具有波动性，但长期而言具有相对稳定性，即

$E(p'_i)=p_1=p_1^I$[①]，农户在签订合约之时一定会要求在不违约的条件下按合同生产所带来的收益是大于没有合同存在时的收益的，否则该合同也无法得到双方的认可，即 $I_1=p_1^I x_{1\ a}-p_1^I x_1>0$。

在农户面临违约并无法准确地预期下一期农业产品价格 p_1^e 变动的情况下，其预测远期执行合同的收益如下：

$$I_3=\delta(p_1^I x_{1\ a}-p_1^e x_1)+\delta^2(p_1^I x_{1\ a}-p_1^e x_1)+\delta^3(p_1^I x_{1a}-p_1^e x_1)\cdots=\frac{1}{1+\delta}I_1$$

显而易见的是，当 $I_3>I_2$ 时，农户不会选择违约。但实际上，在农产品价格具有稳定性的条件下，一旦农户准备违约，将会受到下一期执行合同带来的收益 I_1 的影响，即若是农户选择当期违约，收益为 I_2；但若是农户选择下一期违约，其可以获得的收益为 $I_1+\delta I_2$。此时，在 $I_1+\delta I_2-I_2=I_1+(\delta-1)I_2>0$ 的情况下，无论选择何时违约，农户都会发现，下一期再违约的收益更高，所以农户会不断地执行这份合同，而且由于合同的存续是无限期的，其最终也不会违约。

虽然渐进投入治理机制的履约即合同的稳定性依然存在着一定的限制：$I_1+(\delta-1)I_2>0$，但其较原有生产维度稳定条件要更容易达到，原因在于出于无限次重复的合作模式当中，农户已经可以精准地了解到农业企业投资 I_c 对其生产能力 α 的影响，精准地调整自己的种植比例。

前文证明过二期投入、二期交易的稳定条件为：$(1+\delta)p_1^I-p'_1>0$，而渐进投入模式之下，解得稳定条件为：$(2-\delta)p_1^I-(1-\delta)p'_1>0$，证明如下：

如果农户可以准确地预计到 α_a，且 $E(p'_i)=p_1=p_1^I$

则农户当期违约收益 $I_2=(p'_1-p_1^I)x_{1\ a}^I=(p'_1-p_1^I)p_1^I\alpha_a\sqrt{\dfrac{\bar{C}}{p_1^{I\,2}+p_2\beta}}$

在合同框架内每期收益 $I_1=p_1^I x_{1\ a}^I-p_1 x_1$，由于 $E(p'_i)=p_1=p_1^I$

$$I_1=(\alpha_a-\alpha)p_1^{I\,2}\sqrt{\frac{\bar{C}}{p_1^{I\,2}+p_2\beta}}$$

---

① 无限次重复交易的农业合同中的设定价格不会偏离该产品的长期价格。

设 $\phi_3=I_1+(\delta-1)I_2=[(\alpha_a-\alpha)p_1^{I\,2}+(\delta-1)(p_1'-p_1^I)p_1^I\alpha_a]\sqrt{\dfrac{\bar{C}}{p_1^{I\,2}+p_2\beta}}$

$$\frac{\partial\phi_3}{\partial\alpha_a}=[p_1^{I\,2}+(\delta-1)(p_1'-p_1^I)p_1^I]\sqrt{\frac{\bar{C}}{p_1^{I\,2}+p_2\beta}}$$

$$=p_1^I\sqrt{\frac{\bar{C}}{p_1^{I\,2}+p_2\beta}}[p_1^I+(\delta-1)(p_1'-p_1^I)]$$

明显 $p_1^I\sqrt{\dfrac{\bar{C}}{p_1^{I\,2}+p_2\beta}}>0$

则当 $p_1^I+(\delta-1)(p_1'-p_1^I)>0$ 时，$\dfrac{\partial\phi_3}{\partial\alpha_a}>0$

稳定条件即为 $(2-\delta)p_1^I-(1-\delta)p_1'>0$

该条件得到满足时，在无限期的渐进投入模型当中，契约双方在 t 期选择违约，都会发现 t+1 期违约的收益更大，故契约双方都会等待下一次；依次类推，则该合作关系将呈现内生性稳定状态，我们对该稳定条件进行进一步的分析可以发现：

$(2-\delta)p_1^I-(1-\delta)p'_1>0$ 可以转变为 $(2p_1^I-p_1')+\delta(p_1'-p_1^I)>0$

由于我们设定的 $p_1'>p_1^I$，故上式在契约内价格不低于市场价格的 1/2 时将恒成立。因此，我们可以得出一个结论：使用渐进投入治理机制的生产维度契约，在契约内规定的价格不低于市场价格的 1/2 时具有内生稳定性，故渐进投入治理机制可以有效地稳定生产维度契约。

四、资源维度契约治理机制

在上一节资源维度契约的简单修正中，我们论证了资源维度被设计的初衷就是稳定其他维度的契约关系，根据模型推理，在缺乏恰当治理机制的时候，生产维度契约的引入对交易维度契约稳定性并不能起到显著稳定的作用。同样的情况是否也发生在资源维度契约上呢？下面依旧通过构建数理模型来说明这些问题。

（一）模型的设计

资源维度契约的内在核心在于对双方所有权结构的重新配置，但所有权配置的效果难以通过数理模型来反映，所以通过所有权的配置对收益函数的影响来体现资源维度契约。模型设立的基础与交易、生产维度的设计并无区别，交易双方依然是从事原材料种植的农户以及负责产品加工的农业企业，农户是通过选择专用型作物和分散型作物的比例来实现自己收入的最大化，而农业企业作为市场价格的接受者，只能通过制定最优的收购原材料价格来实现自己收入的最大化，且企业加工产品的边际成本不变。资源维度的契约表示为，交易的一方通过某种行为获得了另一方的部分所有权并因此获得了其收益的一定比例，该比例为 $\lambda\in(0,1)$。

若农户的收益为 I_p，农业企业的收益为 I_f，在农户持有农业企业部分所有权并获得比例为 $\lambda\in(0,1)$ 的农业企业收益时：

农户的收益为 $I_p^R=I_p+\lambda I_f$，农业企业的收益为 $I_f^R=(1-\lambda)I_f$。

另外需要说明的一点是，资源维度契约通过所有权结构变动来建立，故该契约本身没有稳定性这一说法，随着产权界定①的完成，在契约规定的存续期之前契约都是稳定的，资源维度契约更多是一个法学概念，接下来分析的主要内容是其是否对原有合作关系下契约关系的稳定性有着显著性的提升。

（二）资源维度契约对交易维度契约的稳定性分析

如同原有模型的假定一样，农户通过出售产品以及节省购买部分自留产品的支出来获得收益，农业企业通过加工农产品并将加工后的产品出售

---

① 一般表现为契约双方将产权配置的有关文件到相关部门登记并生效。

来获得自己的收益，面临的违约风险来自农产品短期价格 p'_1 高于农业订单中规定价格 p_1。

在没有资源维度契约存在的情况下，农户与农业企业违约与不违约的收益分别为：

履约的收益：

$I_p=p_1x_1+p_2x_2$；$I_f=(p_1^M-p_1-c_f)x_1$①

违约的收益：

$I'_p=p'_1x_1+p_2x_x$；$I'_f=(p_1^M-p'_1-c_f)x_1$

由于我们假定 $p'_1>p_1$，则可以看到 $I'_p>I_p$ 且 $I'_f<I_f$。

则依据理性人假设，农户会选择违约并为自己带来额外收益，为农业企业带来损失，通过引入资源维度契约，我们建立新的收益函数 I_p^R 与 I_f^R。

$I_p^R=I_p+\lambda I_f$；$I_f^R=(1-\lambda)I_f$

则在面临农产品短期价格高于农业订单约定价格的违约倾向时：

履约收益：

$I_p^R=p_1x_1+p_2x_2+\lambda(p_1^m-p_1-c_f)x_1=[(1-\lambda)p_1+\lambda(p_1^m-c_f)]x_1+p_2x_2$

$I_f^R=(1-\lambda)(p_1^m-p_1-c_f)x_1$

违约收益：

$I_p^{R'}=p'_1x_1+p_2x_2+\lambda(p_1^m-p'_1-c_f)x_1=[(1-\lambda)p'_1+\lambda(p_1^m-c_f)]x_1+p_2x_2$

$I_f^{R'}=(1-\lambda)(p_1^m-p'_1-c_f)x_1$

若是期待资源维度契约可以稳定原有农业订单，则必须满足 $I_p^R-I_p^{R'}>0$

$I_p^R-I_p^{R'}=(p_1-p'_1)x_1-\lambda(p_1-p'_1)x_1=(1-\lambda)(p_1-p'_1)x_1$

在 $\lambda<1$ 的情况下，$I_p^R-I_p^{R'}<0$。

如果引入准租金的分析，准租金的份额等于在原有农业订单背景下，农户可以通过违约为自己带来的收益之和 $R=\Delta p_1x_1$。

---

① 为了简化分析，我们假设农业企业作为在下游市场上处于价格接受者，且其边际成本不变，并不存在固定成本。

需要注意的一点是：$I_p^{R'}-I_p^R=(1-\lambda)\Delta p_1x_1=(1-\lambda)R$。

因此，从模型中可以发现，在没有相应的治理机制的情况下，资源维度契约的引入对原有农业订单的稳定性并没有起到显著性的提升作用。但引入资源维度契约之后，确实可以减少由违约带来的准租金。在准租金的份额是影响农户违约的最大激励这一假设下，资源维度契约的引入确实可以一定程度上实现原有农业订单的稳定性。

（三）资源维度契约对生产维度契约的稳定性分析

之前论证了在没有治理机制的条件下，生产维度契约要较交易维度契约更为不稳定，原因在于生产维度契约可以扩大契约所产生的准租金，其实通过农业企业向农户提供投资、技术指导等方法增加农户种植供出售的专用型作物能力 $\alpha^I=(1+\delta)\alpha$ 从而实现 $\delta\in(0,+\infty)$。

通过对生产维度契约增加的准租金份额与资源维度契约减少的准租金份额进行比较分析，如果前者的份额大于后者的份额，则原有农业订单的稳定性就减少了；反之，引入资源维度契约就可以使得原有生产维度契约起到一定的稳定作用，但作用并不显著。

上一节已经证明了，资源维度契约减少的准租金是小于原有农业订单的准租金总额的，而生产维度契约引入会增加这个准租金的总额，因此，资源维度契约减少的准租金份额就更不可能大于后者了。

上文已经证明了，资源维度契约的引入可以将准租金份额降低：

$R^R=I_p^{R'}-I_p^R=(1-\lambda)\Delta p_1x_1=(1-\lambda)R$，即减少了 λR。

现在对生产维度契约增加的准租金进行定量分析，在 $\alpha^I=(1+\delta)\alpha$ 的条件下，为了简化分析，忽视了 α 对 x_2 数量的极小影响。

$$R^I=I_p^{I'}-I_p^I=p_1'\alpha^I\sqrt{\frac{\overline{C}}{p_1^2+p_2\beta}}-p_1\alpha^I\sqrt{\frac{\overline{C}}{p_1^2+p_2\beta}}=(1+\delta)\Delta p_1x_1=(1+\delta)R$$

即生产维度契约增加了比例为 δ 的准租金。

由此可见，资源维度契约对生产维度契约的稳定性条件为 $\lambda>\delta$，这个条件得到满足之时，资源维度契约对生产维度契约有着一定的稳定作用，可以减少其产生的准租金回到原有的水平以下，但是由于两者的取值区间不同：$\lambda\in(0,1)$而$\delta\in(0,+\infty)$，故这一条件在现实中相当难实现。

（四）资源维度专用治理机制——交叉持股

作为契约链上的独立市场交易主体，在面对众多的不确定性和风险，特别是作出专用性投资之后，双方都面临着在稳定交易关系、增加交易的经济租金的同时，如何合理分配交易带来的盈余和分摊风险的问题，这些问题依赖其他治理机制难以解决。借鉴日本下包制的有益经验，在现代农业契约关系的治理中，交叉持股是激励和约束各主体进行关系专用性投资、减少不确定性和机会主义行为的一种可信承诺，也是最大化各自交易价值的制度安排。而且，交易主体在市场上地位的不对等、交易双方的机会主义行为倾向、农村市场发展的不成熟，加上农业生产极大的不确定性和农户承担风险的意愿和能力低下，使得像农户这样的弱势主体对关系专用性投资，特别是人力资本专用性投资存在很强的抵触情绪，导致现代农业契约链上的契约关系很难是长期、稳定的。而通过交叉持股联结的交易主体，既可以诱致关系专用性投资，以替代一般通用性投资，又可以解决人力资本专用性的难题，达到了双赢。

资源维度的契约若仅仅是单向持股，对于持股方而言，在组织面临亏损的时候不得不和合作方共同承担成本，但在违约带来的收益方面，还是由其独占，一旦违约给持股方带来的收益大于它要承担的给组织带来损失的份额，持股方还是有很大的可能选择违约，因此资源维度的交叉持股治理机制的重要意义在于：双方无论是在损失还是在收益方面都需要共同承担，从而最大限度地减少在组织内部的机会主义行为。

下面通过数理分析来论证交叉持股治理机制的有效性，在单向持股的情况下，假设农户持有农业企业的股份，收益函数如下：

$I_p^R=I_p+\lambda I_f$；　$I_f^R=(1-\lambda)I_f$

若是交叉持股的情况，将农户与农业企业的收益表示为I_p^C和I_f^C，分别持有对方λ_p与λ_f的股份，则收益函数表达为：

$I_p^C=(1-\lambda_f)I_p+\lambda_p I_f$；　$I_f^C=(1-\lambda_p)I_f+\lambda_f I_p$

（五）交叉持股对交易维度契约的稳定性分析

同样在面临短期价格偏高引起农户违约风险的时候，代入：

$I_p=p_1x_1+p_2x_2$；$I_f=(p_1^m-p_1-c_f)x_1$

可得到农户与农业企业在违约与履约时的收益函数分别如表 7-3 所示。

表 7-3　农户和农业企业收益比较（一）

主体	选择	收益
农户	履约	$I_p^C=(1-\lambda_f)(p_1x_1+p_2x_2)+\lambda_p(p_1^m-p_1-c_f)x_1$
	违约	$I_p^{C'}=(1-\lambda_f)(p'_1x_1+p_2x_2)+\lambda_p(p_1^m-p'_1-c_f)x_1$
农业企业	履约	$I_f^C=(1-\lambda_p)(p_1^m-p_1-c_f)x_1+\lambda_f(p_1x_1+p_2x_2)$
	违约	$I_f^{C'}=(1-\lambda_p)(p_1^m-p'_1-c_f)x_1+\lambda_f(p'_1x_1+p_2x_2)$

同样，对于准备违约的农户而言，严格遵守理性人原则，只有在违约收益小于履约收益的时候，才会选择拒绝短期价格走高的价格激励，从而履约。

计算可得：

$I_p^C-I_p^{C'}=(1-\lambda_f)(p_1-p'_1)x_1+\lambda_p(p'_1-p_1)x_1=(1-\lambda_p-\lambda_f)(p_1-p'_1)x_1$

由于 $(p_1-p'_1)<0$，故只有在 $(1-\lambda_p-\lambda_f)<0$的时候，条件才可以成立。此条件成立的必要条件是契约双方中的某一方持有对方收益权份额的一半以上，在这种情况下，契约双方从股权的角度来说已经融为一个企业了，即依靠契约关系协调的农业纵向合作组织已经转换成了纵向一体化，不需要依赖改变函数来实现合作关系的稳定，其可以通过所有权集中所带来的行政力量强行稳定合作关系。因此大多数情况下，λ_p 与 λ_f 之和是小于 1 的，故交叉持股的治理机制也不能实现订单农业的内生稳定。

进一步对准租金进行分析，通过计算得到结果：

$R^C=I_p^{C'}-I_p=(1-\lambda_f-\lambda_p)R<(1-\lambda)R<R$

以准租金的份额来衡量违约风险的话，交叉持股治理机制确实可以比单方持股具有更好的稳定契约关系的作用，由于农户可以通过违约摄取的准租金即是农业企业通过农业订单事先确定的应得收益，可以发现，由于准租金的份额在实现交叉持股治理机制之后减少了$\sum\lambda_i$的比例，从而农业企业的应得利益损失也同比例减少。

因此，对交叉持股治理机制的结论是，在资源维度契约中应用交叉持股治理机制，虽然不能实现订单农业的内生性稳定，但是交叉持股治理机制一方面可以减少违约方通过违约摄取的准租金总额，另一方面可以减少交易一方在另一方违约时的损失，所以这是一种具有应用前景的农业契约治理机制。

（六）交叉持股后生产维度契约的稳定性分析

在上文生产维度契约的治理机制分析中，论证了一种可以实现包含生产维度在内的农业合同内生性稳定的治理机制，即渐进投入机制。实际上，资源维度契约的引入，配合相应的交叉持股治理机制，并在满足一定条件之后，包含生产维度在内的农业合同同样可以实现相对的稳定，但相对无须条件即内生性稳定的渐进投入机制，其自然显得没有那么有效。

但渐进投入机制必须建立在投资—交易的次数是无限次的前提下，这一前提也并不是十分容易得到满足，故本节通过模型推导出资源维度——交叉持股治理机制的稳定条件，但其无法达到渐进投入治理机制的有效性。

在引入生产维度契约的农业合同之后，相对于交易维度而言，最大的不同在于专业型生产能力将得到提升，则同样将收益函数列出如表 7-4 所示。

表 7-4　农户和农业企业收益比较（二）

主体	选择	收益
农户	履约	$I_p^C=(1-\lambda_f)(p_1x_1^I+p_2x_2)+\lambda_p(p_1^m-p_1-c_f)x_1^I$
	违约	$I_p^{C'}=(1-\lambda_f)(p_1'x_1^I+p_2x_2)+\lambda_p(p_1^m-p_1'-c_f)x_1^I$
农业企业	履约	$I_f^C=(1-\lambda_p)(p_1^m-p_1-c_f)x_1^I+\lambda_f(p_1x_1^I+p_2x_2)$
	违约	$I_f^{C'}=(1-\lambda_p)(p_1^m-p_1'-c_f)x_1^I+\lambda_f(p_1'x_1^I+p_2x_2)$

同理，在面临短期价格上升的违约风险时，农户执行契约的条件为违约收益小于履约收益，故需满足 $I_p^{C'}-I_p^C<0$。

$$I_p^{C'}-I_p^C=(1-\lambda_f)(p_1'-p_1)x_1^I+\lambda_p(p_1-p_1')x_1^I$$

$$=(1-\lambda_f-\lambda_p)(p_1'-p_1)x_1^I$$

$$=(1-\lambda_f-\lambda_p)(1+\delta)(p_1'-p_1)x_1$$

$$=(1-\lambda_f-\lambda_p)(1+\delta)R$$

由此可见，虽然无法达到内生性的稳定，资源维度契约的引入至少将农业企业面临农户时违约的损失 $(1+\delta)R$ 减少了 $\lambda_f+\lambda_p$ 的比例，这对于本身就为专用性资产投资支付过一定成本的农业企业来说有着重要意义。

五、小结

三维度契约理论的创新之处在于将原有的复杂的农业契约类型按照约束经济层面的不同分为交易维度契约、生产维度契约以及资源维度契约，并相应论证了三种不同的治理机制，即从理论上提供了对现代农业契约中详细条款进行简单修正的方案，又从数理上推导了不同契约的相应完善机制，对于稳定现有农业契约有着重要意义，并具体运用该三维度契约理论来构建符合现代农业发展要求的现代农业契约链以及现代农业组织模式。

第八章　构建新型现代农业契约链

本章把三维度契约理论运用到现代农业契约链的构建中。前文的分析表明，现代农业产业化运作的模式应该是农业纵向合作化模式，而纵向合作化模式的关键在于通过契约衔接产业链上的不同生产经营主体。因此，在设计新型农业组织模式之前必须先构建新型农业契约链。

本章内容大体上分为两部分：第一部分分析契约链的延长与变动，第二部分详细阐释一种新型现代农业契约链即模块化农业契约链。

原有农业契约有着许多内生性问题，如内部冲突导致的履约率低、机会主义倾向导致农业组织解体风险等，但依然较小农经济有较大改进。原有农业契约是现代农业进程中的第一阶段，在暴露其固有问题并对此进行修正后，农业组织的结构也会相应地发生改变，以适应现代农业对农产品高产量、高技术含量的需求。而这些变动的背后蕴含着农业契约链的延长以及变动，农业契约链将不再仅仅以交易维度契约为核心，同时还要引入包括生产维度以及资源维度在内的其他维度契约。

一、契约链的延长

从传统农业到现代农业的第一个阶段是订单农业阶段，这个阶段应用最为广泛的契约模式是交易维度契约。随着合作关系的不断深入和产业内部分工的纵深化，原有经营生产主体会更加细化自己的专业职能，不断寻找到生产经营主体的最佳边界，并通过契约与其他主体协调生产。这些契约不仅包括交易维度契约，还会包括生产维度以及资源维度契约。农业契约链的延长可以看作是农业生产经营主体强化彼此合作、不断寻找其他合作伙伴的过程。随着不同类型契约组成的新型契约链的构建完成，农业生产也得以进一步向现代农业过渡。

（一）契约链延长的第一步——内部分工

分工理论可能是最早的经济学理论，但在现代农业契约链构建理论中一样有着十分重要的价值，在进一步解释农业产业链中的内部分工之前，先回顾一下分工理论在经济思想史中的发展过程。

文献资料：社会分工理论的发展过程

社会分工的思想早在古代社会就被提出，但是古代的思想家们认为社会分工有利于稳定社会秩序，而对于经济的增长方面的作用一直到资本主义社会才得以肯定。古代色诺芬在论述经济论的同时提到了社会分工并从商品的使用价值方面对社会分工进行描述和解释，他通过对大城市和小城市的差异对比分析认为，大城市里的社会分工发展的程度远远高于小城市社会发展程度，即这就一定程度上决定了大城市的设备往往比小城市更齐全和完善。在大城市中，不管是出于充分劳动力的因素还是由于大城市市场发展的要求，任何一种商品的生产都被细分为不同的环节，而且每个环节都安排了工人进行生产和管理；而在小城市中，商品的生产虽然依旧是这些环节，但是并不能保证每个环节都有专门负责生产的工人，往往为了节约生产成本，一些工人需要负责多种生产工序的生产。然而，在同样的生产条件下，由一个工人和由多个工人分工合作完成的产品的质量是完全不同的，当你专注于做某一项工作时，你的时间和精力尽可能地花费在了该工作上，但是当你要完成这一系列的工作时，所花费的时间和精力都要大打折扣，这就决定了生产出来的产品远远不如在前者条件下生产出来的产品质量。

色诺芬还通过制鞋业的分工来解释社会内部分工的问题，制鞋业的分工很好地解释了一个产业的内部分工和协作。他认为，一个人不可能精通一切技艺，分工是必要的，因此一双鞋子的最后完工需要通过不同的分工来完成，只有在这种分工的条件下完成的鞋子才是质量最好的。其中，劳动分工同时也可以把工作简化，原本你需要多项技能，但是只要你把其中一项练到一定的熟练程度，你就可以获得较好的收益。古希腊哲学家柏拉图在论述社会分工问题的时候认为，社会分工的出现正是由于人们对生活的各种衣食住行的需要。为了满足人们生活的需要，人们发挥其各自的优势从事不同的行业、不同的工作。不同的人从事不同的工作也导致了市场和交换的出现。人们为了满足自身的需求，不得不通过付出自己的劳动或花费一定的代价来获得自己想要得到的东西。

柏拉图的社会分工思想为亚当·斯密的社会分工理论的建立奠定了基础。首先，斯密认为，劳动生产率的最大增进，以及运用劳动时所表现的更大的熟练、技巧和谈判力，似乎都是分工的结果。社会分工的出现源于交换的产生，社会分工可以为人们带来更多的经济利益。为了满足人类多种多样的需求，劳动剩余产品的交换越来越频繁，慢慢地，人们意识到，依靠自己的力量来完成一份工作的所有环节所带来的效益是很低的，但是当与他人一同完成时，个人只要把自己分内的事做好却同样可以带来比前者更高的效益，在交换的过程中分工细化的优势逐步体现出来，人们也慢慢地倾向于专门从事某一个环节上的工作。先忽略社会分工与交换之间是否存在一定的因果关系，我们不得不承认两者之间互相影响，社会分工程度的提高促进了市场交易的完善与发展，同时，交换的频繁发生也有利于社会分工。其次，斯密认为，社会分工有利于提高劳动生产力，促进生产力的发展。他以扣针制造业为例来说明社会分工的重要性以及其在促进生产力发展上的作用。在扣针的制造过程中，如果一个工人没有经过任何的专业培训，对生产扣针机器的使用方法不熟悉，那么纵使他竭尽全力地工作，在一天之内也不可能制造出一枚扣针；但是在劳动分工的背景下，把扣针的制作看作是一种专门职业，并且把它分为若干个部门：抽铁丝、拉直、切截、削、磨、装上圆头，其中圆头的制作又细分了不同的操作。在这种分工细化的情况下，尽管机械设备简陋，只要各个部门能够勤勉努力，那么一日成针二十磅也能成为可能。从扣针制造业的细分中可以看出，越是细密的分工，越能提高劳动的生产效率，虽然有些手工制造业无法像扣针业一样被细分，但是由分工带来的效果是一样的。社会分工之所以能促进社会生产力的提高，他认为主要有三个方面的原因："第一，劳动者的技巧因业专而日进；第二，由一种工作转到另一种工作，通常需损失不少时间，有了分工，就可以免除这种损失；第三，许多简化劳动和缩减劳动的机械的发明，使一个人能够做许多人的工作。"劳动技能的熟练以及劳动时间的节约，社会分工有利于新技术的发明和创新，这是亚当·斯密在分工思想上的重要贡献，对后来学者在社会分工理论的发展和研究上有深远的影响。

资料来源：亚当·斯密（1776）。

农业契约链的内生延长的第一步，就是在产业链中各个经营交易主体凭借自己的比较优势进行内部分工，通过缩小各主体的产权实体边界达到扩大契约虚拟边界的目的。在现代农业发展进程的背景下，农业的生产不单单只是局限于田间的操作，农业全产业链还包括了品牌运营、优质种子的研发、农产品的田间生产的一般环节，以及在农产品收获后的一系列的加工、运输和销售环节，而各个主体都可以在分工之后专注于某一个环节进行生产与经营。

此外，分工还包括原有生产角色的变化，如农民不再单单扮演在田间劳作的角色，同时也可以在农业专业合作社以及协会的帮助下实现产品的粗加工，提升农产品的商品化；农业合作社不仅起到第三方监督以及信息传导作用，也可以进行地域商标设计、地域特色产品开发等。在农业生产中充分发挥社会分工细化的理念，有利于劳动生产率的提高，同时也有利于农业全产业链上经济租金的最大化。

农业生产有着自身的特殊性，虽然分工确实有可能带来产出的大幅度提高，但如果以行政力量干预分工过程，则会起到相反的作用。在人民公社时期，生产大队的“工分”制度从本质上来说就是人为地对农业生产过程进行分工，如果农业分工不以各主体的比较优势自行调整，而是依赖行政力量推动，一方面来说成本高昂，另一方面效果也不能令人满意。

（二）契约链延长的第二步——生产环节的全覆盖

传统农业的产业链只是局限于种养植、收割、出售三个环节，这种狭窄的产业链在现代农业发展的条件下依然还存在，农民一直都处于农业产业链的低端，难以分享到全产业链上的经济租金。在经济全球化的背景下，延长现代农业产业链对农产品交易的稳定性具有更重要的意义。通过改变传统农业“种养—收—售”的产业链促进现代农业产业化发展，不仅在上游环节进行延伸，也在下游环节进行扩展。

现代农业必须改变传统农业依赖生产经验、以满足其温饱问题为目的而进行的农业生产活动。在现代知识和先进科技技术的基础上，对农业生产、加工、服务的功能进行完善，农作物生长过程中还可以发展观光旅游、绿化美化，扩展现代农业的性质，尤其是市场化与机械化农业生产的发展；同时，在对外贸易相对成熟的时机下，我国农产品要利用比较优势打开国际市场。现代农业产业链不仅表现为“种、收、售”，而应该向种源的研发培育、生产资料及其服务、多环节深加工、储运、营销等多环节延伸。

同时，农业产业链的延伸不仅要向上游环节和下游环节延伸，中间环节也不容忽视。在上游环节，如种子的研发和培育对于产业链低端的农民来说难度较大，由于农民生产能力和知识技术能力的有限性无法参与到科技含量较高的下游加工环节，再加上农民在农业产业链中一直都在中间环节，因此为了使得农民可以更好地参与到现代农业全产业链的发展进程中，增加农户的收益，要对中间环节进行延伸。经济全球化不仅给农业发展带来了机遇，同时也带来了挑战。通过把国内农产品与国际市场进行衔接，对于分散经营的小农经济来说具有很大的挑战性，这就决定了要加强对农业产业链的延伸和扩展。在农业生产中，具有较高附加值的环节一般是在上游环节和下游环节，因此，为了增强我国农产品的竞争力和培养农产品较高的比较优势，必须要在含有高附加值的环节投入一定比例的专用性资产。

（三）契约链延长的第三步——通过三维度契约链接各经营主体

现代农业对农业组织内部各个经济主体职能提出了专业化要求，在小农经济中，农户既是初级产品的生产者，也是农副产品的加工者，同时还承担着农产品的物流和销售的任务。随着农业组织的不断演变，出现了现代农业企业，农业企业不直接生产农业初级产品，而是向农户收购原材料后将农产品加工并出售给零售商或下游企业进行深加工，同时农业研究机构、农业金融机构、农业物流机构等覆盖农业生产全产业链的经营主体也随之建立。但是如果这些专业化的生产经营主体彼此之间没有相互链接，根本无法协同和整合农业的产业链条。于是，随着产业链内部分工的纵深化发展，必然要求通过不同类型的契约关系将各个主体相互链接起来，对整个产业链进行整合。由于原有生产经营主体的分工发生了变化，不能仅仅依赖交易维度契约建立一条覆盖全产业链的契约链，要使用生产维度契约来增加农业组织的产出水平，同时使用资源维度来稳定合作关系。

举例而言，部分农业企业会选择不再进行农产品的加工而是向农户提供生产原材料，如化肥、种源等，或者向农户及其他农业企业提供技术支持来获取经济利益，还有部分农业企业会将加工部门外包给其他更擅长加工的企业，自己独立进行技术研发工作等。下面通过一个案例来进行具体说明。

调研资料

贵阳市白云区农研机构节省研发成本的新方法

贵阳市白云区的某个农业研究机构近期寻找到了一个节省研发成本的好方法。以往其开发出新种源后，总要在实地播种阶段支付大量的土地租金和劳动力雇佣成本，而今年他们寻找到了一个新的方法来避免支出这些成本。

该农业研究机构与该区域内300余户农户签订了一个合作合同。合同规定，农业研究机构将这些实验阶段的种源免费发放给该地区的部分农户并给予相应的技术支持，承诺最终以市场价格收购他们的产品，由农户在自留地上种植这些实验阶段的种源，减少了以往雇佣他人在租借来的土地上种植的相关监督成本，且农户的种植积极性也明显优于原有的雇佣人员。虽然研究机构最终要回购这些产品，但回购产品的支出远远小于租借土地和雇佣人员的支出，但是农户却为此承担了该类产品带来的未知风险，该研究机构对此不予置否。

资料来源：笔者调研整理。

通过与农户进行共同开发，该农研机构有效地降低了经营成本，也可以更好地推广自己的研究成果。这是各经营主体彼此合作的一个案例，通过彼此之间的合作带来收益增加的情况无论是在工业生产还是在农业生产中都广泛存在，但是在此案例中，契约链上仅仅存在两个生产经营主体，并没有涵盖整个农产品的生产链。

新型农业契约链需要使用不同类型的契约链接覆盖全产业链各个生产经营主体，只有在这种情况之下，农产品的生产才可以通过有效的协调实现规模化、资本化，最终完成从传统农业向现代农业的过渡。下一部分将详细论述这种覆盖全产业链的农业契约链。

（四）契约链延长的第四步——引入外部服务

随着农业组织的进一步发展，在向现代农业组织过渡的过程中仅仅依靠原有的经济主体不能完成各个生产阶段的深度专业化，如对资本的需求要求金融的支持、农产品的易腐性需要冷鲜运输业的加入、对市场信息的搜寻需要销售营销服务行业合作等。此时，已发展到一定规模的农业组织由于内部存在较高利润空间，就会吸引这类相关服务企业的进入。

相关服务企业可能是被农业组织内部利润率吸引进入，还有可能是为追求在与现有农业经济主体构建合作关系中创造的大量经济租金而进入，还有可能是地方政府出于扶持农业组织发展从而给予企业相应的优惠政策而进入。

一旦相关服务企业被农业组织通过稳定契约的形式内部化，一个商品化、现代化、分工明确的现代农业组织就得以建立（见图 8-1），此类农业组织和原有的公司和农户相结合的订单农业模式相比存在本质的不同，其更符合现代经济社会市场经济发展的需求，更具有市场谈判力量，更具有产品研发、技术创新和发现市场的能力。

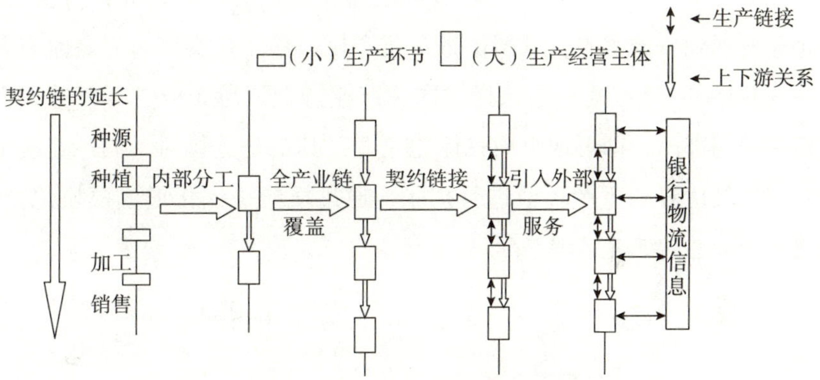

图 8-1　农产品契约链构建过程

资料来源：笔者整理。

二、模块化农业契约链

在现代农业组织模式的构建过程中，在产业链中，各个生产环节通过分工—整合—链接的方式在纵向一体与纵向分离两种不同倾向中找到均衡，最终实现稳定的纵向合作模式。在该模式稳定之时，各个主体之间的契约关系就形成了一条覆盖农业生产全产业链的契约链。本节介绍的模块化农业契约链即是这种新型农业契约链的一种。

组织模式构建过程以产业链分工形成不同生产环节开始，到企业间再整合实现纵向关系型网络模式结束。在现代农业产业生产经营过程中，组织模式的构建往往不局限于一种产品的产业链，而跨产品产业链之间的企业整合行为最终会形成一个个纵横交错的模块，这些模块之中有许多的生产经营主体，这些经营主体并不集中在某一个产业当中，而是集中在某一种经济行为当中，如生产原材料、加工原材料、技术研发、物流、营销服务等。

产业链延伸的过程是各个企业以自身生产函数为基础选择若干个具有比较优势的生产环节并将这些环节都涵盖在企业的产权边界内外的过程。当企业发展到一定水平，试图扩张企业产权边界或是实体边界之时有两种选择（见图 8-2）：其一是选择对同一产业链上下游企业进行兼并或者是构建相关的部门，即形成纵向一体化企业；其二是选择对不同产业链上某些具有比较优势的生产环节进行扩张，通过横向一体化形成模块化企业，如物流企业、包装企业等。

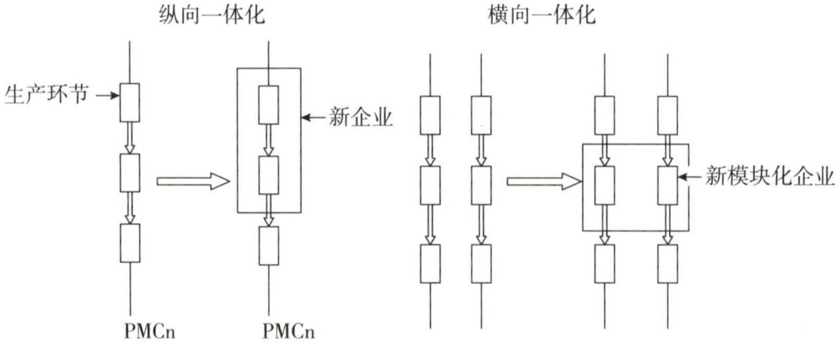

图 8-2　纵向一体化与横向一体化

资料来源：笔者整理。

传统农业契约链的构建往往以生产经营主体为基本单位进行，由于农业生产经营主体差异性大，往往在某种环境条件下具有适用性的契约链模式，在其他环境当中难以推广。而以模块为核心进行契约链构建分析，以具有特定生产函数、生产特性相类似的模块替代差异较大的生产经营主体，如农户、农业企业、农业合作社等，通过分析稳定临近模块之间的契约关系，实现所有模块之间的契约关系稳定，就容易达到覆盖全产业链的新型农业契约链构建的目的。

需要说明的一点是，对于文中所说的“模块”，其既可以由单个企业组成，也有可能是多个企业乃至多个不同的生产经营主体组成一个模块，其生产函数具有一定的相同性，但模块内部的构成本章没有展开分析。

（一）种养模块简介

种养模块（Peasant）是农业生产的基本模块，一般以农户和具有相同生产性质的农业专业合作社组成。无论是在传统农业、订单农业还是在现代农业当中，种养模块都是农业生产必不可少的一个模块。该模块依赖土地要素进行生产，要素报酬率难以确定，甚至难以区分，因此传统的企业成本理论难以对该模块进行分析，而本章分析的重点在于构建一个具有内生稳定性的农业组织模式，故种养模块与其他模块之间的契约稳定性是本章分析的重点。假设种养模块中经营主体包括农户和生产型农业合作社，产品往往可以分为两大类：其一是在关系内部用于出售的产品，其二是供自己生活所需的农产品。即便是一个十分专业化的农户，也往往不会选择完全在市场上购买农产品，自己种植一定的蔬菜、辣椒甚至粮食性作物的现象在我国农户中十分常见。第一类产品为模块主体带来的收入是可以直观表现的，通过将第一类作物出售给交易伙伴，换取现金；第二类产品即供模块主体自己使用的产品实际上也为模块主体带来了收入，因为种植农户不必为购买这些农产品而再支出费用。选择两种产品的种植最优比例，这个比例将在种植的初始阶段就得到确定。

故该阶段的收益函数和约束方程如下：

$$I_p = p_1 x_1 + p_2 x_2$$

$$\overline{C_p} = \frac{x_1^2}{\alpha^2} + \frac{x_2^2}{\beta^2}$$

其中，x_1 表示供出售的农产品的数量；p_1 表示其市场价格；而 x_2 与 p_2 则表示模块主体自用的农产品的数量与相应的价格，实际上，x_2 与 p_2 是多种农产品数量和价格的加权平均数；而 α 表示模块主体种植供出售产品的擅长程度，也可以表示为农户种植某种产品的集中程度；β 表示其种植供自用产品的擅长程度，也可以表示为模块主体种植农产品种类的分散程度；$\overline{C_p}$ 表示其拥有的要素约束。

（二）种源模块简介

种源模块（Develop）是一般所说的农业生产上游技术开发等方面的模块，通过向种养模块提供相应的技术从而获得相应的报酬。农业技术包括对种源的改良、优质化肥的提供等。实现农业生产的现代化对农业技术的进步有着必然的需求。在发达国家的大型农业企业中，一般都设有专门负责技术开发的相应部门，这些部门一方面提高该农业企业的产出从而促进农业企业获得更多的利润，另一方面提供相应的技术促进该农业企业的产品具有更好的差异性和专用性，使得消费者愿意为该产品支付更高的购买价格。正是如此，很多理论分析将技术开发职能归属于农业企业之下，在发展中国家包括我国的农业生产现状当中，往往由于农业企业力量太弱而难以承担技术开发的资金需求，导致农业生产与技术开发脱节。本模型将农业技术开发阶段的生产经营主体归类到种源模块，并与加工模块中的技术开发严格区别开。在种源模块中提供的农业技术，可以提升种养模块的所有农产品产量，而在加工模块中提供的农业技术，仅仅可以提升种养模块中仅供加工模块使用的农产品产量。故该模块的收益与约束函数分别如下：

$$I_d = \sum \lambda_i I_i$$

$$T_d = \lambda_1^d \left(I_d - \overline{C_d}\right)$$

其中，I_d 表示种源模块的收入，由于种源模块没有实际的产出，故 $\lambda_i I_i$ 表示其他模块愿意将本模块收入的 $\lambda_i\,[\lambda_i \in (0,1)]$ 支付给种源模块以购买更为有效的生产技术；T_d 表示种源模块的技术开发能力；$\overline{C_d}$ 表示其固定成本，包括租金、固定资产的购买等，若其收入小于此值，其根本就没有能力将资金投入到技术开发的环节当中；λ_1^d 表示该种源模块将投入开发的资金转换为技术能力的比例。

（三）加工模块简介

加工模块（Factory）包含了传统的农业企业在一体化种养模块的背景下，选择使用契约与种养模块进行协调、购买原材料并加工出售产品。该模块与种养模块的契约稳定与否是订单农业的研究重点。在本模型中，我们对其进行了相对的限制与区分，如果农业企业只是将分散农户的产出集中购买再集中出售，而没有发生加工行为，则这个环节不归属于加工模块而归属于下一个营销模块。此外，加工模块对种养模块提供的专用性投资仅仅可以加强企业将要收购的那部分农产品的生产能力，对农户其他农产品生产能力则无影响。其收益函数与约束函数如下：

$$I_f=(p_1^s-p_1)x_1-TC_f$$

$$TC_f=c_fx_1+\overline{C_f}$$

其中，I_f 表示加工模块的收益；p_1^s 与 p_1 分别表示加工模块完成加工后将一单位的 x_1 出售给下游营销模块的单价和向种养模块收购一单位 x_1 的单价。在总成本函数当中，我们假设加工模块的边际成本不变。

（四）营销模块简介

营销模块（Selling）包括了物流企业、农产品销售平台和超市等多种农业经营主体。在该模块内部的企业不涉及农产品的生产和加工，仅仅是通过完善营销服务和实现分散购买、集中出售的方式来获得自己的利润，其显著的特点是在该模块内部边际成本递减，在销售数量上却受上游模块包括种养模块和加工模块的限制。本模型假设其收益函数与成本函数如下：

$$I_s=(p_1^m-p_1^s)x_1-TC_s$$

$$TC_s=\ln(x_1+\alpha_s)+\beta_sx_1$$

其收益函数与加工模块无异，其中，p_1^m 表示一单位的 x_1 在市场上的最终出售的价格。在总成本函数当中，为了体现边际成本递减，选择对数函数。假设对于营销模块来说，其边际成本会逐渐递减并逼近一个大于零的常数，在函数当中，α_s 表示营销模块销售第一件产品的边际成本的倒数，β_s 表示其在营销规模不断扩大后边际成本逼近的那个常数。

总结如表 8-1 所示。

表 8-1 四种模块的比较

模块名称	收益函数	约束/成本函数	特征
种源模块	$I_d = \sum \lambda_i I_i$	$T_d = \lambda_1^d (I_d - \overline{C_d})$	没有实际产出
种养模块	$I_p = p_1 x_1 + p_2 x_2$	$\overline{C_p} = \frac{x_1^2}{\alpha^2} + \frac{x_2^2}{\beta^2}$	选择达到最优
加工模块	$I_f = (p_1^s - p_1) x_1 - TC_f$	$TC_f = c_f x_1 + \overline{C_f}$	边际成本不变
营销模块	$I_s = (p_1^m - p_1^s) x_1 - TC_s$	$TC_s = \ln(x_1 + \alpha_s) + \beta_s x$	边际成本递减

三、契约链的变动

在从以传统的单维度契约为核心的订单农业模式向以三维度契约为核心的新型农业契约链转变的过程当中，除了契约链从原有的种植—生产—加工阶段之间的覆盖延长至农业生产的全产业链之外，还应该包括原有契约类型的变动，这些变动既包括组织结构变动所带来的契约链变动，也包括在原有组织结构框架中的变动。同时，从契约维度的角度来看，既包括原有交易维度契约对象的变动，也包括引入生产以及资源维度契约的契约类型的变动。

（一）交易维度的契约变动

在任何行业中，行业内部的分工化或者是产品内部分工化都能带来产能的提升，在现代农业生产经营中也是如此。而内部分工往往会带来产业组织结构发生改变，即原有隶属于某个大型企业的部门可能会独立，原有的独立企业可能会被合并。原有组织内经济主体相互链接的合同也不再具有适用性，新的契约链将被建立，有些契约的变动是由于各个经济主体为了维系彼此之间的合作关系而对原有契约链进行改动，有些则是在相关服务企业进入之后为了维持经济组织的稳定性而新构建的。

原有农业组织中经济主体以农业企业和农户为主，两者之间主要是通过订单合同相互链接，而新型农业组织中则包括涵盖贸易代理、事业投资、金融服务、仓储运输、信息咨询和科技开发等职能的各类经济主体，此时仅仅依靠订单合同是无法联合彼此的，契约的关系必须变得更为复杂，同时原有的交易维度契约也会发生相应的改变。

现代农业要求农产品生产销售体系内部高度分工化，由不同的市场主体分别负责具有比较优势的生产阶段，在所有权缺乏高度统一的基础上，各个生产阶段通过契约来相互链接、相互协调各自的生产规模，从整体上达到规模经济效应。产品内部分工的结果是特定生产阶段所生产或加工的产品具有高度的专用性，同时也对专用性投资存在依赖：一方面需要专业的投资方对其进行投资，另一方面生产的产品只能供特定的合作者进行进一步的加工，很难在市场上出售，则原有的有限期交易维度契约很有可能为了适应组织模式的改变而转换为长期交易维度契约。

比如在某个农业组织当中，某个企业负责将屠宰后整头猪的猪油提炼出供下游企业生产润滑剂。如果该企业缺乏专用性投资以及下游企业长期稳定的订单，那么该企业将难以建立。尽管该企业能建立起来，也很难在传统农贸市场上出售它的产品。大部分学者认为，在一个既缺乏所有权集中又高度分工化的市场组织当中，一旦某个市场主体与其他市场主体的联系中断，该市场主体的生存将面临极大的挑战。因此，当一个产品的生产体系随着生产技术的进步而出现内部产品高度化分工趋势后，各个市场主体之间会自发具有形成长期契约的倾向，即在交易维度当中，契约的存续期会发生从短期到长期的变化。

（二）跨维度的变动

契约链的变动不会仅停留在交易这一种维度当中，会从简单的交易维度向复杂多维度契约链变动，之前论证的复杂契约链关系一方面是从契约的类型方面来说的，另一方面是从契约的链接方向而言的。

1. 组织结构发生变动

产品内部分工化市场组织之间的契约关系绝非是传统的直线纵向形式，即生产商分别与上游企业和下游企业签订契约从而形成的简单契约链，而是单个主体通过复数以上的契约与多个其他市场主体建立契约关系；各个主体并非以其在产业链的位置来构建其契约关系，而是以其在生产体系中的职能来构建与彼此的契约关系，这种契约关系的特征是多维度、多方向，并且可以网络状的形式表达出来，如图 8-3 所示。

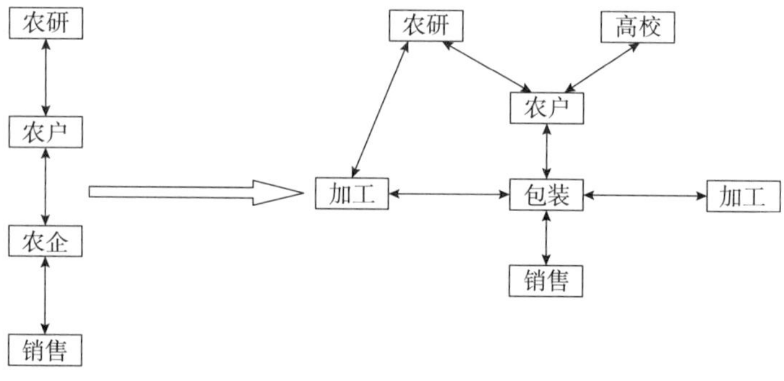

图 8-3　契约关系变化示意图

资料来源：笔者整理。

传统纵向产业链体系中各个生产阶段的企业从职能来说都是对初级产品进行加工，并将加工后的产品出售给下游企业进行再加工；从性质上来说都是进行生产类型的作业。因此，契约类型也都是单维度的订单式契约。而现代农业生产体系中，各个市场主体的职能并非相同，有的负责进行生产技术的研发，有的负责对其他主体进行专用性投资，有的负责进行实际的耕种等，这些主体之间的契约复杂程度远远超出了原有单维度契约关系，因此仅仅依赖交易维度契约将这些主体链接起来是不可能的。

单个的市场主体将难以生产甚至无法生产出可以在普通市场上出售的最终产品，各个市场主体之间必须依赖契约关系才能最终以一个整体的形式进行规模生产，从而达到多个经营主体生产一种产品的结果。各个主体之间需要实现资源共享、风险共担，并在彼此之间加强专用性投资，改进彼此的生产能力，这就需要原有的契约关系不仅仅发生同一维度的变动，还要向生产维度乃至资源维度的契约方式进行变动。

2. 组织结构不变

在农业组织的不断发展过程当中，随着内部分工化和外部企业的进入，产业组织结构会发生变化；在难以实行纵向一体化的农业组织当中，链接方式——契约就会发生变化，即从以订单合同为主发展成涉及交易、生产、资源多个维度的复杂契约模式。但契约模式的变化并不依赖组织结构的变动，在原有组织结构没有发生改变的情况下，原有的合作主体在进行反复合作、违约、报复等博弈过程中，若要继续保持合作关系，就应对合同原有条款和合同涵盖的内容进行修正。

无论订单合同是长期还是短期、价格是固定的还是随行就市，都不能保证合作双方可以维持稳定的合作关系，但在标的物具有一定的不可替代性、长期存续、交付数次的订单合同当中，契约双方对彼此都有着一定的契约专用性：即便是违约之后，他们也难以在短期内寻找到更好的合作伙伴。因此，即便是该合作组织的组织结构没有发生任何改变的情况之下，为了稳定的合作关系，双方会自发地对原有契约模式进行修正。

文献资料：美国沙丁鱼产业的发展简述

沙丁鱼作为一种深海鱼类，营养价值和口感都受到西欧及北美地区人群的欢迎。由于沙丁鱼一般出没于大洋深处，因此需要相对专业的捕捞船只进行捕捞，此外，沙丁鱼一般是被制成罐头后才统一在市场上出售的，在几个特定的港口城市就有着这样的沙丁鱼加工厂，它们通过和沙丁鱼捕捞船主签订订单合同来获得稳定的原材料供应。双方尔欺我诈的行为时有发生，捕捞船队往往选择将产品出售给最高收购价的企业而非合同合作企业，而加工企业也经常以更高的价格试图去收购其他竞争企业合作伙伴的原材料。该行业实行的价格制度是随行就市的定价制度。

该产业发展的初期，大量的小型捕捞船队和较少的加工厂同时存在，使得小型捕捞船队不具有强大的市场力量，在价格以及产品的质量方面不存在话语权因此受益较少。随着该行业的发展和沙丁鱼需求的不断扩大，加工厂需要更多的原材料来进行生产以追求经济效益，因此，为了加强捕捞船队的捕捞能力，沙丁鱼加工厂和大型的捕捞船队更新了合同条款，约定由工厂向船队提供专用的固定资产投资，改进捕捞船队的现有船只，使得他们可以更有效率地进行捕捞，但作为回报，捕捞船队应该在特定时间内长期稳定地向特定加工厂提供原材料，且收购沙丁鱼的质量解释权一般归加工厂所有。

在这种情况下，由于加工厂已经为捕捞船队支付了一定的固定资产投资成本，不希望通过过往的市场力量的不对称来过多压缩捕捞船队的利润，因为一旦某个捕捞船队面临倒闭的情况，其支付的投资成本就变成了淹没成本。但此时由于捕捞技术的改进，使得捕捞船队可以在外海停留很长一段时间，在价格制度是随行就市的情况下，捕捞船队发现在不违约的情况下他们也可以通过选择最优的捕捞时间来获得更多的利润，但这类交售不确定的时间对原材料需求长期稳定的加工厂来说无疑是一个并不令人兴奋的消息。

为了限制捕捞船队通过这种手段吞噬准租金，加工厂大力向捕捞船队的所有者出售他们公司的股份份额，并承诺认购的份额可以抵消掉部分因对固定资产投资而带来的债务。在捕捞船队的所有者获得了一定份额的加工厂股份后，机会主义行为的收益就明显减少了，固然他们可以通过选择最优交货时间来增加自己的交易性收益，但其权益性收益确实和加工厂的利润相关，捕捞船队在两种收益之间必须做出一个权衡。

资料来源：《排他性交易和纵向一体化》①。

随着沙丁鱼行业的不断发展，产量得到了提升，经济主体——沙丁鱼捕捞船队和沙丁鱼加工厂之间的契约关系也在不断地发生变化，从一开始简单的订单合同规范交易的时间和标的物，到后期固定资产投资产生准租金，一直到最终通过利益捆绑的方式避免双方通过吞噬准租金来影响组织的稳定形态。双方后期的合作稳定程度远远优于订单阶段，在交叉持股行为完成之后，虽然双方的所有权结构依然独立，但是双方权益性收入却和彼此的收益相挂钩，影响了违约需要支付的成本，故最终对其机会主义行为产生有效的抑制。在农业组织当中，契约链的改变并不需要以组织结构发生改变作为前提，原有经济主体可以通过建立功能更为完善、设计更为合理、内容更为全面的新型农业契约链替代原有的、仅仅规范交易行为的订单合同，从而促进原合作组织无论是从经济效益还是从组织稳定性上都得到提升。

四、交易维度契约分析

在构建的新型农业契约链当中存在着四个不同的模块，且不同模块之间的契约关系十分复杂，按照前文提出的三维度契约理论，将这些模块之

① Federal Trade Commission. Exclusive Dealing and Vertical Integration: The Efficiency of Contracts in the Tuna Industry [R]. Federal Trade Commission, Bureau of Economics, Staff Report, 1984 (8).

间的契约关系进行分类，如图 8-4 所示。

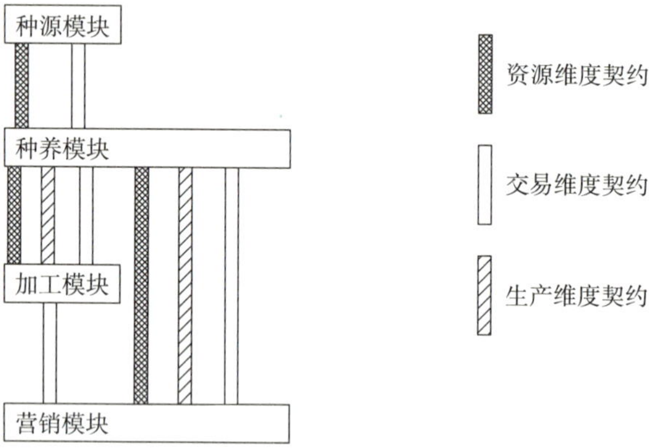

图 8-4 模块间契约关系

资料来源：笔者整理。

（一）种源模块与种养模块

种源模块负责向其他模块提供技术开发，通过提高其他模块的产出以及收入来换取其自身的收益。然而技术的开发需要大量的资金投入，在一个一体化企业当中，其研究部门的资金来源由整个企业的收入作为保证，而在农业产业链缺乏一体化企业的背景中，通过契约与其他模块连接的种源模块往往无法获得足够资金来进行技术开发。

需要强调的一点是，在加工模块与营销模块企业当中，自然存在着以技术开发为目的的专业部门，但这些部门所研发出来的技术并不针对种养模块的生产经营主体，而是针对其自身的需求，如一个农业企业向农户提供的技术，一般仅仅可以利用在农业企业希望农户种植的作物上，但对农户种植其他作物的能力则没有任何的帮助。

种源模块所开发的技术则可使农户的种植能力得到全面的提升，无论是农户供出售的作物的产出还是供自用的作物的产出都可以获得提升，而在现实生活当中，无论是农户还是农业合作社都有着购买这些技术的意愿，他们愿意支出自己一部分收入并委托种源模块的科研机构用于技术开发，但这些资金却往往达不到科研机构进行开发的最低限度。

假设技术对农户种植能力有着显著的提升，即 $\overline{\Delta C_p}=\lambda_1^d {T_d}^2(T_d>0)$。

在 $T_d<0$ 的情况下，则种源模块的资金不够其支付固定成本，故其无法为下游的种养阶段提供技术开发，而在 $T_d>0$ 的情况下，种源模块与种养模块的收入都明显可以得到提升，但提升的速度是多少，双方提升的比例是否公平，这取决于两个模块之间的契约关系。在下面的分析中，我们都假设 $T_d>0$。

要回答上面的问题，必须量化在种养模块的生产经营主体愿意对这部分的技术进步支付的报酬是多少。如果通过传统的交易维度契约相互连接，则种养模块从其收入中支付一个定额给种源模块，定额为 B，则明显种源模块的每期收入稳定为 B。通过建立 I_{t+1}^p 与 I_t^p 的函数关系来分析种养模块的收入增长关系：

由 $\overline{\Delta C_p}=\lambda_1^d {T_d}^2=\prod \lambda_i^d(B-\overline{C_d})$ 可得：

$$I_{t+1}^p=p_1x_{t+1}+p_2x_x$$

$$=p_1^2\alpha\sqrt{\frac{\overline{C_p}+\overline{\Delta C_p}}{p_1^2+p_2\beta}}+p_2^2\beta\sqrt{\frac{\overline{C_p}+\overline{\Delta C_p}}{p_1^2+p_2\beta}}$$

$$=I_t^p+\left(\alpha\sqrt{\frac{p_1}{p_1^2+p_2\beta}}+\beta\sqrt{\frac{p_2}{p_2^2+p_1\alpha}}\right)\sqrt{\prod \lambda_i^d(B-\overline{C_d})}$$

$$=I_t^p+B'$$

其中，$B'=\left(\alpha\sqrt{\frac{p_1}{p_1^2+p_2\beta}}+\beta\sqrt{\frac{p_2}{p_2^2+p_1\alpha}}\right)\sqrt{\prod \lambda_i^d(B-\overline{C_d})}$

则在种养模块与种源模块仅以交易维度契约相互连接时，双方的收入增长都是以线性速度增长的，并且对于种源模块来说，收入增长为零，这对于承担了农业技术开发过程中大部分风险的种源模块来说无疑是不公平的。该分析是建立在该模块之间的契约关系稳定条件 $T_d>0$ 得到满足的基础之上的，而该稳定条件仅仅依靠单向交易维度契约是难以满足的。

（二）种养模块与下游模块

在农产品市场上，部分原材料如牲畜、油脂类作物等需要进行进一步的加工才可以在市场上出售，还有部分原材料如蔬菜、水果等不需要加工就可以直接在市场上出售，所以，种养模块有可能与加工模块进行衔接，也可以直接和营销模块进行衔接。在与营销模块建立契约关系的时候，可使用农产品收购合同建立交易维度契约关系；在与加工模块建立契约关系之时，既可以建立简单的交易维度契约关系，也可以由加工模块对其进行专用性投资建立生产维度契约，还可以彼此持有对方的部分所有权建立资源维度契约关系。由三维度契约理论可知，交易维度契约在链接这两个模块时无法确保契约是稳定的，但通过引入资源和生产维度契约，可以使模块之间的契约关系得到内生性的稳定。

但我们对种养模块与营销模块之间的契约关系没有分析，这两个模块完全可以直接连接，若是以组织形式来表达的话，即农户与农业超市直接联合的农超模式。在这两个模块之间的契约关系分析时可以依照交易—生产—资源维度的契约逐渐引入来分析其稳定性。

在分析之前先回顾一下种养模块与营销模块的函数特征。

表 8-2　种养模块和营销模块的函数特征

模块名称	收益函数	约束/成本函数	特征
种养模块	$I_p=p_1x_1+p_2x_2$	$\overline{C_p}=\frac{x_1^2}{\alpha^2}+\frac{x_2^2}{\beta^2}$	
营销模块	$I_s=(p_1^m-p_1)x_1-TC_s$	$TC_s=\ln(x_1+\alpha_s)+\beta_s x$	边际成本递减

若是种养模块与营销模块之间仅仅以交易维度契约相连接，即表现为由营销模块向种养模块发出农产品收购意向书，然后双方协定交易价格和交易数量，在价格 p_1 给定的情况下：$x_1=\alpha p_1\sqrt{\frac{\overline{C_p}}{p_1^2+p_2\beta}}$，同时限定一笔定

额的违约金 B 作为治理机制。

因此，在面临短期价格波动带来的风险之时，假设短期价格 p_1' 高于契约约定价格 p_1，则违约主要发生在种养模块，种养模块可以通过违约为自己带来数额为 R 的收益：

$$R=(p_1'-p_1)\alpha\sqrt{\frac{\overline{C_p}}{p_1^2+p_2\beta}}$$

按照理性人原则，则当 R>B① 时，该契约就会面临违约的必然发生，则两个模块之间的契约关系并不稳定，即在面临价格波动之时难以维持此契约关系。

（三）加工模块与营销模块

可以看到在所有模块之间，只有加工模块和营销模块之间仅仅是建立了交易维度的契约关系的，因为这两个模块的契约主体从严格意义上来说并不具有农业生产的特征，而且在农业生产中具有内生性不稳定的单维度契约关系在这两个模块之间却存在稳定性的可能，所以加工模块和营销模块之间无须再引入其他维度契约来稳定契约关系。

本章不想对农产品市场的市场结构进行讨论，因为部分农产品市场具有更好的竞争性，部分农产品市场相对则有更多的垄断势力，从整体而言无法确定。在加工模块与营销模块的分析当中，试图确定农产品销售者的最终单位成本，再加上加工模块与营销模块的生产经营主体一般都为企业，自然可以存在对彼此的投资和并购行为，但这种行为不具有农业生产的特性，所以无论是营销模块的最终定价行为还是与其他企业之间的投资和并购行为，均不是本章分析的重点。这部分的分析是试图确定营销模块最终愿意出售农产品的最低价格，以为后面的契约链分析打下理论基础。

本章分析的一个重要假设就是对于营销模块而言，单位边际成本递

① 需要再次强调 B>R 的情况难以出现，因为对于风险规避的农户来说，过高的违约金会导致其直接拒绝签订合同。

减，并无限逼近一个大于零的常数值。在此假设下，营销模块的企业也无法通过加大销售量来使得自己的利润扩大，因为营销模块无法自行生产农业产品，只能通过订单的方式向种养模块以及加工模块的生产经营主体预定产量。在营销模块与种养模块直接联系的情况下，其契约模式和种养模块与加工模块之间的单维交易维度契约没有区别，故本部分重点分析加工模块与营销模块之间的契约关系。

加工模块与营销模块的共同点是两者的生产经营主体都以企业为主，不存在农业合作社或是农户，故双方之间的契约关系先天较其他模块间的契约关系稳定，在分析一对一结构的契约关系当中，即一家加工企业与一家销售企业的契约关系，销售企业会根据加工企业提供的产品数量反过来确定自己销售的农产品的单位成本，而不是根据成本与市场价格选定一个最优的生产规模。换句话说，对于一个销售企业而言，该企业能够销售的产品数量不仅受到需求方的限制，还受到上游生产经营单位生产能力的限制。

由于单位边际成本递减，如果按照边际成本定价，则对于销售企业而言毫无利润可言，因此其最优的定价策略是单位成本定价法：

$$TC_s = \ln(x_1+\alpha_s)+\beta_s x$$

$$AC_s = \frac{\ln(x_1+\alpha_s)}{x_1}+\beta_s$$

$$\frac{\partial AC_s}{\partial x_1} = \frac{\frac{x_1}{x_1+\alpha_s}+\ln(x_1+\alpha_s)}{x_1^2}>0$$

$$\frac{\partial I_s}{\partial x_1} = \frac{\partial[(p_1^m-p_1^s)x_1-\ln(x_1+\alpha_s)-\beta_s x_1]}{\partial x_1}$$

对于营销模块而言，其边际成本随着 x_1 的增大而不断减少，而其出售价格则稳定不变，所以其收入可以通过增加 x_1 的销售额来增加，但上式中的 x_1 则由上游模块即加工模块或者种养模块之间的契约决定，即对于营销模块而言，其最终在市场上出售产品的成本以及其最终的收益并不由营销模块的经营主体自身决定，而由其他模块之间契约的履约与否和履约程度决定。

五、生产维度与资源维度契约分析

（一）种源模块与种养模块

需要说明的是，对生产维度契约的界定是影响且仅影响专用性产品的产出的，由于种源模块提供的技术是使得所有产品的产出能力增强，故与模块之间不存在生产维度的契约关系相比，本节分析引入资源维度契约对原有契约关系产生怎样的影响效果。假设种源模块通过拥有部分种养模块的所有权，从而获得其收益的一部分 λ_p，依旧试图构建种养模块的收入 I_{t+1}^p 与 I_t^p 之间的函数关系并进行分析：

在价格不变的情况下构建 I_{t+1}^p 与 I_t^p 的函数关系，表达如下：

$$
\begin{aligned}
I_{t+1}^p &= p_1 x_{t+1} + p_2 x_x \\
&= p_1^2 \alpha \sqrt{\frac{\overline{C_p} + \overline{\Delta C_p}}{p_1^2 + p_2 \beta}} + p_2^2 \beta \sqrt{\frac{\overline{C_p} + \overline{\Delta C_p}}{p_1^2 + p_2 \beta}} \\
&= I_t^p + \left(\alpha \sqrt{\frac{p_1}{p_1^2 + p_2 \beta}} + \beta \sqrt{\frac{p_2}{p_2^2 + p_1 \alpha}}\right) \sqrt{\lambda_2^d \lambda_1^d \left(\lambda_p I_t^p - \overline{C_d}\right)} \\
&= I_t^p + f\left(\lambda_1^d, \lambda_2^d, \overline{C_d}\right) \sqrt{I_p^t}
\end{aligned}
$$

可见，引入了资源维度的契约关系后，种养模块的增长速度不再是线性的了。需要注意的是，由于种源模块可以通过资源维度契约来获得种养模块收入的一部分，其收入也可以获得稳定的增长，双方的收入也较为平均。因此，可以得出结论：资源维度契约的引入对稳定种养模块以及种源模块的关系意义重大。

在种源模块与种养模块之间构建的契约，若是仅存交易维度的契约，则一方面其总收入增长速度较慢，另一方面存在一定的公平问题；在引入三维度契约之后，种源模块可以获得种养模块的一定比例收入，而一定比例收益权的转让又与通过占有部分所有权获得的收益相对应，在这种情况下，一方面双方可以获得更快的收入增长，另一方面双方收入分配也更加合理。

（二）种源模块与下游模块

在之前的分析过程中，假设种源模块与种养模块之间的稳定性条件 $\lambda_p I_p > \overline{C_d}$ 是可以得到满足的。但是在现实当中，种养模块的收益往往无法满足这个稳定性条件，正如在前文中论述的那样，若是种养模块与种源模块之间的契约关系不稳定，结论就是错误的。

种养模块产出的增长会带来种养模块收益的增加，前文论证了 $\frac{\partial I_s}{\partial x_1} > 0$，即由于边际成本递减营销模块也可以通过种源模块提供的技术改革来获得更多的收益，而加工模块虽然假定边际成本不变，但是其更高的产出无疑可以拉低其总平均成本，所以，加工模块实际上也可以通过农产品产出的增加而获得收益。但是由于种源模块并不直接与加工以及营销模块相互连接，故其无法获得其实际上应得的收益，然而技术开发所消耗的资金数额巨大，只能依靠种养模块的资金支持将导致全产业链都无法有效促进技术进步。

而通过引入资源维度的契约可以改善这一点，使稳定条件得到满足。在种源模块与其他模块均签订资源维度的契约关系的情况下，该农业组织模式可以实现图 8-5 的转变。

在这种情况下，种源阶段的收入函数完成了从 $I_d = \lambda_p I_p$ 到 $I_d = \sum \lambda_i I_i$ 转变，此时一方面所有模块都为它们通过技术进步获得的收益提升支付了报酬，另一方面种源模块也有更多的资金进行进一步的技术开发从而使全产业链的收入获得进一步的提升。

这种收入函数的变化，即来自资源维度契约的加入，注意图 8-5 中的最大变化在于资源维度契约的广泛应用，原来仅仅用于连接临近模块的资源维度契约，现在变成了彼此连接网络状关系，资源维度契约的引入使得

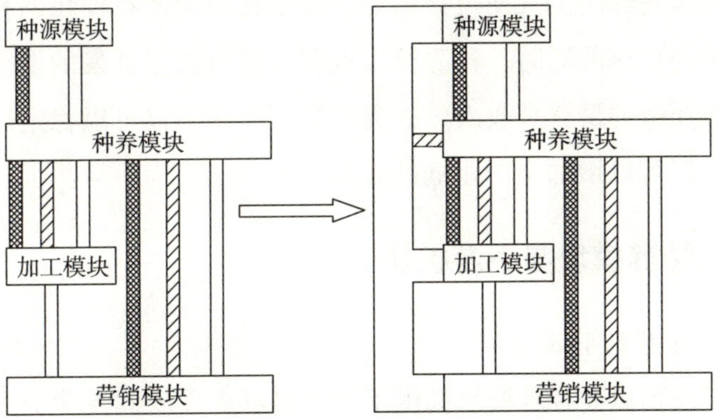

图 8-5　资源维度契约对模块结构的影响

资料来源：笔者整理。

原有各个模块形成了一个强有力的市场力量，可以进一步增加全契约链主体的收入之和，证明如下：

回顾一下四个模块的收益函数：

$$I_d = \sum \lambda_i I_i$$

$$I_p = p_1 x_1 + p_2 x_2$$

$$I_f = (p_1^s - p_1) x_1 - TC_f$$

$$I_s = (p_1^m - p_1^s) x_1 - TC_s$$

则很容易得到全产业链的总收入①为：

$$I = (p_1^m - \beta_s - c_f) x_1 - \ln(x_1 + \alpha_s)$$

$$\frac{\partial I}{\partial x_1} = p_1^m - \beta_s - c_f - \frac{1}{x_1 + \alpha_s} > 0$$

联立 $x_1 = \sqrt{\frac{\overline{C_p}}{p_1^2 + p_2 \beta}}$ 与 $\Delta \overline{C_p} = \lambda_2^d T_d = \prod \lambda_i^d \left(I_d - \overline{C_d}\right)$ 可得 $\frac{\partial x_1}{\partial I_d} > 0$，故可得到最终结论 $\frac{\partial I}{\partial \sum \lambda_i} > 0$。

① 此处我们忽略了对种养模块自用产品 x_2 的分析，因为其是被种养模块所独占的。

资源维度契约的加入使包括销售、加工在内的所有模块向种源模块支付技术进步的报酬的同时，种源模块也获得进行技术开发的资金，进一步提升了全产业链的最终总收入。故资源维度契约不仅可以稳定原有的模块化产业链，还可以增加全产业链最终总收入。

（三）种养模块与下游模块

1. 生产维度的引入

营销模块可以向种养模块提供用于改进种养模块的专业能力的专用性投资，从而试图以相对较低的价格收购更多数量的供销售的农产品。在使用渐进治理机制的情况下，这种契约关系具有内生稳定性，不需要引入其他第三方来维持该契约关系的稳定，在第七章的证明过程当中已经证明了这一点。

现在从收入的角度来分析，通过分析基于生产维度契约的渐进投入治理机制对契约双方的收入以及总收入的影响来说明其稳定性效果。如果双方都在这种契约影响下获得了收入的提升，那么这种契约关系自然也实现了稳定。假定由营销模块向种养模块提供的技术进步可以带来 $\alpha^I=(1+\delta)\alpha$ 的效果。

由 $I_p=p_1x_1+p_2x_2$，可得$\frac{\partial I_p}{\partial x_1}>0$。

且 $x_{1t+1}=\alpha^I p_1^I\sqrt{\frac{\overline{C_p}}{p_1^2+p_2\beta}}=(1+\delta)\alpha p_1^I\sqrt{\frac{\overline{C_p}}{p_1^2+p_2\beta}}=(1+\delta)x_{1t}$可以得到 $\frac{\partial x_1}{\partial t}>0$，那么联立上式可以得到$\frac{\partial I_p}{\partial t}>0$，即在生产维度契约引入的情况下，种养模块的收入可以得到持续的增加。

而对于营销模块来说：

$$I_s=(p_1^m-p_1)x_1-TC_s=(p_1^m-p_1)x_1-\ln(\alpha_s+x_1)-\beta_s x_1$$

$$\frac{\partial I_s}{\partial x_1}=(p_1^m-p_1-\beta_s)-\frac{1}{\alpha_s+x_1}$$

通过上式无法判断 I_s 与 x_1 之间的关系，但是营销阶段的边际成本递减，并且营销价格维持不变明显可以得到 $\frac{\partial I_s}{\partial x_1}>0$ 的结论，故联立 $\frac{\partial x_1}{\partial t}>0$ 可以得到最终结论，即 $\frac{\partial I_s}{\partial t}>0$。即营销模块也可以获得收入的持续增加。

因此，从上面的分析中得出结论，在引入了生产维度契约并以专用的渐进投入治理机制进行治理之后，营销模块与种养模块之间的契约关系不仅得到了稳定，还为契约双方都带来了持续的收入提升。

2. 资源维度的引入

在现有契约关系已经得到稳定、契约双方收入都有稳步提升的情况之下，引入资源维度契约的目的是重新调整双方的实际收入，其原因在于之前的分析局限于种养模块与营销模块之间，当种养模块的收入得到进一步提升之后，会向种源模块支付更多的资金以获得更好的农业生产技术，从而进一步扩大生产规模，这在全产业链分析的过程当中会有具体分析。

这种再分配行为依靠原有的交易维度以及生产维度契约都难以实现，因此需要引入资源维度契约，即通过交叉持股的方式：种养模块持有比例为 λ_p 的营销模块的所有权，营销模块持有比例为 λ_s 的种养模块的所有权，则双方新的收益函数如下：

$$I_p^R=(1-\lambda_s)(p_1x_1+p_2x_2)+\lambda_p[(p_1^m-p_1)x_1-TC_s]$$

$$I_s^R=(1-\lambda_p)[(p_1^m-p_1)x_1-TC_s]+\lambda_s(p_1x_1+p_2x_2)$$

故双方通过资源维度契约实现了一定程度的利益共享，同时也可以根据 λ_p 与 λ_s 的比例灵活调整双方的收益以实现全产业链收入的最大化。

六、全契约链效率分析

在种源模块与种养模块之间建立交易维度、资源维度契约，在种养模块与下游模块之间构建包括三种不同维度契约在内的复杂契约，并最终以交易维度契约衔接加工模块与营销模块，我们就得到了一条涵盖农业生产全产业链的新型契约链。

由于构建的契约属于三维度契约，前文已经详细论证了三种不同维度契约的治理机制，将这些治理机制分别应用于各自对应的维度契约中，可以得到一条内生性稳定的契约链。现在要对此契约链进行详细的分析。

（一）运行机制分析

契约链是农业纵向合作组织的骨骼，有利于合作关系的稳定；同时契约链也是农业纵向合作组织的神经，在传导信息、协调生产方面发挥了重要作用。本节将对契约链的运行机制进行分析，即分析契约链中的各个环节是如何彼此影响的。

假设加工模块对种养模块进行了提升农户生产能力的专用性资产投资，且能力提升的比例为 $(1+\delta)\alpha$，且种养模块与种源模块之间的稳定条件 $I_p\lambda_p>\overline{C_d}$得到满足。该契约链运行的第一步，来自加工模块向种养模块之间交易维度契约的价格 p_1^I，农户根据这个价格信号选择自己最优的种植比例，即

$$x_1^e=(1+\delta)\alpha p_1^I\sqrt{\frac{\overline{C_p}}{{p_1^I}^2+p_2\beta}};\ x_2^e=\beta p_2\sqrt{\frac{\overline{C_p}}{p_2^2+p_1^I(1+\delta)\alpha}}$$

由于种源模块与模块之间的稳定条件得到了满足，则种源模块可以向种养模块提供相应的种植技术，促进种养模块的种植能力提升，提升的具体数量假设为 $\Delta\overline{C_d}$，则农户在完成生产时，实际的产量为：

$$x_1=(1+\delta)\alpha p_1^I\sqrt{\frac{\overline{C_p}+\Delta\overline{C_p}}{{p_1^I}^2+p_2\beta}};\ x_2=\beta p_2\sqrt{\frac{\overline{C_p}+\Delta\overline{C_p}}{p_2^2+p_1^I(1+\delta)\alpha}}$$

由于种养模块与加工模块之间存在渐进投入的治理机制，双方都期待着执行本期契约获得部分准租金同时试图吞噬下一期所有的准租金，从而导致双方的契约关系稳定，种养模块会将所有份额的 x_1 出售给加工模块。

加工模块在加工完成后，通过与营销模块之间的交易维度契约，将最终的农产品 x_1 出售给营销模块，并最终由营销模块将这些产品出售给最终的消费者，这样该契约链就完成了一次完整的运行。

(二) 效率分析

所谓效率分析，就是分析通过构建新型农业契约链能否带来农业产出的不断扩大的同时降低农产品的最终价格，即表现为 x_1 能否随着契约链的不断运行而不断扩大，p_1^m 能否随着契约链的不断运行而不断降低，故先构建 $x_{1\ t+1}$ 与 x_t 之间的关系①。

在之前的分析中得到了以下结论：

$$x_1=(1+\delta)\alpha p_1^I\sqrt{\frac{\overline{C_p}+\Delta\overline{C_p}}{p_1^{I\,2}+p_2\beta}}$$

则可以得到种养模块的总收入：

$$I_{p\ t}=(1+\delta)\alpha p_1^{I\,2}\sqrt{\frac{\overline{C_p}+\Delta\overline{C_p}}{p_1^{I\,2}+p_2\beta}}+\beta p_2^2\sqrt{\frac{\overline{C_p}+\Delta\overline{C_p}}{p_2^2+p_1^I(1+\delta)\alpha}}$$

计算种养模块总收入的原因在于种养模块收入的一部分将被用于支付给种源模块，以便种源模块开发新型农业技术，从而达到进一步提升种养模块生产能力的目的，通过计算可以得到：

$$I_d=\lambda_p I_p$$

$$T_d=\lambda_1^d(I_d-\overline{C_d})$$

$$\Delta\overline{C_{p\ t+1}}=\lambda_2^d T_d^2=\prod\lambda_i^d[\lambda_p(p_1x_{1t}+p_2x_{2t})-\overline{C_d}]$$

于是可以得到函数 $x_{1\,t+1}=f(x_{1\ t})$ 的具体表达形式：

$$x_{1\,t+1}=(1+\delta)^2\alpha p_1^I\sqrt{\frac{\overline{C_p}+\Delta\overline{C_p}+\Delta\overline{C_{p\ t+1}}}{p_1^{I\,2}+p_2\beta}}$$

---

① x_2 是供种养模块生产主体自用的农产品，并不影响其在市场上出售的农产品。

$$=(1+\delta)\left\{(1+\delta)\alpha p_1^I\sqrt{\frac{\overline{C_p}+\Delta\overline{C_p}}{p_1^{I^2}+p_2\beta}}+(1+\delta)\alpha p_1^I\sqrt{\frac{\prod\lambda_i^d[\lambda_p(p_1x_{1t}+p_2x_{2t})-\overline{C_d}]}{p_1^{I^2}+p_2\beta}}\right\}$$

$$=(1+\delta)\left\{x_{1t}+(1+\delta)\alpha p_1^I\sqrt{\frac{\prod\lambda_i^d[\lambda_p(p_1x_{1t}+p_2x_{2t})-\overline{C_d}]}{p_1^{I^2}+p_2\beta}}\right\}$$

$$=(1+\delta)[x_{1t}+f(p_1^I,\lambda_1^d,\lambda_2^d,\lambda_p)\sqrt{x_{1t}}]$$

可见随着该产业链的不断运行，农产品的产量会得到不断的提升，并且与种源模块的开发能力、加工模块提供的专用性投资的有效性有关，故得出结论，通过构建这种模块式的新型农业契约链可以有效提高农产品的产量。

然后，分析该契约链对农产品的最终价格的影响。需要说明的是，农产品的最终定价是由营销模块内部决定的，这取决于某种农产品具体市场的市场结构以及营销模块内部经营主体的垄断程度，这些都不是本章报告的重点，所以假定营销模块以平均成本出售这些农产品为分析前提。

$$p_1^s=AC_s=\frac{\ln\ (x_1+\alpha_s)}{x_1}+\beta_s$$

在营销模块建立的一节中已经分析过营销模块的特征是销售边际成本随着销售量的变大而变小。这在农产品市场中是有现实依据的。由于农产品具有易腐性等特点，需要专用的运输工具，而使用这些工具的固定成本很高，而可变成本几乎微乎其微，销售量的增大可以使营销模块内部产生规模经济效益从而实现边际成本递减。上面已经论证，通过构建这种新型农业契约链，可以不断增加供销售的专业型农产品 x_1 数量。故联立 $\frac{\partial p_1^s}{\partial x_1}<0$ 与 $\frac{\partial x_1}{\partial t}>0$ 可以得到 $\frac{\partial p_1^s}{\partial t}<0$ 的结论，即在此新型农业契约链的影响下，农产品的最终销售价格也会不断降低，这证明了契约链具有明显的经济效率。

七、小结

本章阐释如何构建新型现代农业契约链以及构建何种新型现代农业契约链这两个问题，并运用数理分析的方法推导了一种具有经济效率的新型农业契约链模式，即模块化契约链模式。但模块化是一个十分模糊的概念，要将其运用到具体的农业生产过程当中，还需要根据各地区不同的农产品生产特征来构建符合当地实际情况的模块化内部生产经营体系，但是这并不妨碍此农业契约链的推广。该农业契约链覆盖农业生产的全产业链，通过专用型治理机制可以让主体之间的合作关系实现内生性的稳定，既提升了农产品的产量又降低了农产品的最终价格，故有着十分广泛的应用价值。

新型现代农业契约链既是农业纵向合作组织的骨骼，也是农业纵向合作组织的神经。在构建新型农业契约链的同时，还论证了通过交叉持股的比例 λ_i 来灵活调整全产业链上各个经营主体的收益以实现最终全产业链收入的最大化，但由谁来进行调整，即该农业产业链的核心是谁，本章的分析并没有回答这个问题，将在第九章中详细论证。

第九章　农业专业商社及其治理机制

一、准农业商社：中粮模式

（一）案例材料

中粮集团即中国粮食食品进出口集团的简称，成立之初以农产品和食品的传统进出口贸易为主，为适应市场经济的快速发展，中粮进行战略调整，实施实业化、国际化、集团化、多元化战略，从20世纪90年代就开展重组和改革，现已发展成一个集贸易、实业、金融、信息、服务和科研于一体，横跨农产品、食品、酒店、地产等众多领域的大型国有企业集团。

1949年，华北对外贸易公司在天津成立①，主要以贸易为主，并设有粮食、油脂、蛋品、猪鬃、皮毛、土产等专业公司。一年后，公司对专业公司进行改组和合并，并把办公地从天津迁到北京。1952年，以维护国家粮油食品安全与储备调节为主，并且以粮食贸易为主的中粮集团开始成立，在接下来的几年，集团在规模、主营业务、多元化发展方面都发生了重大改变，尤其是改革开放后，随着粮食供给的平衡与市场机制的完善，

① 以下材料来自中粮集团官网。

中粮集团在主营业务和主要功能上都发生了巨大的改变，即向粮油食品加工等领域转化，开始了多元化的发展之路：1978 年将洋酒引入中国大陆市场，1979 年以进口成品饮料在国内销售的形式使可口可乐重返中国大陆市场，1983 年进入葡萄酒的生产领域，1992 年涉足酒店经营，1993 年先后收购两家香港上市公司，1996 年跻身“中国十大期货经纪公司”行列，1999 年实施重组改制战略并在香港上市，2000 年与国际知名企业联合组建“中华食物网”，2003 年和英国商联保险有限公司合资组建中英人寿保险有限公司，同时葡萄酒业被相关部门认定为农业产业化的重点龙头企业；2004 年 2 月中粮集团与美国怡安保险集团合资成立了中怡保险经纪公司，11 月在江西进贤县建立了亚洲最大、中国唯一的燕谷米加工厂，这是中粮集团首次向食品加工行业扩张；2005 年开始了整体战略和发展的转型，即提出了新的公司使命和愿景，制定新的发展战略，对新疆屯河投资股份有限公司和四方糖业进行了重组，收购华润生化、酒精、酿酒有限公司和吉林燃料乙醇公司；2006 年整体收购新疆塔原红花有限公司，中谷粮油并入中粮并成为其全资子公司，2006 年 4 月中粮包装事业总部兼核心基地在杭州下沙举行投建仪式，12 月成为丰原生化的控股股东；2007 年中粮控股正式在香港主板上市，中粮集团进军高端葡萄酒市场，中粮集团 20 万吨燃料乙醇试点项目在北海揭牌投产；2008 年 4 月中粮集团把主要业务范围进行了调整：食品及相关包装制品加工、制造及销售，粮、油、糖等农产品贸易、加工、期货、物流及相关服务，酒店、房地产开发经营，土产、畜产品加工、制造及销售，5 月中粮集团创建了企业大学——忠良书院；2009 年中粮集团启动大悦城项目，入驻五谷道场并对其进行重组向方便食品业务进军，收购蒙牛集团进军乳制品行业；2010 年中粮集团在重庆建设西南最大的粮油综合加工基地，在江西九江投资植物油项目。

从 2009 年开始，中粮集团进行大规模并购、整合和扩张，为实现其“集团有限，相关多元化，业务单元化”而进行全产业链的构建和整合。现今，中粮集团旗下设有中粮粮油、中国粮油、中国食品、地产酒店、中国土畜、中粮屯河、中粮包装、中粮发展、金融九大业务板块。中联集团在这些年的发展中从“粮油贸易企业”到“实业企业”逐步实现“全产业链企业”。

（二）中粮模式全产业链的内在契约关系

中粮集团的全产业链，是指以消费者为导向，控制从田间到餐桌需要经过的每一个环节，并通过系统管理和关键环节的有效控制，为消费者奉献安全放心、营养健康的食品，最终在产业与市场上获得关键的话语权、定价权和销售主导权。

中粮集团的全产业链战略转型主要表现在三个方面：第一，以食品为主线，构建立体产业生态链，这就使得中粮集团不仅是原材料的贸易商和提供商，同时向产业链的下游进行了延伸，主要表现在品牌营销、产品创新、渠道管理和市场运作等方面；第二，以资本为手段，促升企业竞争新层次，极力帮助业务成熟的子单元分拆上市，为企业的发展提供资金支持；第三，以协同为突破，实现集约式管控平台，全产业链的延长和扩展加大了管理的难度，都需要充分发挥协同作用，产业链上的各个单元都可以充分利用整体资源，共享采购、技术、生产、品牌、渠道、仓储、物流和服务，共担风险，同时高效配置人力资源，实现全产业链的完美的战略转型。

中粮模式的全产业链中各个环节中的经济主体主要包括大量的农户、生产原材料的供应商、加工商、销售商、仓储物流等，要把每个环节的经济主体组织起来并对上下游进行协同整合。中粮集团的全产业链模式强调以消费者的需求为导向，从农业生产全产业链的源头即种源模块开始，控制从田间到餐桌上的每一个环节。

而对每个生产环节的监管，一方面，需要上下游企业之间建立关系型的契约，形成一种产品交易、服务和信息的纵向一体化的单一产业价值链；另一方面，由于不同的产业链在空间程度上有共通之处，实现如物流、品牌和财务等环节的横向一体化。

以中粮集团的大米产业为例，中粮集团与种植基地或农场签订契约，或者中粮自己建立相关的基地进行生产种植，如黑龙江、吉林、辽宁和江西四大种植基地；为了保证销售给消费者的最终产品优质，中粮集团为农户提供优质的杂交种子，保证颗粒饱满。水稻的种植生长期间，中粮集团定期安排专家到田间进行严格把关，尤其是农药、化肥的使用情况。农户则根据企业的要求进行生产，并在农作物的生长期间接受企业安排的专业指导和检测。收购时，严格把握好稻米的质量，对加工厂的环境、运输条件等都进行严格监控。加工环节中粮集团通过旗下自有的加工厂、并购加工厂或者与具有一定加工能力的厂商建立合作关系，将收购的稻米直接运到加工厂进行加工，最终通过正规的直营店及相关卖场销售给终端消费者。该产业链中除了企业与稻米的种植户建立契约关系，企业与其他直营店、超市的销售关系外，其他环节的交易均在中粮集团企业内部完成。

而对于不同产业链之间在物流、财务和品牌等环节的横向一体化，中粮集团主要是通过控股、并购的方式对多个产业的生产—销售链进行整合。中粮集团从2005年开始引入了新的经营理念和管理模式，加大了并购、重组的力度，如将中土畜公司和中谷集团并入中粮集团、并购深宝恒、新疆屯河、丰原生化、五谷道场和蒙牛乳业等。这不仅是进行产业链的延伸和扩展以实现对全产业链的控制，在并购的同时中粮集团还考虑到这些企业自身就拥有较为完整的产业链，它们的下游环节中涉及销售以及物流等环节，中粮集团通过并购后整合多条产业链的下游环节实现横向一体化，达到了专项专营、成本减少的目的。

（三）中粮全产业链模式的治理机制

全产业链上下游之间建立起分工协作的关系，各个企业在中粮集团的大背景下进行合作协调运作，通过关系型的契约和企业的内部管理以及资源共享促进中粮集团全产业链模式形成一个紧密的网络关系。

中粮模式全产业链是建立在农业纵向合作化理论之上的，而一个农业纵向合作化组织的组织结构是否稳定，则是由组织当中各生产经营主体之间的契约稳定性来决定的。为了稳定中粮集团内部各式契约的稳定性，中粮集团推广了以二次嵌入为主的治理机制。

二次嵌入是指在生产资本嵌入基础上的社会资本嵌入，针对契约链上资产专用性的交易条件、任务复杂性和交易频率的进行协调反应，使现代农业契约链的各个主体都嵌入一定的交易结构中，使其能充分利用社会机制去协调交易关系和确保交易的安全。在中粮模式中，二次嵌入的治理机制主要表现在宏观文化和集体声誉上。

中粮集团成功并购了中土畜公司、中谷集团、深宝恒、新疆屯河、丰原生化、五谷道场和蒙牛乳业等企业，但是这些企业的企业文化都与中粮集团的企业文化不同，这给整条产业链的整合带来了巨大的阻碍。为此，中粮集团在 2008 年 5 月创建了企业大学，即忠良书院，忠良书院的创建为中粮集团在并购重组过程中发挥了润滑剂、黏合剂、催化剂的作用。忠良文化体系的建立为中粮全产业链模式的运作提供了新的活力。

忠良文化体系在企业并购重组时具有引领思想、统一认识、疏导情绪的作用。尤其是从 2005 年开始，中粮集团进行大规模的并购重组，新的企业加入到中粮全产业链中，难免会有一些文化上的不相容，但是在忠良文化体系之下，员工的整体满意度得到提升，企业的业绩具有显著提高。同时，在同一的企业文化体系下，有利于凝聚人心尤其是在新成员的加入后需要激发员工对集团的归属感。

另外，二次嵌入还表现在品牌等资源的共享方面。中粮集团并购一些企业并对其进行重组，可充分利用该企业已有的品牌、产业链优势。如家电产业链、物流产业链、房地产开发产业链等。中粮不断地扩大其生产规模、并购和重组战略的实施也取得了一定的成效，尤其是在物流、品牌效应上具有一定的集体认可度。

（四）中粮模式存在的问题

中粮模式的全产业链是我国现代农业产业化发展的成功案例，但是该全产业链的整合模式也暴露出不少问题，如资产负债率大幅度提高，缺乏支撑点，企业集团的整体品牌影响力还较弱，产业链上各个节点之间的协同还难以达成，集团的内部管理能力较弱、与产业链转型的步伐难以统一等。这些因素的存在都限制了中粮集团进一步发展的空间，导致其尽管作为国内最大的综合型粮油食品企业，但与国际先进水平之间依然还有较大的差距，具体表现在：

第一，业务庞杂，亟待整合。中粮集团旗下设有中粮粮油、中国粮油、中国食品、地产酒店、中国土畜、中粮屯河、中粮包装、中粮发展、金融九大业务板块。尤其是近几年以来，中粮集团的经营范围又进一步包括了生猪产业链、方便面市场、创建粮油基地以及乳制品行业，甚至还踏进了能源燃料行业、白酒市场、生物工程领域，这使得中粮集团的主营业务繁多，难以实现有效管理。同时，集团在以上各个品牌创建中花费了大量的人力、物力、财力，导致近年来资产负债率大幅度提高。中粮集团想要渗入到每一个与食品有关的市场当中，但是最终取得的效果却与预期相差太大，反而造成业务庞杂，给企业的进一步发展带来了沉重的负担。

第二，中粮全产业链模式中缺乏核心支撑点，没有极具优势的品牌效应。尽管旗下拥有福临门、金帝、长城等一些知名品牌，但是从总体上来看，品牌存在孤立分散的问题。虽然近年来收购了一些在市场上具有影响力的企业，但不能较好地形成一股整体合力，将原有企业的影响力归属到中粮集团名下来。

中粮模式的另一问题在于存在不可复制性。中粮集团的核心层是由国家机构为了国家层面的粮油安全而设立的，故在现有市场发挥资源配置决定性作用的背景下，试图再构建一个国家背景的大型纵向垄断一体化企业难以实现。本书提出的农业专业商社模式，即借鉴中粮模式对全产业链的整合取得的经验，避开了其需要国家支持等问题，是一种适应现代农业生产要求的新型农业组织模式。

二、农业专业商社的构建

（一）农业专业商社的组织构造

在经济全球化和农业现代化发展趋势下，我国新型农业契约链的构建主要是由一个中心签约人对四个模块进行高度整合，四个模块即种源模块、种养模块、加工模块和营销模块，中心签约人即农业专业商社。四个模块都有着目标效益函数不一样的经济主体，分别为研发投入机构、农户和专业合作社、加工企业、物流企业和诸如农贸市场、批发市场、超市等相关的销售主体。

1. 商社模式的外在构成

（1）农业研发机构

农业研发机构包括所有从事农业科技研究活动的单位、企业以及各大高校。随着经济的快速发展，人们的生活水平得到了极大的提高，农业的发展不再局限于温饱层面，而是日益关注农产品的质量、营养和健康方面，因此，这就为农业研发提供了发展方向。

龙头企业和其他从事农业科技发展的单位通过建立自己的研究基地、科学试验田等，把理论和实践相结合，促进农业的新突破、新进步、新发展，但是在农业新技术研究过程当中也应当注意以下几个方面：

第一，研发机构要加强对新的害虫、病原体和入侵生物的治理。如今外部环境受到严重的破坏，各种新的害虫、病原体相继出现，危害了农作物的生长。再加上病虫害总是在一段时间后会出现抗药性，因此，需要研发机构加大对抗御和防治动植物的疾病方面的研究投入。

第二，由于人们对高质量、高品质生活的追求，在抗病虫害、疾病的同时还要减少农产品上的农药化肥等残留物，以免危害人们的健康。

第三，研发机构致力于农作物产量和质量的过程中要提高农作物对气候的适应能力，尤其是受由环境污染而产生的极端气候、温室效应、气候变暖等现象的影响，农作物的生长周期、产量、病虫害的防治等都会发生变化。

第四，鉴于农业生产一方面受到环境的制约，另一方面又很容易对环境造成污染乃至引起生物入侵的环境灾难，研究机构要根据当地农业发展的条件，因地制宜地制定科学合理的农业生产布局，尽可能地降低农业生产对土壤、空气等环境造成的影响。

农业研发机构对于我国现代农业产业化的发展具有重要意义，袁隆平先生在杂交水稻上的突破为我国乃至世界粮食的生产起到了重要的影响，极大地增加了粮食产量，从而解决了我国粮食安全问题。随着市场经济转型和现代农业产业化进程的加快，我国在农业研发方面的投入逐步加大，其中又包括公共投入和私人部门投入。公共投入是指政府部门对农业研究开发上的资助，私人部门的投入主要是以龙头企业为主导。

相关研究表明，从 2000 年开始，我国私人部门在农业研发领域的投资总额以年均 27%的速度增长，但当前，我国农业发展方面的研究投入主要集中在知识产权容易得到保护的区域，如农产品的加工技术、专用农产品的种植技术等，对于能够全面提高农户种植能力的技术由于其相应知识产权难以得到有效保护，从而未获得足够的资金投入，导致发展缓慢。

（2）农户和农业专业合作社

农户和农业专业合作社是农业生产种养模块上的经济主体。农户在农业全产业链上占有十分重要的位置，农作物的播种、种植以及生长期间的各种田间管理都需要农户的参与。受传统农业生产的影响，我国农民在农业生产方面还比较落后，表现出生产方式为分散独自经营、农产品的单一生产、农产品产量较低以及销售渠道的单一等特征，这都难以适应现代农业的发展。

在处于传统农业向现代农业过渡的时期，农户在改变传统的生产方式的同时，也需要加强对机械化设备的使用，实施科学种田，积极与涉农企业尤其是上游种源模块的研究人员沟通，在提高产量的同时也要保证产品的质量和营养。

农业专业合作社主要是由农户自发组织而成的股份制现代企业组织。其一般而言充当农业生产中的信息中介的作用，通过提供农户以及农业企业彼此需要的信息，从而进一步加强农业生产经营组织之间的相互合作，实现农户产出与收益的提升。此外，因为农户自身存在的局限性，加上信息的不完全和法律地位的不平等等现状，使得农户与企业进行谈判时处于被动地位，而专业合作社出于其组织构成等原因可以有效解决上述问题。

（3）加工企业

农业加工企业连接着农户和市场，其对于农业产业链的扩展和延长具有重要意义。农业加工企业通过产前与农户签订农产品的收购契约，产后按照契约规定收购农户产品，并进行相关的加工，最终将加工产品出售给下游企业包装以及出售。

农产品的加工包括初加工、二次加工、深加工和精加工四个部分。为了增加农户收入，农产品的初级加工由农业专业合作社组织中的农户完成，由于农产品易坏、不容易储存的性质，农户在农产品摘下时就直接进行简单的加工序，节约了生产成本和交易成本。而剩下的二次加工、深加工和精加工由专业的食品加工厂进行。

加工企业按照与农户所签订的契约，为农户提供相应的生产资料，如对播种前的土地进行检测和向农户提供农药化肥、机械设备、农用工具以及在农作物生长过程中安排专业人员进行实地的指导考察。在收获时，则按照契约中对农产品的相关规定的条款向农业专业合作社或者农户收购农产品或经过初级加工处理后的农产品。

（4）物流销售体系

“物流是第三利润的来源”，在现代农业全产业链延伸和扩展的前提下，完善的物流运输体系的建立对于农产品的增值具有重要意义。农产品的物流运输体系受农业生产特性的影响，从而与其他产品的运输不同。

首先，农产品的生产者是分散的小农户，把农户生产的产品集中起来并使收入较低的农户直接参与到物流体系中具有一定的难度；其次，农产品的交易大多数还是以生鲜农产品为主，而生鲜农产品的易损性和保质期较短等产品特性对物流系统的要求较高；最后，农产品的生产场地一般都是在农村或者城市郊区，而消费区主要集中在人口较多、经济较发达的城市。

物流运输体系的主体多种多样，包括农户、涉农企业、农业专业合作社、加工企业和销售市场。如农户要把生产出来的农产品销售给食品加工厂、运到农产品批发市场或者超市等，而要把这些主体都引进物流体系中，首先物流体系要实现四大效用以满足各个主体对经济利润的追求，即农产品运到加工厂进行加工后的形态效用，从农村到城市的空间效用，农产品季节性的时间效用和农产品自身使用价值的所有权转移效用。

而农产品的销售市场主要有农产品的生产基地、批发市场和超市等，其中，农产品的生产基地主要是以农业专业合作社为核心，向生产基地附近对农产品有需求的消费群体提供直接采摘、配送等功能；农产品的批发市场是农产品销售的主要市场，分散的农户和专业合作社把一些生鲜农产品和初级加工后的产品运输到批发市场进行出售；超市是第三种情况，农户或者专业合作社直接把产品出售给超市，在现代农业产业化发展进程中，超市是农产品销售的新领域，超市可以更好地满足消费者对产品的品牌和质量要求。

2. 农业专业商社

“商社”这一概念最早源于日本，是指以商业职能为主导，兼具金融、信息、服务、组织功能为一体的国际化、实业化、多元化、集团化的综合性商业组织。其最早的起源甚至可以追溯到明治维新时期，迄今已经历超过 200 余年的发展，至今，现代商社已经发展成了由若干保持法人地位的企业组成的，融生产、流通、金融、技术为一体的，为实行共同的市场经营战略而统一经营管理的巨大经济实体，它一般是由一个紧密核心团，以及围绕紧密核心团的半紧密层、松散层和关联层构成的。紧密核心团是几个实力雄厚的大型企业相互持股，在资金、资产上结成利益与共的经济联合体。半紧密层是由构成核心团的各大企业分别控股的子公司或分公司组成的。松散层是由核心团成员各控股子公司（或分厂、分公司）参股的许多中小型企业形成的。关联层是由集团核心团、半紧密层和松散层的各个企业的协作单位组成的。

在我国农业生产的现实过程当中，试图构建一个如此庞大的经济体明显是不现实的，我们试图构建的不过是在原有模块化农业组织模式当中加入一个新的经济主体，该主体可以所有权控制乃至隐性契约的方式在各个模块之间调整收入比例，以实现整个产品产业链的收入最大化，并在一定程度上实现风险合理分担。

农业专业商社一方面是一个收入调节者，另一方面是一个中心签约人。与现代农业已有的农业发展模式相比较，农业专业商社的高度专业化分工、高度多元化的经营方式以及其全产业链整合功能可使农业契约链的影响层面不再局限于交易维度，还将延伸到生产和资料维度。

农业专业商社在农业产业链中，在产前、产中和产后都可以较好地发挥其中心签约人的作用，有利于提高契约的履约率，保障农户和其他主体的利益，从而更好地实现农业产业化发展。

以农业专业商社为主导而建立的农业专业商社模式，其投入的主要方向不再局限于交易维度，同时还延伸到生产和资源维度，即农业专业商社不但应在企业对农产品的收购上做出相应的规定，同时还应照顾农户在产前进行生产资料的准备，如为农户提供优质的种子、农药化肥以及相应的机械设备等农业生产活动中需要的相关必需品等；在作物生长期间，农业专业商社将会通知相关的研发企业或者组织专家对农作物的生长进行跟踪调查，随时掌握好作物的生长情况，相应地，还可以组织农户学习相关农业知识，尽可能地提高农户的科学种养水平，彻底摆脱传统农业靠天吃饭、靠经验种地的生产方式；最后，商社将会鼓励农户进行简单的、初步的农产品加工，并督促其将初级加工产品运输到二次加工厂以及深加工厂进行进一步的加工处理。

农业专业商社不仅在产品的供应链上起到重要作用，对于产前工作而言，它也承担着一定的责任，如在品牌化农业专业商社运营、技术的更新与宣传、信息的共享，尤其是对农户提供全面信息等方面。同时，农业专业商社还承担着提升农业全产业链中最低端的生产经营主体——农户的收入的责任，其主要是通过为农户提供技术培训、专用性资产投资，提升农产品的不可替代性来实现这一目标。

（二）农业专业商社的契约链关系

农业专业商社模式是农业专业商社为中心签约人，嵌入与农业生产相关的所有环节并通过契约联结进行模块化的整合和治理，主要包括农业专业商社与种源模块、种养模块、加工模块和营销模块之间的契约关系以及四大模块之间的契约关系。

1. 农业专业商社与模块之间的契约关系

农业专业商社具有高度专业化分工、高度多元化经营和全产业链整合的基本特征，借助三维度契约在生产维度、交易维度和资源维度将自己嵌入种源、种植、加工、运输和销售四大模块中，不仅控制着各个节点的商权，把各环节的经济主体联结起来，同时发挥着其贸易代理、事业投资、金融服务、仓储运输、信息咨询和科技开发等职能，提升交易、生产和科技价值链，实现模块化的治理和整合，从而弥补单维度契约链中存在的缺陷。

（1）农业专业商社与种源模块

农业专业商社与种源模块之间的契约关系主要是在资源维度，而且两者是相互投入的关系。在上面的章节中已经提到过资源维度主要是界定相关的产权关系，种源模块主要是农业研发机构或各大高校进行种子、新产品、新技术的研发。一种新产品或者一项新技术的研发需要获得政府的保障，确定其知识产权和专利权的归属，这对于一个研发企业、机构来说极为重要。另外，在农业生产技术的研发过程当中，需要一定的农业用地来进行现场试验，故农业研发机构需要获得部分农业用地的使用权，此时可以由农业专业商社出面与拥有土地使用权的农户进行协商并签订契约。同时，为了促进研发的顺利进行，农业专业商社负责提供科研机构所需的科研经费，并以此交换科研机构研究成果的部分乃至全部使用权。

（2）农业专业商社与农户种养模块

农户虽然在农业产业链中居于最重要的地位，但农户在资金、信息、技术等方面都存在先天的弱势，这种弱势地位决定了农户抵御风险的能力较弱。农业专业商社与农户之间的投入主要集中在生产维度，农业专业商社把从种源模块中所获取的研究成果应用到农户种养模块中，主要是对农户土地进行改良、向农户提供优良的种源。

首先，农业专业商社根据不同的土地进行土壤肥力的测试，为保障农产品的高产出而制定相应的土地改良方法；其次，把农业研发机构以及各大高校研发出的优质种子和新产品提供给农户；最后，农业专业商社在保障农户收益上也起到了重要的作用。

在全产业链中，农业专业商社的角色是中心签约人，在与农户签订的契约中明确规定了农产品的收购方式和收购价格，以保证农户获取其应得的经济租金而减少机会主义倾向，从而提升契约的履约率，稳定正常交易和整条产业链。

（3）农业专业商社与加工模块

加工模块主要是指企业对农产品的二次加工、深加工和精加工。深加工和精加工层面上企业需要大量的专用性资产投资，从而用于购买专用设备以及环境治理中。农业专业商社可以对加工模块的生产经营主体进行专用性资产投资，以便后者购买专用的生产设备以及先进的生产技术，这对后者的生产经营过程有着重要作用。

例如，在加工设备上，不同的加工程序需要不同的加工设备，而农业专业商社的资金投入可以有效缓解工厂资金方面的压力。在加工技术上，加工模块各主体也面临着巨大的挑战：随着经济的快速发展和人们生活水平的提高，人们对产品的营养、健康的要求也随之升高，这就导致加工企业在进行产品加工时要保证产品的营养价值，因此需要借助商社的技术储备对其加工技术进行改进和创新；对于加工过程中出现的环境污染问题，农业专业商社不仅向加工企业提供相应的技术指导，同时还对其环境治理的具体效果进行监督。

（4）农业专业商社与物流营销模块

农产品尤其是生鲜蔬菜的易腐、易损性对物流营销模块的技术要求极高，物流体系不仅应实现农产品的形态效应、空间效用、时间效用以及所有权的转移效用，还要把各个模块的经济主体尤其是种养模块中的农户引进物流体系中，以构建全产业链上完善的物流系统。

建立一套完善的物流体系不管是在设备上还是在制度上都需要农业专业商社的介入，从提供相应的技术到直接对相关企业进行专用性资产投资。此外还需要注意的一点是，农业专业商社自身就具有仓储运输的职能，在建设一个独立物流体系缺乏规模经济效应的地区，农业专业商社可由自身来承担此部分的职能，从而降低全产业链的构建成本。

农业专业商社在销售环节首先要保证农产品的新鲜及时供应，同时把市场需求反馈给企业和农户，实现信息咨询的功能。农产品具有不宜多次搬运装卸和不易存储等特性，不仅对物流设备具有严格的要求，同时对于销售市场如批发市场、超市、大卖场等都具有相应的技术要求，即销售市场应处于交通便利的位置，在条件允许的情况下可以在附近引进一些便利店和小型超市来进一步减少地理空间层面的交易成本。

另外，农业专业商社除了与四大模块有紧密的契约链关系以外，与外部的一些企业和机构也建立了相应的契约关系，如与银行和非银行类的金融机构通过股权制的方式建立契约合作关系，加强与政府部门的战略合作，以此为组织内部主体营造一个良好的外部环境。同时，农业专业商社也需要寻求一些潜在的合作伙伴，在扩大并丰富其职能的同时促进产业链的全面整合。

2. 四大模块之间的契约关系

在以农业专业商社为核心的农业专业商社模式中，不仅要正确安排农业专业商社与各个模块之间的契约关系，同时也要安排好模块之间的契约关系，并配置相应的专项治理机制。首先，种源模块和种养模块之间的契约关系主要体现在交易和资源维度上。由种源模块的经济主体——龙头企业的研究部门或高校对种养模块的经济主体——农户进行投入，主要表现形式有：农户向龙头企业购买品质优良的种子，龙头企业或者相关的研究机构向农户提供先进的农业技术。

加工模块与种养模块之间的契约关系表现在交易、生产和资源三个维度。农户与企业签订交易契约，即在契约中规定农户生产符合加工厂要求的产品、按时向工厂提供一定数量和质量的农产品，同时加工企业按照契约中规定的收购方式和收购价格来收购农产品，这是交易层面上农户与加工企业的契约关系。生产维度契约的表现形式则是由企业根据其需求向农户提供相应的种子、生产资料和技术服务，同时企业还需要安排专业人员对农业生产活动进行检查，即监督农作物上各种化肥药品的使用情况，帮助农户应对农作物生长期间出现的各种突发状况等。在资源维度上，农户与农业企业以彼此拥有的部分所有权份额进行交换，以实现两者的风险共担、收益共享。

营销模块与种养模块之间的契约关系同样也涉及交易、生产、资源三个维度。这两个模块涉及的产品主要是生鲜农产品，即不需要进行进一步加工的农产品，两者之间的契约关系和种植与加工模块之间的契约关系并无太大差异。

在营销模块与加工模块之间，由于双方的生产经营主体均以现代企业为主，故彼此之间存在交易、生产、资源维度的复杂契约关系，但主体之间的契约关系并不具有农业契约的特性，故不在本书的分析框架之内，属于传统的市场结构产业关联理论，故对此不做进一步分析，仅仅由营销模块具有的边际成本递减规律假定其以平均成本出售最终产品。

三、农业专业商社的治理机制

现代农业中的新型农业契约链模式的治理机制涉及专用性资产的渐进投入、交易层面的二次嵌入以及所有权的交叉持股，但是这些治理机制单独依靠涉农企业或农户无法运行，需要一个综合组织能力较强的核心组织即农业专业商社对全产业链进行高度整合，让三维度的相应治理机制充分发挥其效用。

（一）基于生产维度的渐进投入治理机制

基于生产维度的渐进投入治理机制的核心在于将原有的有限期投资—交易期限转换为无限期的投资—交易期限，以下一期违约收益大于本期违约收益实现契约关系的内生性稳定。

基于生产维度的渐进投入治理机制主要应用于：种源模块即农业研发机构对农户进行技术支持如土地改良、提供优良种子等，农业专业商社对负责通用农业技术、新型种源研发的种源模块投入资金，农业专业商社对加工模块的加工设备的改进和完善进行的投资，以及农业专业商社对营销模块在物流体系建设和完善上如冷链体系的建设、运输车辆等设备的购买的投资。

渐进投入机制的目的在于稳定各生产经营主体之间的专用性投资关系，其中显得尤为重要的是农业专业商社、加工商、销售物流主体对农产品种植阶段的投入。在农业生产中对农户的投入主要包括改良农业用地、提供优质的种源、指导科学的田间管理技术以及提供各种生产资料尤其是机械设备的投入。不管是农业专业商社还是加工商或是销售物流主体，在对农户进行专项投入时为了尽可能降低生产成本和沉没成本以及防止违约现象的发生，同时为了照顾到农户的抗风险能力差的特性，都应采用分阶段的渐进投入方式把农户“俘获”到农业专业商社的契约链中，以保证农户进出该契约链的自由。

以农业专业商社模式对从事农作物种植的农户进行专项投入为例，农业专业商社在选择投入对象时应首先对农业专业合作社和农户进行考察，尤其是对其信任度进行考察。更高的信任度或是信心值可以改变农户的种植比例，从而进一步发挥农业技术的改良作用①，所以，农业专业商社在选取合作伙伴时要选择信任度较高、诚信度较高的合作社和农户。其次，农业专业商社对农业生产的渐进投入是逐渐对多个专业合作社或者多个农户进行额度不断上升的专用性投资，在第一次小额度的专用性投入后，对没有违约的合作社或者农户进行第二次的投入，而且第二次的投入额度比第一次的投入额度略高，并以此类推。

前文已经论证过了渐进投入机制的稳定性是建立在无期限的合作基础上的。当农业专业商社或者农业企业与农户建立契约关系时，契约中所规定的农产品的收购价格大于等于市场价格的 1/2 时，涉农企业对农户的渐进投入可以提升农作物的产量，而农户在与企业博弈的过程中会发现，如果当期违约将会造成巨大的损失，而如果下一期再违约所获得的收益将会更高，因此，在明确规定农产品收购价格的范围时，农户都会选择下一期违约。但是，农业专业商社等涉农企业总是在下一期会加大对农户专用性的投入，农户将不会选择违约，因而渐进投入机制可以有效地稳定农业专业商社各主体之间的生产维度契约。

农业专业商社通过分阶段、按比例地对农户生产进行专用性投入来寻找到稳定的合作伙伴，并建立长期的合作关系。在农用土地的改良方面，农业专业商社根据农作物的生长周期对土地进行改良的专用性资产和技术的投入，如首次改良后的土地只有利于作物一次生长，然后再根据农户对契约的履行程度的表现来决定是否加大投入；同样，在优良种子的提供方面也是如此；农业专业商社把各种优良的种子小部分地提供给农户种植，

---

① 具体可以参考第七章中的“多次投资、多次交易的生产维度契约——以两期为例”中的数理分析。

在农户没有违约的条件下，下一期将提供更多的优良种子，促进农户或者专业合作社的大规模生产。

加工商和销售商对农业专业合作社或者农户的渐进投入与农业专业商社对农户的渐进投入原理是一样的，都是分阶段地对农户投入，在一期投入结束之后对农户的契约履行情况进行考察之后再做出第二次的专用性投入。下一期的投入总是会在上一期投入的基础上有所增加，而且每次增加的比例都将带来同比例的产量和收益。但是值得注意的是，农业专业商社对农户的生产投入对农户所种养的所有农作物都有效，并不局限于一种农产品的生产。而加工商和销售商则是根据其自身需要来对农业专业合作社或者农户进行专用性的投入，如一个饲料加工厂只会对从事玉米、小麦作物的合作社或者农户进行专用性资产投入，而不会对生鲜蔬菜的合作社或者农户投资；蔗糖加工厂只是对参与甘蔗农业生产的农户进行土地改良、技术服务的支持，而提供的种子则只是优良的甘蔗幼苗；而营销模块如超市则主要是直接从生产基地收购生鲜蔬菜、瓜果等初级农产品。

此外，由于农产品的季节性、易腐性等特性，对农产品的仓储运输有着较高的要求。农产品的仓储设备和物流运输体系的建立需要大量的资金投入，对于资金实力本来就较弱的农户而言肯定无法承受，而如果每个企业都花费大量的资金来建立相应的运输体系，无疑是加大了其生产成本，因此，在现代农业新型契约链即农业专业商社模式的构建下，需要通过农业专业商社来完善农产品的仓储运输设备和体系，并由其作为中心签约人促进农业加工企业、销售企业集中在其具有优势的专业上进行专用性投资。

农业专业商社对加工模块以及种源模块的生产经营主体的投资，包括对农业企业的专用设备投资、农业研发机构的科研经费投资等，也采用渐进投入的方式进行。在加工设备的改进和完善上，农业专业商社以其收购农产品的数量和不同程度的加工所带来的收益来对其进行设备上的专用性投入；对农业技术和优良种子、生产资料的研究开发阶段的渐进投入主要是以成果的成功率来衡量其渐进投入的比重。这样可以避免其采取机会主义行为，同时以预期收益大于违约收益来稳定组织内部的契约关系，避免组织解体的风险。

（二）基于交易维度的二次嵌入治理机制

现代农业全产业链主要是要处理好企业与农户之间、企业与企业之间的关系，而对于两种关系的处理不能单独地依靠正式制度，还需要采用非正式的制度治理机制削减经济主体的有限理性和机会主义行为。

首先，对于农业产业链上各个经济主体的关系在上面的章节中已经论述过，企业和农户、企业与企业之间的契约关系满足了二次嵌入治理机制条件，即需求的不确定性与供给的相对稳定。

二次嵌入是指在生产资本嵌入基础上的社会资本嵌入，即对契约链上资产专用性的交易条件、任务复杂性和交易频率进行协调反应，这种交易条件使现代农业契约链的各个主体都嵌入一定的交易结构中，使其能够充分利用社会机制（包括限制性进入、宏观文化、集体认可和声誉等）去协调交易关系和确保交易安全。消费者多变的需求需要高度的适应，产业链上不同经济主体的专用性投入的复杂性需要高度的协调，而专用性的投入需要一个风险规避、安全防范机制作为保障。

基于生产资本嵌入基础上的社会资本嵌入意味着参与交易的经济主体为三个或三个以上，多个经济主体在农业专业商社参与的前提下可以共享信息和知识并最终形成统一的标准和共识。这对于农户和企业、企业与企业之间的交易而言，可以使得农户和企业在市场条件不确定的情况下充分利用限制性进入、宏观文化、集体认可和声誉等机制去协调和确保交易安全。

同时，这一定程度上还可以避免农户或者企业中途违约转而与其他企业或者农户产生交易关系，因为社会资本二次嵌入处于信息透明化的环境中，对于企业维护自身的声誉具有重要的监督作用，一旦农户或者企业选择中途违约，信息高度透明化的环境会立刻让该产业中所有交易者都对此情况有所了解，这无疑极大地限制了违约者未来的合作机会，从而提高了现有契约的履约率。

在农业专业商社模式中，首先要对产业链上的经济主体进行择优。犹如中粮模式中，其产业链的延长是通过一定规模的兼并和收购而达成的，而这些被兼并和收购的企业都是该行业中最优的企业。这种对经济主体限制性的选取方式减少了产业链上的交易伙伴，数量较少的交易伙伴有利于信息的传递、交流和其他协议的缔结，重复性的交易促进了可靠的交易关系的形成，同时也减少了监督成本，提高了交易的安全性。同时，我们在农业商社模式中特别强调农业专业合作社的作用，我国分散的小农户居多，通过农业专业合作社把小农户集中起来进行规模化的生产，形成一种有效的协调和相互适应的机制，提高了交易环节上的价值和稳定性。

宏观文化是指在农业专业商社作为中心签约人的环形契约链中，商社与各个模块的企业、农户之间对知识、信息、技术和企业文化的分享。农业全产业链分为四个模块，每个模块又涉及多种经济主体，任何两个上下游的主体之间都需要对市场变化做出及时的沟通和交流才能应对市场的不确定性。由商社作为统一的信息拥有者，环形契约链中的各个生产经营主体的信用水平均在商社中有所记录，并最终由商社来进行评估，使试图违约者不得不就未来的合作机会重新考虑本期违约成本。

集体认可是指农户与组织、农户与企业、企业与组织、企业与企业之间相互监督，尤其是农业专业商社在全产业链中居于主导核心地位，要对全产业链中的各个生产经营主体进行有效监督，对违反共同价值观和标准的行为进行严重的惩罚以使其无法再次进入该生产链中。

声誉对于一个交易主体交易关系的建立具有决定性的作用，尤其是在信息不完全的条件下，企业或者其他农业组织在选择交易对象时都是通过"圈内"声誉做出判定的，如此高昂的违约成本可以使得各契约主体更加珍惜他们现有的契约关系。

基于交易维度的二次嵌入治理机制在限制性进入、宏观文化、集体认可和声誉方面可以效仿中粮模式，如在指定高校开设专门的教育体系和文化课程等。农业专业商社通过更高的远期收益，将农户和其他生产模块具有专业化优势的经济主体尤其是农业企业都纳入现代农业新型农业契约链当中，并由农业专业商社发挥其贸易代理、事业投资、金融服务和科技信息等职能，通过契约的关系把这些经济主体链连到全产业链中进行企业文化的大整合，推动整条契约链的相互融合。

社会资本的二次嵌入从交易维度协助交易双方建立具有优势地位的资源，并把农业产业链上的四大模块和农业专业商社融合到一起，建立双方信息交流平台和信任关系，有利于促进交易双方合作关系的长期维持，提高交易和契约链的内生性稳定。

（三）基于资源维度的交叉持股治理机制

并购重组战略一定程度上扩大了中粮集团的业务范围，也为其产业链的各个环节都提供了具有专业化优势的企业，但是，这些被并购重组的企业的股份只是单向地由中粮集团收购，如蒙牛集团并不拥有对中粮集团的股份所有权。这种模式并不适应全国范围现代农业的发展，特别是在中粮集团出现资金链断裂的情况下，整条产业链都将处于瘫痪的状态。而以农业专业商社为主导的现代农业专业商社模式，是通过交叉持股形式的资源维度契约实现全产业链的产权重新配置。

交叉持股治理机制在美国沙丁鱼罐头行业的案例中已经取得了成功运用，在该案例中，美国的沙丁鱼捕捞船队和沙丁鱼加工厂成功地运用交叉持股形式的资源维度契约将两者的收益函数捆绑在了一起，从而有效地避免了双方的机会主义行为，也为该行业向高投入、高资本的运营模式转变提供了基础。将该治理机制运用到我国现代农业全产业链当中，可以推动现代农业产业化的发展。

资源维度的交叉持股治理机制是农业生产的经济主体通过契约的形式获得其他经济主体所拥有的生产要素的使用权或者部分所有权，并以此整合契约双方的收益函数，实现风险共担、利益共享。建立在资源维度上的契约关系具有先天稳定性，因为资源契约关系不受契约双方生产经营行为的影响，该契约关系必须由双方通过协商并登记后方可生效，并延续到具体条款规定的日期。

对于交叉持股的稳定性在第六章和第七章中已经有了详细的数理论证，交叉持股不仅可以减少违约方通过违约摄取的准租金的总额，还可以减少交易一方在另一方违约时的损失。在现代农业契约链模式中，农业专业商社与种养模块的农户之间并不允许存在双向持股的资源维度契约关系，原因在于根据现有政策农业用地流转还存在着诸多限制，但相信随着《十八届三中全会关于全面深化改革问题的决定》的公布，这一现象在可预期的未来会得到一定的改善。

农户建立农产品收购契约时为避免短期价格波动对契约关系稳定性的影响，首先需要将定价方式在契约条款中明确规定。此外，农业生产资料所有权的归属直接决定了该生产资料孳息所有权的归属，故在对农户进行专用性投资后，孳息的所有权和相应的准租金部分份额都归属于投资方，即农业专业合作社或者农户享有企业的专用性投入，同时企业也将获取农业专业合作社或者农户被投资的生产资料孳息和部分准租金的所有权，而其所占所有权的比重大小是根据企业对农户专用性投入的多少来决定的，从理论上来说，加工企业、销售企业和科研机构都只能获取对方半数以下的股权，这样可以实现利益捆绑而不会导致丧失各自经营的比较优势。

加工模块的农产品加工厂与种养模块的农户之间也存在资源维度的契约关系，如土地承包等。加工企业向农户租赁土地进行生产基地的建设，在承包合同签订之后，土地的使用权归企业所有，土地原所有者不仅从企业获得了一笔收入，同时还可以根据土地面积的大小获得相应生产基地的股份，并获得相应的部分收益权。但同样地，由于现有政策的原因，此类资源维度的契约关系还依然属于单向持股，需要随着农村土地制度的不断深化改革来转换为交叉持股。

农业专业商社与农户之间不存在资源维度的契约关系，但是与种源模块、加工模块和销售物流模块的企业之间均存在稳定的资源维度契约关系，通过产权重新配置，在全产业链上实现准租金的二次分配来满足模块间的稳定性，此类资源维度契约关系均可以通过由单向持股向交叉持股的转变实现双方合作稳定性的进一步提升，其表现形式为农业专业商社与加工模块的生产经营主体如农产品加工企业均持有彼此的一定股份，加工厂所获得的收益不再属于加工厂单独所有，而是与农业专业商社共同所有。

农业专业商社与种源模块的交叉持股机制即农业专业商社向科研机构投入研发资金，农业研发机构将这部分投资运用于生产技术的创新、优良种子的研究以及其他生产资料的生产研发上，同时根据研发资金投入情况，农业专业商社获得相应的专有技术的所有权和使用权。

另外，交叉持股机制除了用于全产业链模块内部外，还应用于产业链外部，即稳定农业专业商社与外部服务企业之间的资源维度契约关系。农业专业商社是集贸易代理、事业投资、金融服务、仓储运输和科技信息服务职能于一体的综合性商社，除了需要处理好与各个模块之间的契约关系外，还需要与市场、金融机构等建立稳定的契约关系，以保证农业专业商社模式的成功运作。农业专业商社与银行或者非银行的金融机构之间的资源维度关系即银行或者其他金融机构向农业专业商社提供专项资金的贷款或以较低的利率向其贷款，同时取得农业专业商社的部分股权，以此分享农业专业商社的部分收益。这些资源维度契约的持股方向进行交叉持股治理之后，可以进一步稳定农业专业商社与外部服务企业或机构之间的合作关系，从而进一步推动农业专业商社模式的发展。

四、农业专业商社模式治理绩效的实证分析

（一）数据来源及说明

农业专业商社模式作为本书提出的新型现代农业契约链组织模式，在现实农业生产过程中难以寻找到完全切合的案例进行分析，故我们选择与其相似的中粮集团进行田野调查，并以此数据进行实证分析。

调研样本的选择主要采取分层抽样的方法。调查过程分为两步：第一步，选取中粮集团在广东省的农产品直供区，化州市下辖的新安镇、官桥镇、林尘镇，并在这三个地区中分别选取 5 个主要产品直供村，这些村供应给中粮集团旗下“我买”销售公司的主要农产品有化橘红、荔枝等。每个村随机选取 20 家种植户为调研对象。第二步，实施具体的调研活动。采取与农户一对一面谈的方式，并随时回答农户的各种疑惑，根据他们的回答填写问卷。本次共发放调查问卷 300 份，共回收 289 份，有效问卷 278 份，有效率为 92%。

另外，通过对中粮集团旗下“我买”销售公司的相关负责人及销售人员进行访谈，并结合其网站公布的数据来进行相关分析。将农户的调查数据进行整理，并制定了此次农户基本特征的统计分析表，其具体分析如表 9-1 所示。

表 9-1　样本农户基本特征统计分析

要素		人数	比例（%）	要素		人数	比例（%）
性别	男	158	61.7	农作物种植面积	5 亩以下	36	12.9
	女	98	38.3		5~10 亩	59	21.2
					11~20 亩	78	28.1
					21~50 亩	64	23.0
					50 亩以上	41	14.7
年龄	30 岁及以下	26	10.1	销售渠道	自行销售	164	64.1
	31~40 岁	58	22.7				
	41~50 岁	97	37.9		合作社未卖给公司	61	23.8
	51~60 岁	54	21.1		合作社卖给公司	31	12.1
	60 岁及以上	21	8.2				
文化程度	小学及以下	44	17.2				
	初中	141	55.0				
	高中或中专	55	21.5				
	大专或大学	13	5.1				
	研究生及以上	3	1.2				

资料来源：笔者整理。

从表 9-1 的调查统计结果可以看出，被访问的农户中 41~50 岁的人最多，男性占多数，文化程度则以初中水平为主。由于所选的样本是广东省农业较发达，即农业占经济比重较大的区域，因而农户种植农作物的面积普遍较大，超过 50%的农户种植面积为 5~50 亩。其中，有 164 人不通过合作社销售其产品，而是通过传统的销售渠道，即农贸市场、加工企业订单、批发商以及专人上门收购等；在通过合作社销售农产品的农户中，有 61 人没有与特定公司对接（以下简称“合作社未与公司对接”），有 31 人是经合作社与公司对接进行销售的。

（二）中粮模式的成本收益分析

检验一种生产销售模式是否先进，是否具有可持续性，首先要进行成本收益分析。中粮模式是否可以带来流通成本的降低，就要看其单位生产成本是否降低，或者单位成本是否具有杠杆效应，即小幅度的成本增加是否能带来更大的效益。通过对广东三个农业发达地区的实地调查，以及相关合作社及特定公司的访问资料，本部分对流通成本、信息平台的产出溢价、生产成本的杠杆效应进行分析。

1. 流通成本大幅降低

促使中粮集团旗下专属的特殊农产品销售公司通过合作社与农户对接的最主要原因是为了减少农产品流通环节，降低流通成本。传统的农产品流通渠道长、层次多，中间会历经多次批发后才零售，流通成本的增加自然也推高了农产品价格。如在传统模式中，农产品从田间进入百姓餐桌至少要经历“种植—小经纪人—大经纪人—运输户—大批发市场—小批发商—市场”等环节。相关调查结果显示，农产品价格的 50%~70%产生于流通环节。而由中粮集团牵头，使得农户直接与特定企业对接，使流通成本平均降低 20%~30%。图 9-1 显示了中粮模式流通成本的压缩。

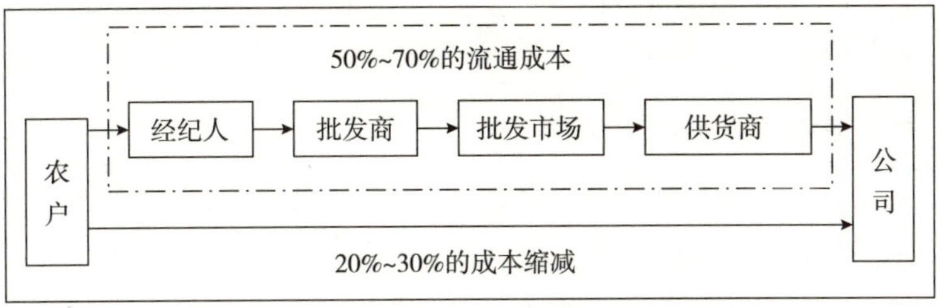

图 9-1　中粮模式流通成本缩减

资料来源：笔者整理。

在调查中也发现，在中粮集团模式下，作为农产品销售价格的重要组成部分的物流成本有显著性的降低。以化州市官桥镇某农业合作社为例，在传统产销模式中，物流成本约占农产品进入市场全部费用的 65%，而针对需要冷藏保鲜的农产品，该比例大约还要再提高 5%；而在运用中粮模式之后，冷藏保鲜费、人工操作费等成本大幅降低，并且农业企业的物流成本也有了很大程度的降低。该企业的负责人认为，通过合作社直接采购农产品的价格较之从传统采购渠道降低了 18%~25%；且以传统的采购程序至少需要经历产地批发市场、二级批发商、销地批发市场、农贸市场 4 个以上环节，而现在直接从合作社采购，在物流环节这方面超市一般都能降低 20%~30%的成本；同时，通过与合作社的直接合作，不但可以显著减少中间环节、降低物流成本，还省去了装车、配货、改包装等环节，从而使通过合作社采购农产品的价格比从批发市场采购的价格有 30%~40%的降幅。

另外，实施中粮模式后，由于流通环节减少，极大地缩短了流通时间，使生鲜农产品的新鲜度提高，同时自然损耗率也得到降低，消费者对高品质农产品的偏好，进一步提高了农业企业的销售收入及经济效益，使农业企业的竞争力提高。据本书的调查，由中粮集团牵头的“旗下农业企业+农业合作社+农户”的联合生产模式，农业企业的经济效益的增长会超过 20%~30%的幅度。同时，中粮集团还会将增加的利润的一部分分配给农业生产者，增加了农户的农业收入。这样的做法为中粮集团旗下的特定农业企业树立了良好的社会形象，受到了政府和社会各界的关注和好评。

2. 信息显示成本的产出溢价

在当下的市场竞争中，信息资源已成为与材料和能源同等重要的战略资源。中粮集团在中粮模式中搭建的信息平台在给农户的生产带来更大效益的同时也减少了消费者的信息搜寻成本，即消费者由于与商家之间信息不对称而对农产品质量不确定，从而积极搜寻相关信息，以便“货比三家”而花费的时间成本。在这里所讲的信息成本是指农业企业推广新产品以及收集市场信息以及时反馈和指导农业生产所产生的成本。由于农产品本身所具有的特性导致优质优价难以实现，市场中常常出现的道德风险、逆向选择以及“柠檬市场”等使消费者难以确信产品质量，因此，农产品需要经过农业企业的包装与宣传才能得到市场的认可。

经过问卷调查发现，大多数样本农户（76.7%）认为“高质量的农产品一定能在市场中获得高价格”，然而，由于消费者的逆向选择、信息传递困难重重，并不是数量越多信息就越有效，在这种有效信息缺失的情况下，市场机制不能保障农产品优质优价。调查中也发现，只有47.6%的样本农户认为“消费者有能力识别农产品的质量”，68.3%的样本农户认为，“有必要对农产品进行适度包装与宣传”，通过合作社与农业企业的产品宣传网站以及中粮集团特有的市场营销等形式，能够较有效地传递农产品高质量的信号。

表 9-2 农产品适度包装与宣传信息的必要性调查

调查问题	选项	人数	比例（%）
高质量的农产品一定能在市场中获得高价格	同意	213	76.7
	不同意	65	23.3
消费者有能力识别农产品的质量	同意	132	47.6
	不同意	146	52.4
有必要对农产品进行适度包装与宣传	同意	190	68.3
	不同意	88	31.7

资料来源：笔者整理。

在这里要指出的是，这种质量信号并不是一种可以直接观察到的信息，因此并不仅仅是农产品质量本身。从这个层次上讲，农产品的质量信号与其种植环节是相分离的，为解决信息不对称问题，生产者会发出大量信号，所耗费的成本常常造成一定的资源浪费。

然而，在消费者无法鉴别农产品的质量时，这种专用性投资又是很有必要的，它可以有效地传达产品高质量的信号。从调查中了解到，参与中粮模式的农产品由于质量高，往往可以获得比较高的销售价格，如通过中粮集团下属网络销售平台出售的直接从基地采购的有机农产品的价格可以达到普通农产品的 3~4 倍。当然，对占人口比例很大的中产阶级消费者而言，则更倾向于优质优价的农产品。

3. 生产成本的小幅增加带动净收入的大幅增加

生鲜农产品质量安全的提高会相应增加生产成本。例如，中粮集团在产前环节对农产品品种的研究、技术的研究等；在产中环节给予的技术指导、资金扶持、生产安全监督等；在产后环节为追溯产品质量责任而花费的成本，如配备有关工作人员等，这些都对应着农产品生产成本的增加。

当然，虽然随着中粮模式农产品质量的显著提高，带来了生产成本的小幅增加，但总的净收益却得到了大幅增加。例如，化州市文楼镇的鸿绿瓜菜专业合作社化橘红生产基地，在参与中粮模式后，农产品总销售量比之前增长了 30%。

而对农业企业而言，经过中粮模式牵头，与农户对接后，除去成本，每天的净收益增长了 25%；这其中一部分收益来自流通成本的降低，另一部分就是对接农产品的价格的提高，虽然大部分农产品的价格只是小幅度地增加，但中粮模式的自有产品和特色产品由于品牌效应，销售价格大幅提高，导致对接农产品平均增幅为 20%，同时平均每日销售量与 2008 年相比翻了 5 番。因此，生产成本的小幅度增加在确保农产品质量提高、使消费者放心购买的同时也发挥了巨大的杠杆效应，使全产业链各个生产经营主体的收益得到了大幅度增加。

（三）中粮模式对农户收入的影响

农户作为农业生产的最根本生产经营主体，有着收入偏低、承受风险能力较弱的特征。在现有的农业组织模式中，农户的收入一直难以得到保证，故本书就中粮模式对农户收入增长的影响进行实证分析，以研究该模式是否能有效改善这一局面。

1. 变量设置

探索和推广一种农产品流通模式的一个主要目的是提高农户收入，因此，本书借助已取得的农户调研资料，分析销售渠道对农户农产品亩均收入的影响。首先将可能影响农户收入的一系列变量，即反映农户特征的变量作为控制变量，并设定其他条件不变，比较不同销售渠道对农产品的亩均收入的影响差异。

（1）农户特征变量

从理论上讲，农户户主的性别、年龄、文化程度以及每年接受专业技术培训的次数等都会影响农户的收入。

户主性别。正常情况下，体力劳动方面男性要比女性更有生理优势，而且男性制定生产决策相对大胆，因而，在同样条件下，男性户主可能会比女性户主得到更高的农业生产经营收入。

户主年龄。郭建宇（2008）以山西省参与农业产业化生产的农户为研究对象，发现农户户主年龄与农户农业收入呈负向相关。主要原因在于年龄越大，获取市场信息的能力就相对较弱，在经营决策方面也会较保守。因此，在一定范围内，户主年龄越大，农户获得的亩均净收入可能越低。

户主文化程度。Sykuta（2008）以山梨和大蒜种植户为例，分析得出户主的文化程度与农户收入水平呈正向相关。一般情况下，接受文化的程度对农户获取信息能力、沟通能力、分析和决策能力都有正向影响。文化程度越高的户主，更能看到"农超对接"的长期效益，也就更愿意学习各种种植技术，并积极遵循各项质量和技术标准。同时，文化程度越高，可能学习和获取知识的能力也越强，从而获得的净收入就越高。

户主每年接受培训的次数。乌云花（2011）以山东苹果的产业化生产为例，证实龙头企业所提供的技术培训可以使农户收入有较大提高。一般情况下，接受过种植技术培训的农户，掌握相关的专业知识及产业技能比没有接受过培训的农户要多得多，这有助于提高种植水平，进而提高亩均农产品的净收入。

农产品种植面积。Sykuta（2008）指出，种植面积与山梨和大蒜种植户的收入水平正向相关。一般情况下，农产品种植面积越大，农户在相关种植技术方面可能越专业，同时也越容易形成规模化生产，获得规模经济。但是，当种植面积太大，农户未能做到精耕细作时，农产品的亩均产量和净收入就会因此不高。结合这两个方面，导致种植面积对农户亩均净收入的影响方向无法确定。

（2）销售渠道变量

本章将农户收入核心影响因素——销售渠道变量设定为“自行销售”“合作社未与特定企业对接”“合作社与特定企业对接”。一般情况下，农户加入合作社可以同时提高农产品产业组织化程度以及农户的市场议价话语权，享有更多盈余分配。然而，即使不通过合作社，农户还有其他的销售方式可以选择，比如通过传统的批发商渠道，与加工企业签订订单，同样能够获得较高的亩均净收入。但是，特定农业企业通过合作社直接与农户对接，往往对对接农产品有较高的质量安全标准，更容易得到消费者的认可，且这种营销模式可以通过提升品牌效应来增加农产品的市场价值。因此，如果合作社将农产品卖给特定农业企业，更有利于农产品亩均收入的增加。

为了更好地分析中粮模式对农户增收的影响，本章以参与“合作社未与特定农业企业对接”渠道的农户为对照组，将“不通过合作社销售”及“经合作社与特定农业企业对接”渠道分别与之对比分析，从而可以检验合作社及农业企业在中粮模式中起到的作用。因为假如直接以“不通过合作社销售”渠道与“经合作社与特定农业企业对接”渠道的农户亩均收入进行对比分析，则会引入其他变量，从而无法确认农户的净收入是否增加；但以“合作社未与特定农业企业对接”渠道的农户收入为对照，则参与这一销售渠道的农户亩均净收入的增加是确定的。相关解释变量的含义及其描述性统计分析结果如表 9-3 所示。

表 9-3　相关解释变量的含义及其描述性统计分析结果

解释变量	代码	变量含义	均值	标准差	预期方向
农户亩均收入		最主要蔬果产品亩均净收入的自然对数 ln（income/area）	7.03	1.61	-
户主性别	X_1	男=1；女=0	0.82	0.39	+
户主年龄	X_2	户主的实际年龄（岁）	46.97	12.03	-
户主文化程度	X_3	小学及以下=1；初中=2；高中或中专=3；大专或大学=4；研究生及以上=5	3.05	0.91	+
每培训的次数	X_4	2 次以内=1；2~5 次=2；6~10 次=3；11~15 次=4；15 次及以上=5	3.01	1.32	+
主要种植面积	X_5	2012 年农户主要果树种植面积	35.8	24.5	?
销售渠道变量（以“合作社未与超市对接”作为参照组）	D_i	不通过合作社销售=1；其他=0； 经合作社卖给超市=1；其他=0	0.60 0.11	0.49 0.31	? +

资料来源：笔者整理。

2. 模型选择

由于本书选择的变量中有些是非连续性变量，在借鉴已有的研究成果（Sykuta，2008；乌云花，2009；李莹，2011；郭建宇，2008）基础上，本章选用 Probit 模型对影响农户的亩均农产品净收入的因素进行计量分析，变量为上文所选的反映农户特征及销售渠道特征变量。

农产品亩均净收入是指每亩农产品销售总收入扣除总的生产成本和经营费用后的净结余。由于农产品亩均收入通常具有较大正整数特征，因而会导致模型具有异方差性或偏态性，因此，本章采取其对数形式作为因变量，通过分析三种不同的销售渠道对农户农产品亩均净收入的影响。Probit模型的一般形式如下：

$$Y_i^* = X_i\beta_i + \varepsilon_i;\ Y_i = 1(Y_i^* > 0) \tag{9.1}$$

在式（9.1）中，Y_i 是实际观察到的二值选择变量，Y_i^* 是未观察到的潜变量，X_i 为影响第 i 个样本的选择行为的诸多因素，β_i 为相应的系数，随机误差项 u_i 服从标准正态分布。“$Y_i = 1(Y_i^* > 0)$”表示：当 $Y_i^* > 0$ 时，$Y_i = 1$；否则，$Y_i = 0$。由此可以推出“$Y_i = 1$”的概率表达式为：

$$P(Y_i = 1/X_i) = \Phi(X_i\beta_i) \tag{9.2}$$

在式（9.2）中，Φ（$X_i\beta_i$）为标准正态分布的累积概率函数。

在所选的随机样本中，各项观测值都相互独立，Probit 模型的对数似然估计函数为：

$$\begin{aligned} LL = \ln[L(\beta_i)] &= \sum [Y_i \ln P + (1-Y_i)\ln(1-P)] \\ &= \sum [Y_i \ln\Phi(X_i\beta_i) + (1-Y_i)\ln(1-\Phi(X_i\beta_i)] \end{aligned} \tag{9.3}$$

利用最小二乘法（OLS）来估算模型的参数 β_i。

根据 Probit 模型的理论及运用范围，结合表 9-3 中相关变量的定义，建立如下 Probit 模型：

$$\ln(income/area) = \beta_0 + \sum_{i=1}^{5} \beta_i X_i + \beta_6 D_1 + \beta_7 D_2 + \beta_8 D_3 \tag{9.4}$$

在式（9.4）中，ln（income/area）为农户的农产品亩均净收入的自然对数；β_0 为常数项，X_i 为解释变量，其中 $\beta_i X_i (i=1,2,3,4,5)$ 为各解释变量待估系数矩阵；D_i 为反映农户销售渠道的虚拟变量；$\beta_6, \beta_7, \beta_8$ 为虚拟变量的待估系数。

3. 计量结果分析

本章应用 EViews 6.0 软件对样本数据进行 Probit 模型回归分析。由于所选取的截面数据样本在不同样本点上解释变量以外的其他因素差异性较大，往往存在异方差性，为提高模型参数的准确度，在进行模型评估之前，先对变量进行异方差性检验。检验结果显示，在 5%的显著性水平下，F 分布值均小于 5。这说明，所选的样本自变量之间不存在严重的异方差性问题。将所有样本自变量都纳入模型，利用 OLS 估算法进行参数估计。

在处理的过程中，采用后向筛选法，即首先将所有变量都引入回归方程，然后进行显著性检验，在一个或者多个不显著变量中，剔除 z 检验值最小的那个变量，重新拟合回归方程，直至方程中全部变量都显著为止。第一次回归后得到的参数设为模型Ⅰ；去除模型Ⅰ中不显著的户主性别及户主文化程度变量，再次利用 OLS 法进行参数估计，得到的回归结果设为模型Ⅱ。模型Ⅰ和模型Ⅱ的结果（见表 9-4）显示，两个模型的拟合优度和调整的拟合优度相差不大，且都具有较好的解释能力。

表 9-4　农户收入影响因素的 Probit 估计结果

变量名称	模型Ⅰ		模型Ⅱ	
	估计系数	z 值	估计系数	z 值
农户特征变量				
户主性别	-0.019	0.129	—	—
户主年龄	-0.012**	0.005	-0.014***	0.004
户主文化程度	0.051	0.061	—	—
户主每年接受培训的次数	0.159***	0.041	0.159***	0.040
农户种植面积	-0.039***	0.002	-0.039***	0.002
销售渠道变量				
不通过合作社销售	-0.366***	0.119	-0.367***	0.117
经合作社与特定农业企业对接	1.041***	0.182	1.033***	0.180
常数项	7.257***	0.442	7.552***	0.281
拟合优度	0.497		0.496	
调整的拟合优度	0.485		0.489	

注：***、**、* 分别表示在 1%、5%、10%水平上统计显著。

表 9-4 的统计结果显示，统计上显著的变量有：户主年龄、户主每年接受培训的次数、农户种植面积、销售渠道，其余变量不明显。因而，从以上的回归结果中我们可以得到以下结论：

(1)“农户+合作社”模式创造了合作剩余

在模型Ⅰ和模型Ⅱ中，虚拟变量 D_1（“不通过合作社销售”）均通过了 1%水平的统计显著性检验，且其系数为负。在其他条件均不变的情况下，这说明，与参与“合作社未与超市对接”这一销售渠道相比，经“不通过合作社销售”产销渠道的农产品的亩均净收入显著性更低，两者的净收入比值达到 14.21∶10，说明“农户+合作社”模式对提高农户亩均净收入有更积极的影响。在调查的农户中，被问及“农户+合作社”模式有哪些作用（最多选 3 项）时（见表 9-5），有 45%的样本农户认为加入合作社可以增强自己的市场话语权，提升与收购商的谈判能力；32%的样本农户认为加入合作社可以发挥集体优势，共同购买储藏和运输设施，加上国家的很多扶持政策也是通过合作社来实施的，从而有利于农产品进行规模经济和机器化运作；23%的样本农户认为加入合作社可以在一定程度上防范自然灾害，降低风险损失，从而能获得更稳定的销售收入；29%的样本农户认为加入合作社可以减少农产品销售中的各项成本；41%的样本农户认为加入合作社可以提高农业生产的技术和管理水平，进而增加农产品种植效益。

表 9-5　“农户+合作社”模式对种植户的影响调查

您认为“农户+合作社”模式有哪些作用（最多选 3 项）	人数	比例（%）
提升与收购商的谈判能力	125	45
扩大生产规模，共同购买设备	89	32
通过合作社的保障机制降低灾害风险	64	23
减少农产品出售时各项买卖成本	81	29
提高生产和管理技能	114	41
基本没有作用	37	13

资料来源：笔者整理。

（2）中粮模式创造了更大的合作溢价

在模型Ⅰ和模型Ⅱ中，虚拟变量 D_3（“经合作社卖给特定农业企业”）均通过了1%水平的统计显著性检验，且系数为正。在其他条件均不变的情况下，这说明，与参与“合作社未与特定农业企业对接”这一销售渠道相比，参与“经合作社卖给特定农业企业”产销渠道的农产品的亩均净收入显著性更高，两者的净收入比值达到9：19.2。在调查的农户中，被问及“农户+合作社+特定农业企业”模式有哪些作用（最多选3项）时（见表9-6），有70.9 %的样本农户认为通过合作社与特定农业企业对接，可以获得更高的销售价格；49.5 %的样本农户认为这一模式使农产品拥有相对稳定的销售渠道，防范且降低了农产品的市场风险；42.5%的样本农户认为通过这种模式所获得的农业技术培训能够提高生产效率及农产品类农产品的品质，从而使其市场价值增值；52.2%的样本农户认为通过该模式能够获得政府相关的政策扶持和资金奖励。

表9-6　中粮模式对农户的影响调查

您认为中粮模式有哪些作用（最多选3项）	人数	比例（%）
农产品可以卖更好的价格	197	70.9
获得相对稳定的销售渠道	138	49.5
提高自己的农业技术水平	118	42.5
获得政府的资金或政策支持	145	52.2
基本没有作用	15	5.4

资料来源：笔者整理。

4. 计量分析小结

本节首先选定影响农户净收入的变量，建立Probit模型，计量分析影响农户净收入的因素，发现销售渠道对农户农产品亩均净收入有显著影响。其中，参与“合作社未与特定农业企业对接”这一渠道的农户所获得的农产品亩均净收入显著高于“不通过合作社销售”的农户；而参与“经合作社与特定农业企业对接”这一渠道模式的农户所获得的农产品亩均净收入显著性更高。因此，实证分析结果说明，中粮模式在创造大量合作溢价的同时，也使农户亩均净收入更高。另外，户主每年接受培训的次数、市场需求信息的可获得性等都对农户的亩均净收入具有显著的正向影响，而户主年龄、农产品种植面积等与农户的亩均净收入呈显著性的负相关关系。本章研究证明，在中粮模式中，小农户不仅不会被逐出现代农产品供应链，还能在和特定农业企业的合作中产生共赢。

（四）中粮模式对农产品品质与安全的影响

随着农业结构调整和居民消费水平的提高，全社会对农产品的安全和品质提出了更高的要求，加上农产品安全事件频发，消费者更加注重农产品品质。中粮模式的建立，既有利于消费者，也有利于特定农业企业建立自有品牌、发展特色产品。本节分别对中粮模式对提高农产品质量及对农户安全生产行为的影响进行绩效分析。

1. 对产品品质的影响

在中粮模式下，中粮集团旗下特定农业为了满足消费者需求并获取竞争优势而必须承担一定社会责任，必须保证提供优质安全的农产品。以“我买网”为例：

其所采取的主要措施有：①在产前环节，首先会对土壤进行测试，确保土壤重金属等含量符合标准；其次为农户和合作社提供市场信息咨询，使农户按市场需求的品种和数量有针对性地进行生产。②在产中环节，制定生产规范细则，规范施肥与病虫害防范程序，如规定用药品种、用药时间及销售点，并及时记录农药购买、使用及档案的整理记载等，并凭借技术优势、资金优势对农户进行技术培训，加大技术和安全推广。③在产后环节，农产品采购员严格按照标准进行采购。由于有些农民专业合作社本身就设有农产品质量检测室、农药速检仪器等设备，采购员可以在产地进行农产品质量检测，到达企业之后，还要进行一次例行的农产品质量抽检，层层把关，严控质量安全，并按质量将其分为不同等级，对不同等级的各类主要蔬菜以最多相差两倍的价格收购，以增强农户的质量意识，促进其安全生产，并进行整体包装，提升农产品的形象。具体的流程如图9-2所示。

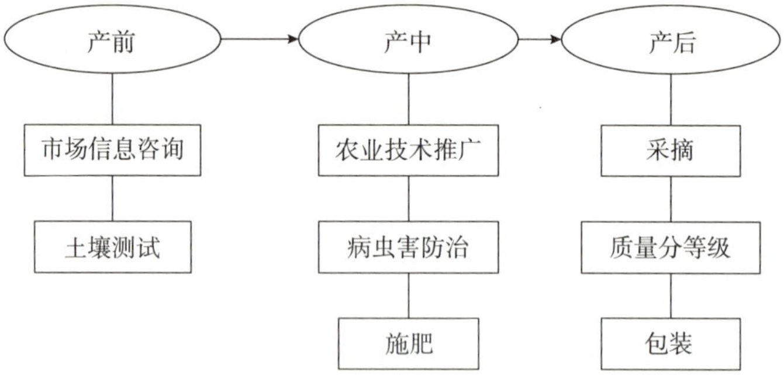

图 9-2　农产品品质监测流程

资料来源：笔者整理。

同时，在中粮模式供应契约链中，企业采购员直接从产地采购农产品到配送中心，没有其他中间流通环节，因此农产品可追溯体系更加容易建立起来，出现问题可直接追溯到生产者。例如，家家悦的可追溯体系，可基本上实现业务流与信息流的结合，采用无线 RF 采集技术、自动包装打印技术，为每件农产品建立唯一的“身份证条码”，实现了对每件产品的物流、信息流的监督和控制，通过系统的全面运行，客户能够建立起智能化的追溯平台，保障生产与销售环节的全面管理和实时监控。

2. 对农户安全生产行为的影响

从样本农户的问卷调查中可以看到，中粮模式能够对农户进行信息记录、投入生产资料、提高农产品储藏和运输等行为有积极影响。在被问及“如果中粮集团直接采购您家的农产品，并将收购价格提高 20%，以下活动中您愿意做到的有哪些（可多选）”时，82.1%的样本农户愿意接受特定农业企业对种植过程的监督，78.9%的样本农户愿意按照特定农业企业的质量标准使用种子、农药、化肥，69.1%的样本农户认为安全生产培训和技术指导能增加安全生产意识并规范安全生产行为，66.5%的样本农户愿意接受特定农业企业对农产品的抽检和挑选，52.2%的样本农户接受特定农业企业按不同质量等级确定收购价格，47.6%的样本农户愿意承担农产品质量责任。具体结果如表 9-7 所示。

表 9-7　中粮模式对农户安全生产行为的影响

如果中粮集团直接采购您家的农产品，并将收购价提高 20%，以下活动中您愿意做到的有哪些（多选）	人数	比例（%）
接受企业和合作社对您种植过程的监督	228	82.1
按照企业的规范标准使用种子、农药、化肥	219	78.9
安全生产培训和技术指导能增加安全生产意识并规范安全生产行为	192	69.1
接受企业对您家农产品的抽检和挑选	185	66.5
接受企业按不同质量等级支付价格	145	52.2
愿意承担农产品质量责任	132	47.6
以上都不愿意	33	12.0

资料来源：笔者整理。

由此可以得出，中粮模式在提高农户收入的同时，对农户安全生产行为也有积极的影响。大部分农户愿意接受企业和合作社在产中环节的质量监督，并按照企业的规范标准使用种子、农药和化肥。企业和合作社举办的安全生产培训和技术指导能在很大程度上增强农户的安全生产意识并规范农户的安全生产行为。大部分农户在产后环节能接受企业对农产品质量的抽检和挑选，并愿意承担产品质量责任。

五、小结

现代农业新型契约链模式通过建立生产、交易、资源三个维度的契约关系来弥补单维度的交易契约关系存在的不稳定性，生产维度和交易维度的相结合在降低生产成本和沉没成本的基础上，减少了农户和企业机会主义行为，大大提高了契约链的稳定性。再加上资源维度契约的引入，再次增强了整条契约链的稳定度。本章首先以中粮集团的全产业链模式为案例，分析其背后的契约关系和治理机制，即中粮集团通过并购和重组的战略模式延长并扩大了业务范围，把全产业链发展成为一个纵向一体化的组织，而其治理机制主要以社会资本的二次嵌入为主，这符合在本书中提到的新型契约链模式，但是又与农业专业商社模式不一样。农业专业商社在强化与外界组织的交叉持股机制的背景下完善其贸易代理、金融支持、技术信息服务等职能，并把这些职能充分运用到各个模块的生产发展中。种源模块、种养模块、加工模块和销售物流模块都与农业专业商社建立三个维度的契约关系，农业专业商社对各个模块的经济主体渐进性投入，不仅为其发展提供资金、技术支持，也有利于促进经济收益的增加；社会资本的二次嵌入在农业专业商社的组织下，对各个企业进行集体认同、宏观文化和声誉的融合与共享，都是为提高交易维度契约的稳定性而服务的；同时，交叉持股治理机制的实施，有利于解决“利益共享、风险共担”机制难以实施的问题，从而提高整条契约链的内部稳定性。通过对农业专业商社模式的现有版本，即中粮集团在广东省化州市下属十余个乡镇农业社推广的“农户+农业合作社+特定农业企业”模式的实证分析，我们发现该农业组织模式不仅可以有效地增加农户与农业企业的总收入，同时还在增加专用性投资、有效解决食品安全问题等方面有着良好的效果。三维度契约治理机制的运用有利于促进我国现代农业产业化、专业化、规模化的发展，从而促进现代农业的全面升级。

第十章　结论与政策建议

一、结论

本书试图通过构建适应农业生产经营的新型契约链来解决我国现代农业各生产经营主体之间契约关系不稳定和履约率低下的问题，以实现我国农业从传统农业向现代农业的过渡。本书认为，现代农业生产所要求的高技术投入、高成本投入、高地域聚集等条件，在传统农业分散的组织结构中难以得到满足，为了实现农业生产的现代化，必然要求农业组织的现代化，而农业组织结构又大致分为两种：其一为依赖所有权高度集中的农业纵向一体化，其二为依赖稳定契约链协调的农业纵向合作化。前者与农业生产的各类特性相悖，故在近年世界范围内的理论发展与生产实践当中都不被人看好，而后者出于本身良好的可调整性等特性，天然地与现代农业生产经营体系所具有的特性相符，因此无论是在发达国家还是在发展中国家都有着良好的应用，被认为是实现传统农业向现代农业过渡的有效途径。

农业纵向合作组织的稳定性由该组织中各个生产经营主体之间的契约稳定性来决定，其须经历从以单维契约为核心的订单农业模式向以三维契约为核心的现代农业的一个转变，但在我国的农业生产实践当中，以单维契约为核心的订单农业存在着极大的违约风险，这导致农业生产模式长期滞留在订单农业这一阶段，无法进一步向现代农业过渡，故本书试图解决农业契约内生性不稳定这一问题，通过创建三维度契约理论，对不同维度契约的内在特征及其治理机制进行深入分析，以此构建新型现代农业契约链及其组织模式——农业专业商社模式。本书得到的主要结论是：

第一，通过对世界范围内两种主要农业经营组织模式，即农业纵向一体化和农业纵向合作化具体应用情况进行理论分析后，本研究认为，农业纵向合作化可以有效地实现从传统农业向现代农业的过渡，而能否构建稳定的农业纵向合作组织的关键又在于组织成员之间的契约关系的稳定与否。对我国现有农业经济组织模式及其契约关系进行分析后，本研究发现，我国农业契约不稳定的情况广泛存在于各类农业组织当中，这严重制约着我国现代农业的发展。

第二，通过对现有农业契约的主要模式——单维契约模式，即订单农业的稳定性以及效率的数理分析，本书发现，契约的不完全性、专用性资产的投入、交易环境的复杂性和不确定性、利益分配机制的失效以及交易双方力量的不对等等因素导致该模式存在内生性不稳定问题。为了解决这一问题，在前文分析的基础上，本书运用不完全契约理论、社会资本理论、企业能力理论等构建三维度契约理论，即用交易、生产以及资源三种维度的契约而不是单一交易维度契约来链接契约各主体，深入探讨其契约关系的内在机理，并对三种维度契约提出了相对应的专用性治理机制，即二次嵌入、渐进投入和交叉持股治理机制。渐进投入机制通过分阶段逐步投资的方式起到稳定契约关系的作用；二次嵌入治理机制是对资产专用性的交易条件、任务复杂性和交易频率的反应，该机制通过限制性进入、宏观文化、集体认可和声誉强化契约链的网络关系互动和相互依赖，从而使契约链上的各主体嵌入一定的交易结构中，使其能充分利用社会性机制去协调交易关系和确保交易安全；交叉持股是激励和约束契约链上各主体进行专用性投资、减少不确定性和机会主义行为的一种可信承诺，也是最大化交易价值的制度安排。

第三，契约链的稳定及其履约效果不仅取决于交易成本的节约，还取决于生产成本的节约和经济租金的创造，这就需要增加契约链分析的维度，即生产和资源（技术、能力）维度。同类型的契约链需要通过不同的治理路径和制度安排来保持稳定和确保履约。从生产、交易、资源（技术、能力）三个维度探寻契约链运作的内在机理及其治理机制，既能解决交易成本节约问题，也能解决产业链的协调和价值创造问题，从而三管齐下地维系契约关系的稳定。

第四，依据三维度契约理论，通过研究设计模块化的现代农业契约链，将农业生产全产业链按其生产经营各环节的主要功能分割为种源模块、种养模块、加工模块和营销模块，并以三维度契约链接以上各个模块并设计专用性治理机制，以此形成覆盖全产业链、具有内生稳定性的新型现代农业契约链；通过模型推导，本书证明了该新型现代农业契约链相对原有单维度契约而言，不仅具有更好的稳定性，而且可以在不需要第三方机构监督的情况下，随着各主体博弈次数增加，同时实现农产品最终销售价格的下降、总产量的上升以及全产业链总收入的上升。

第五，新型现代农业契约链组织模式以农业专业商社作为中心签约人，通过种源模块、种养模块、加工模块以及营销模块的构建，形成共生型、多功能的纵向合作化组织，该组织模式运用二次嵌入治理机制稳定交易维度契约、运用渐进投入治理机制稳定生产维度契约、运用交叉持股治理机制加强原有资源维度契约关系，从而带来组织租金的增加和契约链的稳定。该组织模式较我国农业生产现有的农企对接模式、三方模式、农超对接模式而言，有着组织稳定性强、风险分配合理以及生产效率高等优势。

本书运用数理分析、博弈分析、案例分析等主要分析方法，对契约链构建的理论基础进行全面分析和整合，创新性提出从交易、投资、资源三维度构建契约链理论模型，并深入阐释以此模型为理论基础所设计的新型现代农业契约链的运作机理及其治理机制，提出了一类新型现代农业组织模式——农业专业商社。但由于水平所限，本书也存在一些不足和欠缺，比如，没有研究交易、投资和资源三者如何相互作用共同维护契约链稳定的内在机理。另外，本书尝试以已有的中粮模式为基础构建农业专业商社组织平台，但在现实中，由于不同农业领域产品特性、技术、投资、市场等方面的差异，需要对其分别加以深入分析才能真正找到适应不同领域各具特色的现代农业组织模式。这些应该说是该领域未来需要进一步深入研究的方向。

二、政策建议

国务院颁布的《全国现代农业发展规划（2011～2015）》明确指出，要引导龙头企业采取兼并、重组、参股、收购等方式，组建大型企业集团，鼓励龙头企业采取参股、合作等方式，与农户建立紧密型利益联结关系。本书表明，为了尽快培育新型现代农业组织模式，重点在于在政府政策引导和市场充分竞争条件下尝试构建农业专业商社，并用其代替地方政府作为我国现代农业发展的重要载体和平台。而地方政府要做的是：创造良好的市场环境，通过提供农业合同样本、实行大宗农产品交易价格上报制度等维护公平的市场竞争，让现代农业企业在公平的市场竞争中发展壮大。本书的对策建议是：

第一，切实按照《全国现代农业发展规划（2011～2015）》的要求，根据扶优、扶大、扶强和公平、公正、公开的原则，在市场竞争中选择一批经营水平高、经济效益高、辐射带动能力强的龙头企业予以重点扶持，让其逐步发展成为适应地方农业发展特色的农业专业商社。同时，鼓励有实力的农户增加投入，提升农产品技术含量，推行适度规模化经营。

第二，加快建设专业化现代农业园区，搭建现代农业产业体系平台，吸引各路资本、技术、人才进入农业产业链各环节，依托农产品加工、物流等各类农业园区，选建一批农业产业化示范基地，推进现代农业企业集群发展。

第三，农业现代化的关键是产业的深度分工（产业链的充分延展）、多元化投资（资本、技术、品牌等）和资源节约利用等。为此政府要支持龙头企业跨区域、跨产业经营，提升其产品研发、精深加工技术水平和装备能力。

第四，加快土地等各要素市场化改革步伐，建立更加灵活开放的土地流转、农村金融创新和市场准入制度，发挥市场在土地、技术等各种资源配置中的决定性作用；界定土地、技术、资本等的所有权关系，明晰产权，建立契约链上各方分享经济租金的长效机制；正确引导契约链上各方的投资行为，拓展和稳定现代农业契约链。

第五，创新投融资渠道，鼓励大型农业公司对农户的投入，以控制现代农业产业链中游为起点，逐步向两端延伸。通过制度创新、政策调整和政府扶持，将有条件的供销合作社和大型农业公司逐步改组为农业专业商社。

第六，强化限制性进入、宏观文化、集体认可和声誉等社会资本在维系契约关系稳定性中的重要作用，形成现代农业契约链稳定的软环境。

附　录

附录1　温氏集团简介

作为基础的农业组织模式，农户与农业企业的联合鲜有成功的案例，但温氏集团却是一个例外，出于篇幅考虑，本书将其成功的经验作为补充材料收录在附录当中。

温氏集团原本是勒竹镇一家濒临倒闭的养殖农场，刚开始的时候温北英一家与其他6家农户集资与农场联合养鸡，由于与农场之间存在着多种矛盾使原本的养鸡生产无法正常进行，不得不取消与农场之间的联营生产。1983年，温北英与其他农户对勒竹养殖场全面承包，并与当地农户以股份制的方式进行自产自销的生产。随着生产经济效益的提高，越来越多的农户参与到养鸡农场的生产经营中，以自产自销为主要生产方式的勒竹养鸡场不能满足需要，从而农场对原有的生产方式进行改革创新，即农场不再养鸡，而是从事与养鸡生产环节相关的生产，即培育鸡苗、饲料加工、养鸡管理以及肉鸡销售等，农户在农场领取鸡苗，在自家的范围内养鸡，其间农场会向农户提供相应的技术、饲料、防疫等各种优质的服务，之后由农场对农户的肉鸡进行收购、加工、运输并出售到市场上。这是勒竹鸡场首次建立“公司+农户”模式。生产经营方式的大胆改变提高了农场的生产效率以及生产收益，同时也促进了“公司+农户”模式的优化与完善。

1987年，养鸡场通过记账的方式与农户分享利润，随着生产经营规模的扩大化，由记账方式逐步向股份制转变。从1989年开始，勒竹养鸡场开始通过设定保护价来收购农户手中的肉鸡。保护价的设定一定程度上保证了农户的收益，尤其是在市场价格下跌的时候，农场通过保护价收购肉鸡，降低了农户亏损的风险，而且农场与农户之间实施了有效的分配机制，不仅提高了农民的收入水平，而且提高了农场在农户中的地位。“公司+农户”模式的运行对农场和农户都产生了正面影响。1994年，勒竹鸡场正式更名为“广东温氏食品集团有限公司”（简称“温氏集团”）并且由于生产规模的扩大和经济效益可观，公司扩大了其生产经营范围，除了饲养鸡种、孵化鸡苗、饲料加工、鸡肉食品加工等生产业务外，还增加了肉猪、水产养殖以及与其相关的其他生产经营范围，其覆盖范围不局限于勒竹镇和广东省，还延伸到其他地区。“公司+农户”模式在温氏集团的运用不仅给公司带来了生产效益，还给公司在产业发展中带来了许多荣誉，如“菜篮子工程一等奖”“全国十大养殖户”“广东省饲料工业先进单位”“全国饲料工业百强企业”等。目前，温氏集团已经从当初的由7户农户承包经营、以养鸡业为主的农场发展成为一个以养鸡业、养猪业为主导、兼营食品加工的多元化、跨行业、跨地区发展的现代大型畜牧企业集团，已在全国建成近160家一体化公司。

随着“公司+农户”模式的成功运行，生产经营模式越来越完善。为了适应市场生产活动的多样性，2004年温氏集团成立了博士后科研工作站，集团由农工贸一体化向产学研延伸，与华南农业大学、中山大学等高等院校建立了长期的合作关系，提高了农业生产技术、生产效率；2011年，温氏集团被认定为国家级创新型企业，荣获“中国产学研合作创新奖”，温氏的产学研合作再上新台阶。[①] 温氏集团现为全国农业产业化重点

① 广东温氏食品集团有限公司，http：//www. wens. com. cn/Detail. aspx? DetailID=1228.

龙头企业、国家“火炬计划”重点高新技术企业、国家企业技术中心、改革开放三十年标杆企业、广东省百强民营企业、广东省高新技术企业、广东省“千百亿名牌”培育工程企业、广东省企业500强，并拥有5个国家级畜禽品种、5个省级农业类名牌产品，“温氏集团”商标被认定为中国驰名商标，温氏品牌评为中国畜牧业最具影响力品牌。[①] 温氏集团在“公司+农户”模式下取得了巨大成效，把原本濒临破产的农场发展为现有3万多人的我国农业产业化的重点龙头企业，而且截至2012年，温氏集团有上市肉鸡8.65亿只、肉猪813.9万头、肉鸭1437万只、生产饲料739.5万吨，集团收入也得到了很大的提高，已达到335亿元。

温氏集团在农业产业化发展中处于龙头地位，为现代农业产业化的发展带来了新鲜的活力，给其他集团的发展起到了模范带头作用。在市场竞争激烈的条件下，温氏模式的创新能够给温氏集团带来巨大的改变，这主要是因为温氏集团一直以“精诚合作，齐创美满生活”的核心理念，并以共同利益为纽带与农户之间建立长期的合作机制和信任机制保障其生产经营的正常运行。在“公司+农户”模式中，企业与农户之间通过签订契约进行交易，并把农产品在市场上的交易内部化，利用契约的约束性把缔约双方捆绑在一起，这在一定程度上缓解了我国现代农业发展中的小农户与大市场之间的矛盾。分散经营的农户不用把生产的农产品运到市场上卖，而是由企业直接到生产地进行统一收购，节约了交易成本，一定程度上还避免了农户具有较低的议价能力的不足，降低了农户市场风险。市场产品的供求状况对于农户来说存在一定的信息不完全性，农户无法对市场上的信息进行准确的预测和选择，这对于农户进行生产有一定的限制作用，而通过“公司+农户”模式签订契约，农户根据企业的要求进行生产，无须担心生产的农产品能否销售出去，也不用与购买农产品者进行讨价还价。更为重要的是，由于农产品受自然环境的影响因素较大，如果发生自然灾害而导致农产品减产等现象发生，如果单单依靠农户本身根本无法承受损

① 广东温氏食品集团有限公司，http：//www. wens. com. cn/Detail. aspx? DetailID=1228.

失，而公司具有雄厚的经济实力，可以帮助农户分担风险。而对于企业来说，农户根据契约中规定的要求生产企业所需要的高标准、高质量的产品，企业无须在市场上进行采购，直接与农户进行交易节约了人力、物力和财力，节约了大量的生产成本。

在市场经济条件下，农业的产业化发展主要依靠技术水平的提高，产学研一体化发展是温氏集团取得成功的重要因素。与高等院校的长期合作促进了温氏集团生产水平的提高，为其创造了更多的剩余价值。温氏集团一直以来都以利益共享为原则，与农户共同分享在产业链中所获得的经济利润。当还是养鸡场的时候，温氏集团主要是通过记账的方式来与挂靠农户分红，随着产业规模的扩大和挂靠农户的增加，记账方式的分红已跟不上生产发展要求了，账目的复杂多样性促进了农场通过股份制对其进行优化改革。不管是记账还是股份制，公司都将农户的利益放在首位，这不仅保障了农户的收益，提高了农民的收入，还维持了企业的持续发展。

附录2　湛江工商局提供的甘蔗订购合同的官方范本

作为单维契约的修正方案之一，完备的合同范本需要涵盖大量的第一类风险可能，故其制定需要大量的交易成本，较该合同的收益而言，成本往往大于收益。因此，该合同的制定需要由第三方来提供，下面把一个官方范本收录在附录当中，以供参考。

广东省甘蔗种植订购合同官方范本

说明

一、到厂保护价：经对甘蔗交易市场的调查，目前甘蔗收购中，以吨糖出厂价3500元为例，一类甘蔗到厂保护价格约为310元/吨，二类约为280元/吨，三类约为260元/吨；其他、三类以下约为250元/吨。

二、到厂市场价：以吨糖出厂价3500元为例，交蔗时市场糖价如果超过3500元/吨时，则糖价每增加100元/吨，蔗价随增约6元/吨。

三、合同中的见证方通常为甲方所属村的村委会。

上述价格，供双方签合同时参考。

广东省甘蔗种植订购合同

为明确甘蔗种植户与企业之间的权利义务关系，规范产购行为，保护双方的合法权益，依照《中华人民共和国合同法》的有关规定，合同双方在平等、自愿的原则下，就甘蔗种植及订购事宜达成如下协议：

一、甘蔗种植品种、面积（亩）、蔗量（吨）、植期和质量要求

甲方为农民合作组织或公司的，应附上种蔗户明细表。

（一）甲乙双方确定：种植甘蔗品种____个，种植面积合计____亩，预计总蔗量____吨。

（二）植期

____年____月前种植甘蔗______亩，其中，宿根蔗______亩，新植蔗______亩。

（三）质量标准

1. 甲方交售的甘蔗蔗尾斩至见蔗肉，不带蔗梢、蔗根、泥巴、枯蔗、蔗叶及其他夹杂物。如夹杂物超过3%，要扣除超过部分。过磅交售时应有见证人见证或由甲乙双方共同确认。

2. 甘蔗捆扎要求和费用负担。甲方必须用麻绳或竹篾捆扎甘蔗，捆扎物由乙方统一供应。费用承担采用以下任一种方式：

□ 按市场价向甲方收取费用；

□ 免费提供给甲方。

3. 如遇火烧甘蔗，双方协商处理，按质论价。被大火烧灼过的甘蔗蔗糖分以13%为标准，每降低1%，蔗价相应扣减8%，以下类推。

二、甘蔗交售价格

甘蔗交售价格按二次结算方式确定：

1. 到厂保护价一次结算价：____类蔗____元/吨；____类蔗____元/吨；____类蔗 ____元/吨；____类蔗____元/吨；其他____元/吨。

2. 到厂结算价　二次结算价：甲方必须按本合同规定的总数量交付完毕后才可享受二次结算。二次结算价格为：若交蔗时市场糖价超过____元/吨，糖价每增加____元/吨，蔗价随增____元/吨。

三、交售时间、地点及运输方法

（一）由乙方负责安排甘蔗交售时间，从____年____月____日至____年____月____日交售完毕。

（二）砍伐和运输方法

在交售时间内，甲方按乙方砍伐通知单规定的品种、数量和时间进行砍伐。乙方应提前____天将砍伐通知单发给甲方。

（三）交售办法及地点：经甲乙双方商定，选定以下任一种办法

☐ 甲方自行运送到乙方过磅交售，费用由___方承担　签名：______；

☐ 由乙方到甘蔗种植地过磅收购　签名：______________________。

四、甘蔗种植、扩种、机耕及其他扶持措施

（一）甘蔗种植扶持方法

1. 种苗扶持：乙方可根据甲方申请提供种苗给甲方种植，或由乙方指定品种并提供给甲方种植。种苗品种、数量、价格、成本价、交付地点及时间：种苗由乙方负责于____年____月____日运送到________；运费由____方负责，种苗款由乙方垫付，合计种苗____吨，共____元。

2. 肥料扶持：乙方可根据甲方申请提供肥料给甲方使用，肥料名称、数量、价格、成本价、交付地点及时间：____________________。

3. 其他扶持物资及成本价：________________________。

（二）机耕及其他扶持措施

1. 乙方为甲方提供机耕优惠服务，甲方种植________亩、含____亩以上甘蔗的，乙方免费机耕；甲方种植____亩甘蔗的，乙方按____元/亩收取机耕费。甲方共种植____亩，乙方收取机耕费________元。

2. 甲方如需要修建排灌渠的，乙方可给予帮助，费用由双方商定：____。

（三）种植或扩种、奖励：甲方在____年____月前，种植或扩种甘蔗的，乙方按每种植或扩种 1 亩奖励________元给甲方，甲方共种植或扩种____亩，乙方奖励____元；甲方采用新良种种植，乙方奖励____元；以上奖励合计____元。

（四）以上乙方代付代垫支费用不计利息、支付及奖励兑现方法

1. 乙方代付代垫支费用共____元，由乙方从甲方第一次甘蔗款结算中抵扣；

2. 奖励款____元于种植完毕后一星期内由乙方支付给甲方。

五、结算方式和期限

一次结算部分，甘蔗交付后____天内按到厂保护价结清；二次结算部

分，在榨季结束后____天内结清，二次结算甲、乙双方应当在见证方监督下办理。

六、甲、乙双方权利义务

（一）甲方权利义务

1. 按合同约定取得乙方提供的种植甘蔗有关的优惠扶持及服务；

2. 有权拒绝乙方代扣合同条款规定以外的其他费用；

3. 有权举报乙方工作人员损害甲方利益行为，并要求赔偿损失；

4. 按合同约定的种植面积、品种、数量进行种植并按约定保质、保量、按时向乙方交售甘蔗；

5. 按时归还乙方发放扶持甘蔗种植中应归还的资金费用。

（二）乙方权利义务

1. 按合同约定的品种、数量、价格收购甲方种植的甘蔗；

2. 向甲方提供扶持并按合同约定应由甲方负担的________、________、________等费用，有权在支付甲方的甘蔗款项中抵扣；

3. 向甲方提供种苗、肥料、农药等扶持物资，应当符合国家法律、法规或行业的质量规定；

4. 向甲方提供种苗、良种、生产管理技术以及高产优质等技术服务。

（三）甲、乙双方共同义务

甘蔗区道路建设、维修费用由双方商定：________________________。

七、担保方式

由甲、乙双方商定：________________________________。

八、违约责任

（一）甲方违约责任

1. 擅自向他人出售乙方应收购的甘蔗，致使无法按本合同约定的数量交付乙方甘蔗的，除应向乙方支付不履行合同部分蔗款总值____%的违约金，继续履行合同外，还需承担乙方扶持款同期的银行利息，并不得享受二次结算；

2. 不按乙方砍伐通知单砍蔗，致使乙方派车到约定地点运蔗落空的，应承担乙方因落空而支付的车辆空运费；

3. 不按乙方砍伐通知单要求砍蔗的，超砍或欠砍部分在计划内____%以上的，应承担违约部分________%的违约金。

（二）乙方违约责任

1. 拒收甘蔗的，除向甲方支付拒收部分蔗款总值________%违约金、赔偿甲方因此造成的经济损失外，并无权要求甲方归还扶持款；

2. 逾期支付甘蔗款，按中国人民银行关于逾期付款的规定支付滞纳金；

3. 擅自在蔗款中代扣甲方与本合同无关的其他费用的，应双倍返还甲方；

4. 甲方按乙方的通知要求，完成砍蔗并通知乙方派车运蔗，乙方应在____小时内派车将已砍甘蔗运走，每超____小时，乙方按砍蔗数量的________%补偿甲方的蔗量损耗；在运输途中造成甘蔗丢失的，应偿付甲方实际损失；

5. 在合同约定时间内因乙方责任无法按时收购甲方甘蔗的，应向甲方支付无法收购蔗款总值________%违约金；

6. 如因扶持物资质量问题导致甲方种植甘蔗失收或歉收的，乙方要赔偿甲方的直接损失。

（三）免责条件

任何一方因不可抗力因素不能履行或者不能完全履行合同时，应尽快向对方通报，经政府有关主管部门依法予以证明后，可根据不可抗力的影响，部分或者全部免除责任。

九、甲、乙双方共同邀请________村委会或________作为本合同的见证方，负责监督本合同履行的全过程，见证方的权利义务及酬劳费由甲方、乙方、见证方三方另行商定。

十、合同争议解决方式

合同在履行过程中发生争议的，协商或调解不成的，双方可按下列第____种方式解决：

（一）提交________仲裁委员会仲裁；

（二）依法向有管辖权的人民法院起诉。

十一、合同期限

合同履行期暂定为____个榨季，从____年____月____日至____年____月________日止。

十二、其他约定事项

由双方商定：____。

十三、附则

本合同经各方签字盖章后生效，合同正本一式三份，三方各执一份；合同副本一式____份，交有关单位、部门、________、________、________各留存一份备案。

附录3　连山县农业高新技术园区

一直以来，农业产业园区作为地方政府常用的一种农业政策，对于农业产业园区的主导者应该由何种农业生产经营主体来担任有很大的争议：若是由地方政府来担任，由于地方政府缺乏经营农业生产的必要经验，往往会导致产业园区经营不善；若是由农业企业来担任，则容易产生与建立农业产业园区目的背道而驰的情况。

连山县是贵州省一个经济发展相对落后的县城。近年来，该地区的地方政府试图改变这一情况，并进行了许多的尝试。旅游业发展的不成功导致地方政府将目光投放到了农业产业园区的建设上来。地方政府牵头并引导该地区的部分农户与某农业企业签订了一份协议，该协议规定，农户将土地出租给农业企业，农业企业每年支付一笔固定份额的租金给农户。为了应对通货膨胀，该租金每三年上涨10%。某农业企业在产业园区内种植了大量新型农产品，并将此园区作为旅游景点免费开放给游客参观。

由于该农业企业的资金实力雄厚，无须依赖此农业产业园区的收入也可以正常运营，因此，该农业企业在此产业园区中进行大量的实验性质的农产品种植。但由于种植分散，农产品的产量并不高，并且该企业在旅游方面的收入为零，因此，该农业企业提出了“三年不以营利为目标”的口号。

由于部分农户在将土地出租给该农业企业后没有其他的经济收入来源，他们希望可以通过雇用的形式继续在自己的土地上耕种，但由于该农业企业并没有打算在该产业园区中进行大规模的耕种，因此只需雇用部分人。此时出现了劳动力需求小于供给的局面，从而导致该农业企业中负责筛选的工作人员可以在原本工资就极度偏低的被雇用农户的收入中抽取部分抽成，这种行为进一步导致了农户收入的降低。

该地区的地方政府试图通过建立新型农业产业园区来提高农户收入的

同时提高了本地区的财政收入，但政府让农业企业主导农业产业园区的行为直接导致了以上两个目的都无法实现的结果。农业企业的目的必然是企业利润的最大化，这与农业产业园区设立的目的必然在短期内有着一定的矛盾。在本案例当中，农业企业认为即使农业产业园区三年不追求盈利依然有利于企业今后的发展，而本来收入就较低的农户能否与农业企业达成共同的认知，就不得而知了。

农业企业作为现代企业的一种，必然优先考虑的是自身的利益而不是农业产业园区的利益，而农业产业园区中又包含着大量其他生产经营主体，企业与产业园之间会存在必然的矛盾。因此，通过本书的分析可知，地方政府在建立农业产业园区时，应该优先发展农业专业商社，然后由该商社作为主导者。农业专业商社既有着农业生产经营的相关经验，也将农业产业园区的利益最大化作为自己的优先考虑因素。由农业专业商社来发展农业产业园区，效果会较原有模式更好、更明显。

参考文献

［1］C. K. 普拉哈拉德．金字塔底层的财富［M］. 北京：中国人民大学出版社，2004.

［2］奥利弗·威廉姆森．治理机制［M］. 北京：中国社会科学出版社，2001.

［3］奥利弗·威廉姆森．资本主义经济制度——论企业签约与市场签约［M］. 北京：商务印书馆，2002.

［4］蔡荣．交易特征，关系信任与农业企业契约选择［J］. 当代经济管理，2011（8）.

［5］陈继红，杨淑波．国外农业产业化经营模式与经验借鉴［J］. 哈尔滨商业大学学报（社会科学报），2010（1）.

［6］陈剑．加快农业产业化经营发展模式及路径选择［J］. 农业经济，2010（1）.

［7］陈静，秦向阳，肖碧林．基于典型案例的我国农业产业链构建模式研究［J］. 农村经济，2011（8）.

［8］成德宁．我国农业产业链整合模式的比较与选择［J］. 经济学家，2012（8）.

［9］程志强．农地流转形式和农业产业化垂直协调的契约安排研究［J］. 中国市场，2012（6）.

［10］段应碧．农业产业化龙头企业的金融支持［J］. 中国流通经济，2007（9）.

［11］方行明，李象涵．农业企业规模扩张与金融成长创新［J］. 中国

农村经济，2011（12）.

［12］傅晨．“公司+农户”产业化经营的成功所在——基于广东温氏集团的案例研究［J］．中国农村经济，2000（2）.

［13］高阔，甘筱青．双重道德风险下具有时间偏好的“公司+农户”价格设计与契约稳定性研究［J］．湖北农业科学，2013（6）.

［14］谷永芬，吴倩．我国农业产业链升级路径选择［J］．江西社会科学，2011（8）.

［15］关付新．中国现代农业企业组织的形式及其演进［J］．农业现代化研究，2009（1）.

［16］关付新．现代农业组织创新的理论与实践［M］．北京：中国经济出版社，2005.

［17］光明，王德工等．发挥期货市场功能，加快湖北“期货农业”发展［J］．武汉金融，2011（6）.

［18］郭红东．龙头企业与农户订单安排与履约．理论和来自浙江企业的实证分析［J］．农村经济问题，2006（2）.

［19］郭红东．我国农户参与订单农业行为的影响因素分析［J］．中国农村经济，2005（3）：24-32.

［20］郭建宇．农业产业化的农户增收效应分析——以山西省为例［J］．中国农村经济，2008（11）.

［21］郭静利．农业产业链稳定机制研究［M］．北京：中国农业出版社，2011.

［22］郭晓鸣，廖祖君，付娆．龙头企业带动型，中介组织联动型和合作社一体化三种农业产业化模式的比较［J］．中国农村经济，2007（4）.

［23］郭晓鸣，廖祖君．公司领办型合作社的形成机理与制度特征［J］．中国农村观察，2010（5）.

［24］郭晓鸣．订单农业运行机制的经济学分析［J］．农业经济问题，2006（11）.

［25］何亮，李小军．农业产业化经营中公司与农户契约稳定性分析

[J]. 农业经济问题，2009 (5).

[26] 衡霞，杨明洪 . 订单农业契约风险形成机理及外部性分析 [J]. 决策参考，2009 (6).

[27] 胡新艳，沈中旭 . "公司+农户" 型农业产业化组织模式契约治理的个案研究 [J]. 经济纵横，2009 (12).

[28] 黄有星 . 基于全球战略的综合商社功能体系演化 [J]. 黑龙江对外贸易，2011 (6).

[29] 黄志宏 . "鸿源米业" . 值得推广的 "公司+协会+基地+农户" 模式 [J]. 中国农村经济，2006 (6).

[30] 黄祖辉，米松华，陈立辉 . 农业产业化的全产业链经营模式与机制创新 [J]. 农业经济与管理，2011 (6).

[31] 姜方桃 . 农产品产业供应链创新模式及其对策研究 [J]. 经济问题，2009 (12).

[32] 蒋永穆，郭晓鸣，纪志耿 . 农业产业化经营的模式创新研究——基于成都市的案例分析 [J]. 经济体制改革，2006 (6).

[33] 李彬 . "公司+农户" 契约非完全性与违约风险分析 [J]. 农村经济，2009 (4).

[34] 李彬 . 订单农业契约内部治理机制与风险防范 [J]. 农村经济，2013 (2).

[35] 李彬 . 农业专业合作社视角下的订单农业契约风险管理 [J]. 湖北社会科学，2011 (9).

[36] 李超玲等 . 供应链环境下农产品动态质量——价格契约机制研究 [J]. 社会科学家，2016 (11).

[37] 李厚廷 . 论纵向一体化 [J]. 华东经济管理，2003 (6).

[38] 李杰义 . 农业产业链城乡间延伸的动力和路径——农业产业链区域延伸在新农村建设实践中的运用 [J]. 科技进步与对策，2008 (9).

[39] 李杰义 . 农业产业链视角下的 "以工促农" 机制的动力模式与路径选择 [J]. 农业经济问题，2010 (3).

[40] 李杰义．农业产业链视角下以工促农的机制研究 [M]．北京：中国经济出版社，2011.

[41] 李圣军．“农超对接”农产品进城新模式 [J]．农村经营管理，2009（8）.

[42] 李小兰．按《合同法》要求规范“订单农业”的对策 [J]．甘肃农业大学学报，2005（6）.

[43] 李燕琼．我国传统农业现代化的困境与路径突破 [J]．经济学家，2007（5）.

[44] 李莹，陶元蓋，翟印礼．“农超对接”生发机制理论探析 [J]．农村经济，2011（10）.

[45] 李萤，杨伟民，张侃等．农民专业合作社参与“农超对接”的影响因素分析 [J]．农业技术经济，2011（5）.

[46] 李永东．农村经济合作组织与农业可持续发展 [J]．经济学家，2013（1）.

[47] 辽宁省农业产业化工作小组办公室．辽宁省推进农业产业化经营的战略对策 [J]．农业科技与装备，2010（11）.

[48] 刘凤芹．不完全合约与履约障碍——以订单农业为例 [J]．经济研究，2003（4）.

[49] 刘家国，吴冲．基于报童模型的两级供应链回购契约协调研究 [J]．中国管理科学，2010（4）.

[50] 刘洁，祁春节．“公司+农户”契约选择的影响因素研究．一个交易成本分析框架 [J]．经济经纬，2009（4）.

[51] 刘金爱．推进我国农业信息化建设的思考 [J]．理论学刊，2008（6）.

[52] 刘良灿．农业企业的结构、行为和绩效 [D]．西南财经大学，2006.

[53] 刘现武．我国农业企业并购重组研究 [D]．中国农业科学院，2003.

[54] 卢良恕．现代农业发展与社会主义新农村建设（三）——现代农业的内涵、特点与发展趋势 [J]. 安徽农学通报，2006（8）.

[55] 罗必良．契约资本非对称性、交易形式反串与价值链的收益分配．以“公司+农户”的温氏模式为例 [J]. 中国农村经济，2009（8）.

[56] 米运生，姜百臣，牟小容．经营模式、组织形式、资本结构的交互影响与农业企业成长：基于温氏集团的实证研究 [J]. 中国工业经济，2008（8）.

[57] 聂辉华．最优农业契约与中国农业产业化模式 [J]. 经济学（季刊），2012（1）.

[58] 牛德生．资产专用性理论分析 [J]. 经济经纬，2004（3）.

[59] 裴斐斐，刘良才．农业产业化组织模式选择模型构建与应用 [J]. 商业时代，2013（10）.

[60] 浦徐进，刘焕明，戴丰．横向合作与纵向合作的机制设计 [J]. 当代经济研究，2010（8）.

[61] 浦徐进，吴林海，曹文彬．公司和农户间自我履约机制的设计．一种风险贴水的方法 [J]. 财贸研究，2010（3）.

[62] 浦徐进，吴林海．农户合作经济组织的增收效应分析 [J]. 软科学，2012（12）.

[63] 芮明杰，刘明宇．产业链整合理论述评 [J]. 农业经济研究，2006（3）.

[64] 生秀东．劣市场、准市场与农业产业化——“公司+农户”运行机制探析 [J]. 农业技术经济，2001（6）.

[65] 施晟．“农户+合作社+超市”模式的合作绩效与剩余分配 [D]. 浙江大学博士学位论文，2012.

[66] 施晟，卫龙宝，伍骏骞．“农超对接”进程中农产品供应链的合作绩效与剩余分配 [J]. 中国农村观察，2012（4）.

[67] 施崴，周德翼，汪普庆．食品安全可追踪系统的信息传递效率及政府治理策略研究 [J]. 农业经济问题，2008（5）.

[68] 施嚴，周洁红．食品安全管理的机制设计与相关制度匹配［J］．改革，2012（5）．

[69] 石磊．中国农业组织的结构变迁（1978~1998）［M］．太原：山西经济出版社．1999.

[70] 史建民．提高农业订单履约率的法学分析［J］．农业经济问题，2001（12）．

[71] 宋建晓．闽台农业产业链整合的战略思考［J］．福建农林大学学报（哲学社会科学版），2007（1）．

[72] 苏艳芳，于胜涛．泰国“伙伴式”订单农业模式［J］．中国农民合作社，2011（4）．

[73] 唐步龙．不同农业产业链共存的经济合理性研究［J］．经济问题，2009（7）．

[74] 田敏，张闯．订单农业中交易关系的治理机制与风险防范［J］．财贸研究，2010（4）．

[75] 仝允桓，周江华，邢小强．面向低收入群体（BOP）的创新理论——述评和展望［J］．科学学研究，2010（2）．

[76] 童永华，潘慈敏．打造新农民之家　完善现代农业服务体系［J］．上海农业科技，2011（1）．

[77] 涂国平，冷碧滨．基于博弈模型的“公司+农户”模式契约稳定性及模式优化［J］．中国管理科学，2010（6）．

[78] 万俊毅．准纵向一体化、关系治理与合约履行［J］．管理世界，2008（12）．

[79] 王凯，韩纪琴．农业产业链管理初探［J］．中国农村经济，2002（5）．

[80] 王肃．谈订单农业合作的民事法律性［J］．商业时代，2006（6）．

[81] 王祥瑞．产业链过窄过短是农业增效农民增收的最大障碍［J］．农业经济，2002（9）．

[82] 王秀忠. 从三种模式的比较看我国农业产业化经营模式的选择 [J]. 农产品加工（创新版），2010（9）.

[83] 魏丽. 浅谈当前农村信息化发展的思路与对策 [J]. 榆林科技，2009（1）.

[84] 乌云花，黄季焜，Scott Rozelle. 水果销售渠道主要影响因素的实证研究 [J]. 系统工程理论与实践，2009（4）：58-66.

[85] 吴德胜. 农业产业化中的契约演进——从分包制到反租倒包 [J]. 农业经济问题，2008（2）.

[86] 向国成. 对"承租返包"方式的经济学分析——一个分工理论的启示 [J]. 中国农村观察，2002（5）.

[87] 肖小虹. 当前我国农业产业链的契约风险及其防范 [J]. 市场与贸易，2010.

[88] 熊会兵，肖文韬. "农超对接"实施条件与模式分析 [J]. 农业经济问题，2011（2）.

[89] 徐健，汪旭辉. 订单农业及其组织模式对农户收入影响的实证分析 [J]. 中国农村经济，2009（4）.

[90] 徐忠爱. 公司和农户契约选择与履约机制研究 [M]. 北京：中国社会科学出版社，2007.

[91] 徐忠爱，叶祥松. 公司和农户间关系性产权契约研究 [J]. 福建论坛（人文社会科学版），2012（9）.

[92] 许严夫. 农业合作社在"龙头企业+合作社+农户"产业化模式中的作用 [J]. 中国农业信息，2013（11）.

[93] 薛昭胜. 期权理论对订单农业的指导与应用 [J]. 中国农村经济，2001（2）.

[94] 亚当·斯密. 国民财富的性质和原因研究 [M]. 北京：商务印书馆，2005.

[95] 阎杰. 关于我国发展综合商社的思考 [J]. 中国储运，2011（6）.

[96] 杨明洪．农业产业化——作为一种契约型组织的效率及其决定[N]．四川大学学报，2002（4）．

[97] 杨明洪．农业产业化经营组织形式演进——一种基于内生交易费用的理论解释[J]．中国农村经济，2002（4）．

[98] 杨启智．“论龙头企业产业链的整合”[J]．农场经济管理，2004（5）．

[99] 杨瑞龙．不完全契约理论：一个综述[J]．经济研究，2006（2）．

[100] 杨志强，楼崇．“市场生态”思想及其理论支持解剖[J]．现代商业，2009（3）．

[101] 叶祥松，刘敬．农业中的三维度契约及治理机制研究[J]．广州大学学报（社会科学版），2014（6）．

[102] 叶祥松，罗海平．社会主义新农村建设的路径探析[J]．当代经济研究，2006（2）．

[103] 尹成杰．关于农业产业化经营的思考[J]．管理世界，2002（4）．

[104] 尹云松．公司与农户间商品契约的类型及其稳定性考察[J]．中国农村经济，2003（8）．

[105] 尹云松等．公司与农户间商品契约的类型及其稳定性考察——对5家农业产业化龙头企业的个案分析[J]．中国农村经济，2003（8）．

[106] 尤娜莉．契约稳定性与农业产业化经营[J]．广东农业科学，2011，38（8）：197-199.

[107] 于开红．新制度经济学视野下的农业产业化经营——以“公司+农户”模式为例[J]．中国商贸，2010（4）．

[108] 张兵，胡俊伟．“龙头企业+农户”模式下违约的经济学分析[J]．现代经济探讨，2004（9）．

[109] 张闯．关系交换、治理机制与交易绩效——基于蔬菜流通渠道的比较案例研究[J]．管理世界，2009（8）．

[110] 张海青，王子军．农业产业链新特征背景的主体利益——奶业与种业［J］．三农新解，2012（11）．

[111] 张洪臣，郭重阳．考察韩国新村建设和日本现代农业的启示［J］．农业经济，2006（12）．

[112] 张利庠，张喜才．我国现代农业产业链整合研究［J］．教学与研究，2007（10）．

[113] 张利庠．产业组织与产业链整合．中国产业可持续发展研究［J］．管理世界，2007（4）．

[114] 张利庠，张喜才．外部冲击对我国农产品价格波动的影响研究［J］．管理世界，2011（1）．

[115] 张利庠，张喜才．我国农业产业链中价格波动的传导与调控机制研究［J］．经济理论与经济管理，2011（1）．

[116] 张利庠，张喜才．现代农业产业链治理——主体与功能［J］．农业经济与管理，2010（1）．

[117] 张琦，张理军．产业价值链密炼机理及优化模型研究［J］．工业技术经济，2005（7）．

[118] 张琼．三种农业经济组织形式的比较运用［J］．农业科技与信息，2007（6）．

[119] 张伟，刘开昌等．以订单农业的新型经营模式促进现代农业健康发展［J］．中国农村科技，2012（9）．

[120] 张晓山．中国农村改革30年——回顾与思考［J］．学习与探索，2008（6）．

[121] 张学鹏，卢平．中国农业产业化组织模式研究［M］．北京：中国社会科学出版社，2011．

[122] 赵西亮．农业产业化经营中商品契约稳定性研究［J］．经济问题，2005（3）．

[123] 赵晓飞，田野．我国农产品渠道模式创新研究［J］．商业经济与管理，2009（2）．

[124] 赵晓飞. 我国现代农产品供应链体系构建研究 [J]. 农业经济问题, 2012 (1).

[125] 赵绪福, 王雅鹏. 农业产业链的增值效应与拓展优化 [J]. 中南民族大学学报 (人文社会科学版), 2004 (4).

[126] 赵绪福. 农业产业链优化的内涵、途径和原则 [J]. 中南民族大学学报, 2006 (11).

[127] 郑光财. "农超对接" 亟待解决的八大问题 [J]. 中国市场, 2011 (15).

[128] 钟怀宇, 周华明. 我国农村产权改革条件下的农业产业化发展模式选择 [J]. 财经科学, 2011 (4).

[129] 周海蓉. 纵向一体化竞争效应的模型分析 [N]. 上海电机学院学报, 2005 (5).

[130] 周俊, 薛求知. 交易专用性投资效应及治理机制研究评价 [J]. 外国经济与管理, 2009 (9).

[131] 周立群, 曹利群. 商品契约优于要素契约——以农业产业化经营中的契约选择为例 [J]. 经济研究, 2002 (1).

[132] 周立群, 邓宏图. 为什么选择了 "准一体化" 的基地合约——来自塞飞亚公司与农户签约的证据 [J]. 中国农村观察, 2004 (3).

[133] 周立群. 农村经济组织形态的演变与创新——山东莱阳市农业产业化调查报告 [J]. 经济研究, 2001 (1).

[134] 周淑景. 现代农业与中国农业发展取向 [J]. 经济研究导刊, 2010 (6).

[135] A. G. L. Romme (1990), "Vertical Integration as Organizational Strategy Formation," Organization Studies, Vol. 11 (2), p. 239.

[136] Aruoma O. I. (2006), "The Impact of Food Regulation on the Food Supply Chain", Toxicology, 221, pp. 119-127.

[137] Ashok K. Mishra (2013), "Driver of Agricultural Profitability in the USA, An Application of Du Pont Expansion Method", Agricultural Economics

and Agribusiness. Vol. 72.

[138] B. Klein, R. G. Crawford, and A. A. Alchian (1978), "Vertical Integration, Appropriable Rents, and the Competitive Contracting Process," Journal of Law and Economics, Vol. 21, p. 297.

[139] B. W. Marion and H. B. Arthur (1973), "Dynamic Factors in Vertical Commodity Systems: A Case Study of the Broiler System", Ohio Agricultural Research and Development Center, Wooster, OH.

[140] Baker, G., Gibbons, R. and Murphy, K. (2002), "Relational Contracts and the Theory of the Firm", Quarterly Journalof Economics, 117 (1), pp. 39-84.

[141] Bardos, Krisztina et al. (2003), "The Effect of Transaction Costs on the Structure of Total Supply Chain in Hungarian Beef SectionEconomics of Contracts in Agriculture", the Third ANNUAL Workshop Paper. pp. 19-21.

[142] Barkema, A. (1993), "Reaching Consumers in the Twenty-First Century: The Short Way Round Barn", Decision Support Systems, 12 (3), pp. 1126-1131.

[143] Bill Pritchard, David Burch, Geoffrey Lawrence (2007), "Neither family nor corporate farming: Australian tomato growers as farm family entrepreneurs", Journal of Rural Studies, Vol. 23, pp. 75-87.

[144] Boehlje M., Schrader L. F., Royer J. S., et al. (1998), "The industrialization of agriculture: questions of coordination", The industrialization of agriculture: vertical coordination in the US food system, pp. 3-26.

[145] Boger S. & Beckman V. (2004), "Courts and contract enforcement in transition agriculture: theory and evidence from Poland", Agricultural Economics, Vol. 31, pp. 251-263.

[146] Bogetoft, Peter and Olsen, Henirik (2005), "Ten Rules of Thumb in Contract Design: Lessons from Danish Agriculture", European Review of Agricultural Economics, Vol. 29 (2), pp. 185-204.

[147] Bogetotf, Peter and Olsen, Henirik (2002), "Ten Rules of Thumb in Constract Design: Lessons from Danish Agriculture", European Review of Agricultural Economics, Vol. 29 (2).

[148] Cainelli G. & Iacobucci D. (2009), "Do agglomeration and technology affect vertical integration? Evidence from Italian business groups", International Journal of the Economics of Business, Vol. 16, pp. 305-322.

[149] Carson S., Madhok A. and Wu T. (2006), "Uncertainty, Opportunism and overnance: The Effects of Volatility and Ambiguity on Formal and Relational Contracting", Academy of Management Journal, 49 (5), pp. 1058-1077.

[150] Cheung S. (1983), "The Contractual Nature of the Firm", Journal of Law & Economics, 26 (1), pp. 1-21.

[151] Coase R. (1937), "The nature of the firm", Economica, Vol. 16, No. 4, pp. 627-629.

[152] Cochrane W. W. (1979), The Development of American Agriculture University of Minnesota Press.

[153] David A. Hennessy. (1999), "The Taxpayer Relief Act, Estate Planning, and Resource Mobility in U. S. agriculture", American Journal of Agricultural Economics, 81 (3), pp. 534-543.

[154] Den Ouden et al. (1996), "Vertical Cooperation in Agricultural Production—Marketing Chains", Agribusiness, 12, pp. 277-290.

[155] Dietrich M. (1994), "Transaction Cost Economic and Beyond: Towards a New Economics of the Firm", Routledge.

[156] Doney P., and Cannon J. (1997), "An Examination of the Nature of Trust in Buyer-Seller Relationships", Journal of Marketing, 61 (2), pp. 35-51.

[157] Dorward (2000), "Smallholder Cash Crop Production under Market Liberalisation", Development & Change, Vol. 31, Issue 4, Sep, pp. 922-954.

［158］ E. Van Heck and P. J. P. Zuurbier （1989）， “Towards the Explanation of the Development of Value Added Chains，” in Proceedings of the 9th Colloquium of the European Group for Organizational Studies， Berlin.

［159］ Eddy， David （2004）， “Vertical Integration”， Western Fruit Grower， Vol. 124， No. 3， pp. 8.

［160］ Federico S. （2010）， “Industry dynamics and competition from low－wage countries：Evidence on Italy”， Oxford Bulletin of Economics & Statistics， 76 （3）， pp. 389－410.

［161］ Figueiredo， Guimaraes & Woodward （2010）， “Vertical disintegration in Marshallian industrial districts”， Regional Science and Urban Economics， Vol. 40， pp. 73－78.

［162］ Frank S. and Henderson D. （1992）， “Transaction Costs as Determinants of Vertical Coordination in the US Food Industries”， American Journal of Agricultural Economics， Vol. 74， No. 42， pp. 941－950.

［163］ Gardner B. & Lerman Z. （2006）， “Agricultural Cooperative Enterprise in the Transition from Socialist Collective Farming”， Journal of Rural Cooperation， Vol. 34， pp. 1－18.

［164］ Grossman S. J. and Hart O. D. （1986）， “The costs and benefits of ownership：a theory of vertical and lateral integration”， Journal of Political Economy， Vol. 94， No. 4， pp. 691－719.

［165］ Isabel Diez－Vial， Emilio Alvarez－Suescan （2010）， “Geographical agglomeration as alternative to vertical integration”， Springer Science+Business.

［166］ J. J. de Vlieger， K. L. Zimmerman， and I. A. M. A. Jahae （1995）， “the Distribution of Meat， Meat Products and Snacks， Report” No. 526， Agricultural Economics Research Institute， The Hague.

［167］ Jacob Bylund & Adam Hert （2011）， “Beyond vertical integratio n－Vertical Coordination as a way to Capture market value”， Food and Grain.

［168］ Jamnes Macdonald & Penni Korb （2008）， “Agricultural Contracting

Update", USDA Vol. 4.

[169] Jean-Claude Bizamana (2012), "essay on dynamics of cattle prices in three developing countries of Mali, Kenya and Tanzania", Texas A&M University.

[170] Jeremy Hall, Stelvia Matos and Cooper H. Langford (2008), "Social Exclusion and Transgenic Technology: The Case of Brazilian Agriculture", Journal of Business Ethics, Vol. 77, No. 1, pp. 43-65.

[171] Joskow P. L. (2008), "Vertical integration", in Collins W. D. (Ed.), Issues in Competition Law and Policy, Chapter 11. Vol. 1, American Bar Association Section on Antitrust Law, Chicago, IL, August.

[172] Kensuke Kudo (2011), "Vertical integration and market entry in the genenic pharmaceutical industry", University of California, Berkeley.

[173] Koopmans T. C. (1957), Three Essays on the State of Economic Science New York: McGraw- Hill.

[174] Knight F. H. (1921), "Risk, Uncertainty and Profit", New York: Houghton Mifflin Company.

[175] M. den Ouden, Aalt A. Dijkuizen Ruud B. M. Huirne and Peter J. P. Zuurbier (1996), "Vertical Cooperation in Agricultural Production-Marketing Chains, with Special Reference to Product Differentiation in Pork", Agribusiness, Vol. 12, pp. 277-290.

[176] M. H. Riordan (1984), "Uncertainty, Asymmetrci Information and Bilateral Contracts." Review of Economoc Studies, Vol. 51, p. 83.

[177] Martinez, S. W. (2002), "Vertical coordination of marketing systems: lessons from the poultry, egg, and pork industries", US Department of Agriculture, Economic Research Service, AER-807.

[178] Michael A. Boland and Gary W. Brester (2006), "Vertical Integration in the Malting Barley Industry: A 'Silver Bullet' for Coors?", Review of Agricultural Economics, Vol. 28, No. 2 (Summer, 2006), pp. 272-282.

[179] Mighell R. L. and Jones L. A. (1963), "Vertical Coordination in Agriculture, U. S. Department of Agriculture", Economic Research Service, Agricultural Economic Report 19.

[180] Minten, B. R. (2006), "Swinnen, L. J. Global Retail Chains and Roor Farmers: Evidence from Madagascar." LICOS Discussion Papers Leuven, Belgium, pp. 16-17.

[181] Mishra A., Moss C. B. and Erickson K. W. (2009), "Regional Differences in Agricultural Profitability, Government Payments, and Farmland Values: Implications of DuPont Expansion", Agricultural Finance Review, Vol. 69, pp. 49-66.

[182] Myrtille Danse, Sietze Vellema (2006), "Small-scale Farmer Access to International Agri-food Chains. A BOP-Based Reflection on the Need for Socially Embedded Innovation in the Coffee and Flower Sector", Greener Management International; Summer2006, Issue 51, pp. 39-52.

[183] Ono Y. (2003), "Outsourcing Business Services and the Role of Central Administrative Offices", Journal of Urban Economics, Vol. 53, pp. 377-395.

[184] R. D. Buzzel (1983), "Is Vertical Integration Profitable?", Harvard Business Review, Vol. 61, pp. 92.

[185] R. L. Mighell and L. A. Jones (1963), "Vertical Coordination in Agriculture", Agricultural Economic Report No. 19, Farm Economics Division of Economic Research Service, US Department of Agriculture, Washington. DC.

[186] Reardon et al. (2006), "Governance, Coordination and Distribution along Commodity Value Chains", FAO, 4-5, April.

[187] Ross J. E. (2003), "Intermediate-metallicity, High-velocity stars and Galactic Chemical Evolution", Monthly Notice of the Royal Astronomical So-ciety.

[188] Rusten D. (1996), "Contract Farming in Developing Countries:

Theoretical Aspects and Analysis of Mexican Cases", Espanol.

[189] R. V. Ramana Murthy (2011), "Does vertical integration benefit cotton farmers? Encouraging evidence from an experiment in Andhra Pradesh", the IUP Journal of Agricultural Economic, Vol. 12.

[190] Schmitz A. (1995), "Boom/bust cycles and Richardean rent", American Journal of Agricultural Economics, Vol. 77, pp. 1110–1125.

[191] Sykuta and Cook (2001), "Contract Design and Structure in Identity Preserved Grain Production", Working Paper, Contracting and Organizations Research Initiative, University of Missouri–Columbia.

[192] W. D. Purcell (1973), "An Approach to Research on Vertical Coordination: The Beef System in Oklahoma", American Journal of Agricultural Economics, Vol. 55, p. 65.

[193] Williamson O. (1979), "Transaction cost economics: the governance of contractual relationships", Journal of Law and Economic, Vol. 22, No. 2, pp. 233–261.

[194] Williamson, Oliver (1971), "The Vertical Integration of Production: Market Failure Consideration", American Economic Review, Vol. 61, pp. 112–123.

[195] Williamson, Oliver (1975), "Markets and Hierarchies: Analysis and Antitrust Implications", New York, NY: Free press.

[196] Williamson, Oliver (1985), "The Economic Institutions of Capitalism", New York: Free Press.

[197] Williamson, Oliver (1996), "The Mechanisms of Governance", New York, N. Y.: Oxford University Press.

[198] Wout J. Hofman (2001), The Improvement of Agricultur e–Chain Competence, Thomson.

[199] Zoltán Bakucs, Imre Fertõ & Gábor G. Szabõ (2012), "Benefits of a Marketing Cooperative in Transition Agriculture", Society and Economy,

Vol. 34, pp. 453-468.

[200] Zylbersztajn, Decio (2003), "Tomatoes and Courts: Strategy of the Agriculuture Facing Weak Contract Enforcement", School of Economic and Business, University of Sao Paulo, Brazil, Worker Paper, August.